KULGERA 135
AYERS ROCK 440
THE OUTBACK
RIGHT HERE, MATE !
SOUTH
via the Stuart Highway
km

Für Gabi
1948–1993

IMPRESSUM
© TOUREN-MANUAL-VERLAG
Carl-Spaeter-Str. 1, 56070 Koblenz

3. erweiterte Auflage 2002

Gesamtherstellung und Druck:
Görres-Druckerei, Koblenz

Dieses Buch ist gegen 25,40 €
im guten Buchhandel erhältlich.
Printed in Germany

ISBN 3-980 2594-0-4

AUSTRALIEN – OUTBACK MANUAL

INHALT

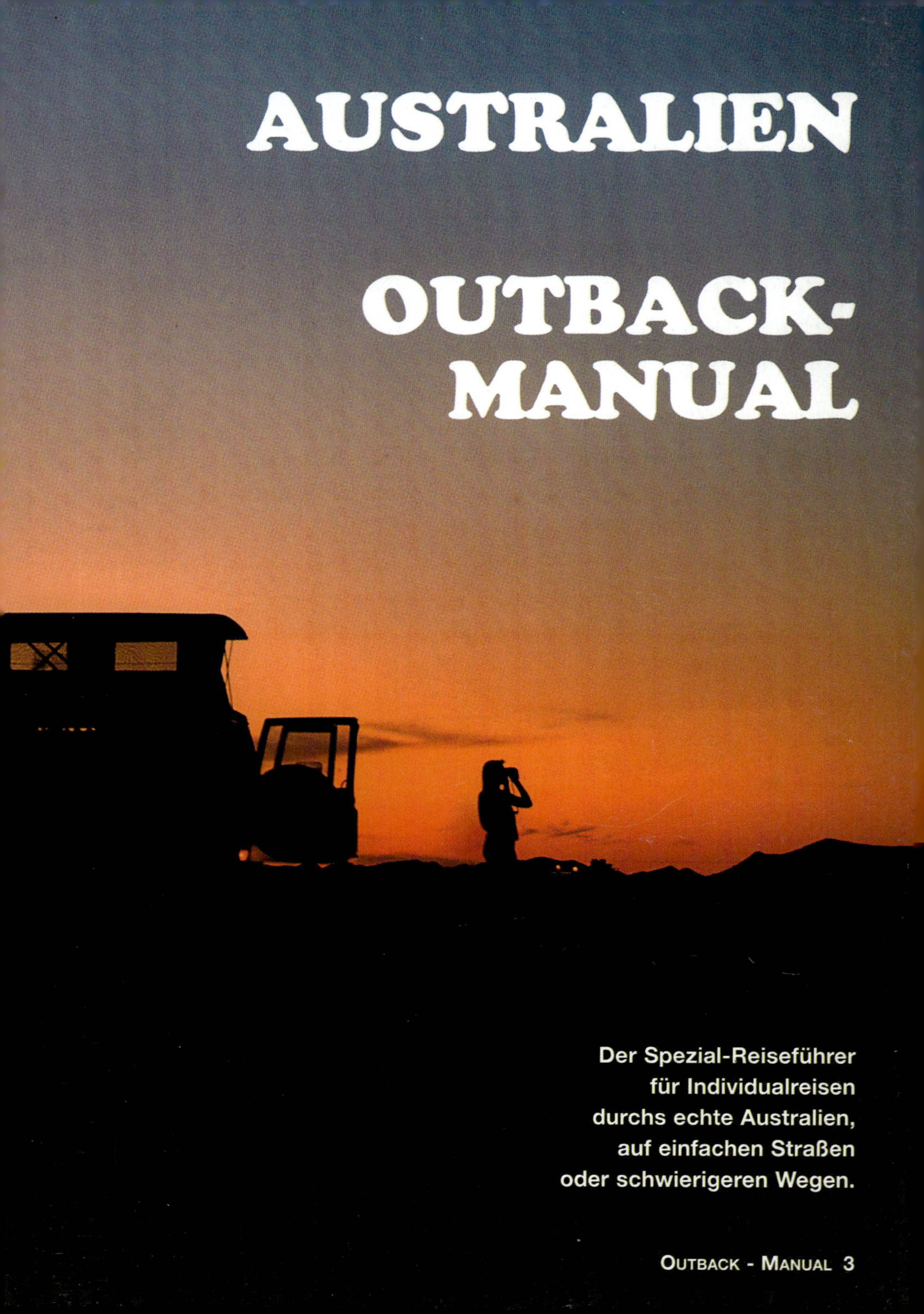

AUSTRALIEN

OUTBACK-MANUAL

Der Spezial-Reiseführer
für Individualreisen
durchs echte Australien,
auf einfachen Straßen
oder schwierigeren Wegen.

OUTBACK - MANUAL 3

Beachten Sie die "Dreingabe" der neuen Route 25 am Ende des Manuals. Eine ideale Anreise-Route von Melbourne/Victoria zum *Sturt National Park*, in ein wenig bekanntes, lohnendes Gebiet des Red Centre.

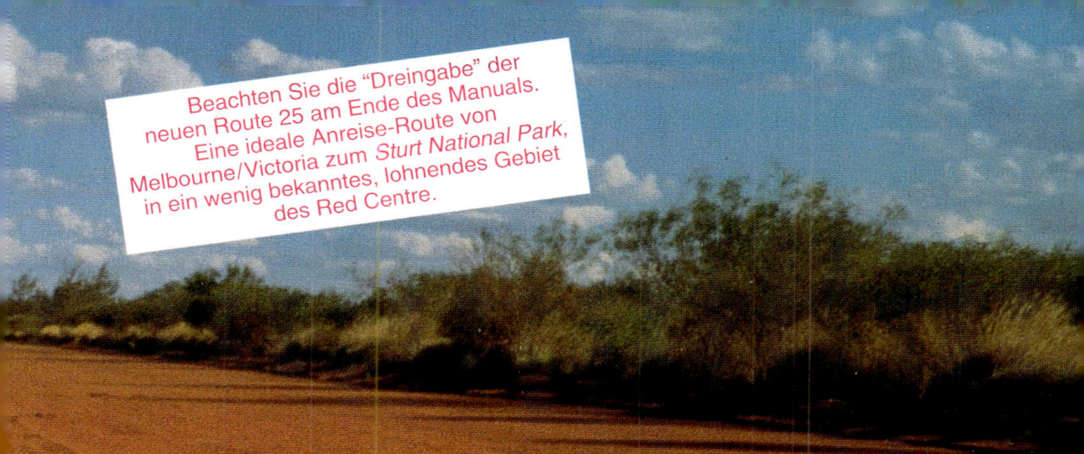

Lob und Fluch
aufs Outback-Nest Oodnadatta
(South Australia)

Oodna-Bloody-Datta

This bloody town's a bloody cuss,
No bloody trains, no bloody bus,
And no-one cares for bloody us.
In Oodna-bloody-datta.

No bloody clouds or bloody rain,
No bloody curds, no bloody drains.
The bloody councils got no brains
In Oodna-bloody-datta.

Just bloody heat and bloody flies
The bloody sweat runs in your eyes
And when it rains - what a surprise!
In Oodna-bloody-datta.

The bloody goods are bloody dear
A bloody buck for a bloody beer,
And is it good – no bloody fear,
In Oodna-bloody-datta.

No bloody fun, no bloody games,
No bloody sport, no bloody dames
wont even give their bloody names
To Oodna-bloody-datta.

The bloody dances make you smile,
The bloody band is bloody vile
They only cramp your bloody style
In Oodna-bloody-datta.

The best place is in bloody bed
With bloody ice upon your head.
You might as well be bloody dead
In Oodna-bloody-datta!

Zwiespältig ist die Einstellung vieler Australier zu ihrem Outback. Diese motzende Liebeserklärung an Oodnadatta entdeckten wir am gleichnamigen Track.

Bloody ist eine Aussie-typische, deftige Verstärkung mit zugleich negativer und verdammt positiver Komponente.

No country can possibly have a more interesting aspect. So much so that, if a further trace into the interior is required, I respectfully beg leave to offer myself for the service. I see no end to travelling...
(Australien-Forscher G.W.Evans, 1815)

Zu diesem Handbuch:
Konzentration durch weglassen

Das Outback, *the real Australia*, ist *bloody* groß und daher nicht leicht unter einen Hut zu bringen. Drum mußte in diesem Handbuch, so leid es bisweilen tat, in Wort und auch Bild all das wegbleiben, was im Südosten rund um Sydney und Melbourne, längs der Ostküste und im Südwesten bei Perth in anderen Australien-Führern hinreichend beschrieben ist (z.B. im Vistapoint-Führer *Australien* und anderen, siehe Anhang).
Nur durchs Fortlassen von Metropolen und Standardzielen bleibt genug Raum fürs „echte Australien". Für rund zwanzig Inland-Routen, für Trip-Tips und Outback-Typisches, für Reise- und Fahrzeug-Praxis (in erster Linie für Camper und Geländewagenfahrer). Raum bleibt so auch für Bilder, für farbig-optische Einstimmung auf all das, was Ihnen en route begegnen wird.
Viel Spaß bei Ihrer Tour durchs „echte Australien", durch diese zugleich faszinierende und scheinbar bedrohlich wirkende archaische Landschaft, die sich dennoch relativ leicht „unter die Räder" nehmen läßt: eine erfahrenswerte Region für Pragmatiker & Abenteurer, für Romantiker & Forschertypen, für Neugierige & Individualisten...
You're right – have a safe trip!

Das Träumen und das Aufgehen in der Landschaft ist das eigentliche Leben. Das, was wir Realität nennen, ist recht unwichtig.
(Wim Wenders, 1990)

Outback ist in!

Nicht exakt definieren läßt es sich: das australische *Outback*. Sogar die Bezeichnung kommt in einer großen britischen Enzyklopädie nicht vor. Fehlanzeige auch in Langenscheidts *Englisch*-Handwörterbuch 1977; erst die Neubearbeitung von 1988 hat's im Griff: „Busch (besonders der australische), das Hinterland".

Eins dabei vorweg: So nebenbei, mit kurzem Abstecher vom Städte-Trip Sydney to Melbourne, können Sie das Outback nicht „mitnehmen". Sydney + Outback passen nicht zusammen. Per Mietwagen zwei Tage lang von der Ostküste nach Westen reisen, um Weite und Freiheit, Känguruhs und roten Sand zu erleben? „Only paddocks!", meinte dazu ein Australier breit grinsend, „immerfort nur Viehkoppeln und Zäune".

Wie alle Wüsten und Wildnisse des Globus fasziniert das Outback gewaltig. Warnung: Wer mal dran geschnuppert hat, wird süchtig! Man kommt so schnell nicht wieder los vom „Kontrastprogramm" zu dicht besiedelten, entwickelten Landschaften wie etwa in Mitteleuropa.

Das Hinterland gilt seltsamerweise bei australischen Stadt-Leuten erstaunlich wenig; man scheint froh zu sein, nichts zu tun haben zu müssen mit *bush* und *remote areas*. Kein Wunder, wo's doch im Südosten solch herrliche Metropolen, im Osten erstklassig erschlossene Strände gibt... Dabei kann das Outback durchaus als „historisches Erbe" des Kontinents gelten, weit mehr als die jungen Städte.

Outback ist mehr als nur *„Inland"*

Für viele ist Outback gleichbedeutend mit *Inland*, mit dem „roten Herzen" des fünften Kontinents (etwa der Riesenraum rund um die Outback-Metropole Alice Springs).

Ganz richtig ist's aber nicht, es gehören auch weite Küstenzonen dazu: *Cape York* etwa, oder die Strände des Indischen Ozeans vom Northern Territory bis hinab nach Western Australia sowie Teile der nördlichen Queensland-Küste. Ferner die leicht zugängliche *Nullarbor Plain* mit ihren bizarren Kliffs überm Southern Ocean.

Im Osten der Nullarbor ist das Outback ausnahmsweise mal auf die Meile genau festgelegt: mit der *Goyder's Line*. 1865 markierte der Geograph Goyder auf der South Australia-Karte eine Grenze von Ceduna bis in den Raum von Port Augusta am Spencer Gulf. Nördlich von ihr wirkt sich Trockenheit mißlich auf die Landwirtschaft aus. Siedler in den südlichen Flinders Ranges mußten ihre Nichtachtung der Goyder's Line teuer bezahlen: Heute gibt's dort fast nur noch Geister-Orte.

Andere Abgrenzungen: Dingo- und Kaninchenzäune, die Farmland vor Wildhunden und importierten Nagern schützen sollten. Umwerfend kurz & bündig ein Schild in den Flinders Ranges: Hier „District of Hawker" – dort *„Out of Districts"*. Fast wie „jenseits von Afrika" – das ist sie, die Outback-Grenze!!

Eine von vielen Outback-Grenzen. Umwerfender Wegweiser ins „Abseits" des Outback.
Links: Gewaltige Entfernungen im Hinterland: Briefkasten-Tonnen an der Piste, oft Dutzende Kilometer von der zugehörigen Homestead entfernt.

Distanzen hauen einen um...

Ansonsten ist das Outback grenzenlos, gigantisch, fast unfaßbar. Ausgespart sind fruchtbare und besiedelte Zonen rund um Perth sowie der Südosten der Eyre-Halbinsel bei Adelaide bis hinauf nach Cairns, der Great Dividing Range folgend.
Der gewaltige Rest ist echtes Australien, das Land „hinten draußen": unglaublich weite Zonen mit extensiver Weidewirtschaft, wo man nicht nach Einwohnern pro Quadratkilometer rechnet (Staatsdurchschnitt 2 pro qkm), sondern umgekehrt nach qkm pro Kopf. Rund zwei Drittel des Kontinents kann man zum Outback rechnen: Mehr als fünf Millionen Quadratkilometer, fast zwanzigmal soviel wie das wiedervereinigte Deutschland! Wüsten und Halbwüsten, Steppen und Savannen, Busch und Salzseen, Urwälder und bizarre, verwittert-abgeschliffene Bergketten – für jeden etwas...
Von Ausnahmen abgesehen, ist das Outback verkehrstechnisch nur schwach erschlossen. Es überwiegen Schotterstraßen in extrem weitmaschigem Netz. Die wenigen Orte, aber auch die *Stations* (Ranchs), liegen Hunderte von Kilometern voneinander entfernt. Obwohl Straßen immer besser werden, ist dies das Reich der Geländewagen, denn bei Regen taugt ein ansonsten guter Track nicht für konventionellen Pkw-Antrieb – oder umgekehrt, wie man's sieht...
Gigantische Dimensionen des Outback – für Besucher aus dem kleinräumigen Europa eine völlig neue Erfahrung: Echtes Abenteuer, gespickt mit Herausforderungen an Planung und Durchführung einer Tour. Ganz risikolos ist die menschenleere Weite zwar nicht, aber das Risiko läßt sich dank relativ guter Infrastruktur bis gen Null minimieren. Voraussetzung: Gründliche Planung und Vorbereitung, große Autarkie in puncto Versorgung und Campen, gutes und bestens ausgerüstetes Fahrzeug. Dazu mehr im Praktischen Teil.
„Lohn der Angst": Hautnahes Erlebnis total fremdartiger Landschaften und Lebensweise, mit rauhbeinigen, aber herzlichen und hilfsbereiten Pioniertypen. Zeitloses Land, wo Hektik an den Rand rutscht. Stille. Einsamkeit und Geselligkeit, wie man's grad will. Leuchtende Farben, Braun, Orange, Gelb, Rot und Grün unter meist knackig-blauem Himmel.
Relax ist oft „drin", doch die Outback-Tour ist sicherlich alles andre als ein Erholungsurlaub. Dafür eine starke Erfahrung fürs Leben.

Outback-Glossar

Aboriginal	Ureinwohner (Aborigines)
arid	trocken
Aussie	Australier, australisch
Back of beyond	Synonym für Outback
Beef Road	Straße für Road Trains (Rinder-Transporte)
Billabong	Wasserloch nach Regen
Billy	Outback-Teekessel
bloody	kräftige Verstärkung: „verdammt..."
Bogging	Festfahren im Gelände
Bull Bar, Roo Bar	massives Schutzgitter an der Wagenfront
Bulldust	extrem feiner Staub
Corrugation	„Waschbrett" auf Pisten
Creek, Ck.	Bach (meist trocken),
Croc	Krokodil
Dead Heart	„Tote Hose", allg. Inland
Down under	Land „da unten", Australien
Downs	Senken, oft in Kombination mit Station-Namen
Drover	Viehtreiber früherer Zeiten (s. Stock Route)
Dry	Trockenzeit (meist = Süd-Winter)
Fly Country	Synonym für Outback, „Fliegen-Land"
Fossicking	Suche nach Gold & Gestein an der Oberfläche
Four Wheel Drive	Allradantrieb (4WD)
Freshie	relativ harmloses Süßwasser-Krokodil
Gate	Tor an Weidegrenzen
Grader	Planierraupe
Gravel Road	Schotterstraße, meist guter Zustand
Green Season	poetisch für Regenzeit
Grid	Vieh-Gitterrost auf Pisten an Weide-Grenzen
Gulf Country	rund um den Golf von Carpentaria, N.T./Qld
Gum Tree	helle Eukalyptus-Art, oft an Flußufern
Homestead, Hstd.	Wohn- und Verwaltungsbereich einer Station
Mallee	dünnstämmige Eukalypten, auch Busch-Form
Mate	prima Typ, Kumpel
Matilda	Bündel der wandernden/fahrenden Gesellen
Mozzies, Mossies	Moskitos
Mulga	runde Akazien-Büsche, allgemein für „Bush"
N.S.W.	New South Wales, Hauptstadt Sydney
N.T.	Northern Territory, Hauptstadt Darwin
Never Never	Region im N.T., allg. für Outback
Ocker	Standard-Australier, bisweilen abwertend
Outback	Hinterland, Busch
OZ	Australien
Qld.	Queensland, Hauptstadt Brisbane
Red Centre	Rotes Zentrum, Inland (nach Farbe des Sands)
Road Train	Fernlaster, „nur" noch 2 Anhänger
Roo	Abkürzung für Kangaroo, Känguruh
S.A.	South Australia, Hauptstadt Adelaide
Salties	gefährliche Salzwasser-Krokodile
Spinifex	pieksende Gras-Art in Kreis-Büschel-Form
Station	Ranch (keine Tankstelle!)
Stockman	Cowboy
Stock Route	alte Viehtrieb-Route
Top (auch: Tip)	Nordspitze des Kontinents, Cape York
Top End	Norden des N.T. rund um Darwin
Track	Piste, wenig gepflegte „Natur-Straße"
Vic.	Victoria, Hauptstadt Melbourne
W.A.	Western Australia, Hauptstadt Perth
Westralia	Western Australia
Wet	Regenzeit im tropischen Norden
Willy willy	kleiner Wirbelsturm
Windmill	Windrad, Windmotor an Brunnen
4WD	Four Wheel Drive, Allrad

K + F-„Welt“

Das „echte Australien“
Outback-Phänomene

Ist das Hinterland mit seiner Weite und scheinbaren Einförmigkeit monoton oder nicht? Als langweilig wird's besonders von Touristen hingestellt, die das Outback im klimatisierten Zug oder Bus durcheilen und das Land dabei gar nicht kennenlernen können, sondern nur von A nach B transportiert werden.

Details und Stimmungen aufnehmen: Dazu muß man beliebig anhalten können, um all das nach Gusto auszukosten, was sich am Wegrand und in weiterer Umgebung findet. Eine kurze Wanderung durch die Halbwüste, ein einziges Bush Camp – schon wirkt alles völlig anders.

Outback-Faszination erwächst aus vielen kleinen und großen Dingen. Den einen läßt vielleicht kalt, was andere zu Begeisterung hinreißt.

Die einschlägigen *Highlights* liegen in Australien weit auseinander, doch viele Touristen suchen gar nicht diese allein, sondern auch das gewisse Etwas dazwischen: Zelten auf rotem Sand, trockene Hitze, gleißendes Licht und knallige Farben, Aboriginal-Kultur ebenso wie Spuren der Besiedlungsgeschichte, unglaubliche Weite, Känguruhs und exotische Pflanzen, Windräder, Fahrt auf rauhen Pisten, Wasserstellen in Schluchten...

Ranges (Bergketten)

Australien: ein uralter Kontinent, in Jahrmillionen zerschürft, „plattgemacht" und ausgetrocknet. Sieht man mal von der meist nicht überwältigenden, rund 3200 km langen *Great Dividing Range* parallel zur Ostküste ab, dann bleiben nur wenige niedrige Bergketten oder meist hüglige Hochplateaus übrig.

Faszinierend der Blick aus dem Jet beim Flug zu den Metropolen: Wie Gerippe liegen die Ranges übers flache Land zerstreut, gerade mal 1500 m hoch (z.B. Macdonnell Ranges bei Alice Springs im Northern Territory).

„Richtige" Gebirge mit der Traummarke von 10.000 Fuß (über 3.000 m) gibt's in Australien überhaupt nicht, einmalig im Vergleich mit den anderen Kontinenten. Die Durchschnittshöhe des in Jahrmillionen abradierten Kontinents liegt bei etwa 300 Metern; andere Erdteile kommen auf 800 m!

Die Straßen queren Inland-Ranges meist durch tief eingeschnittene *Gaps,* vom Wasser feuchterer Erdzeitalter erodierte Schluchten. Ehe Sie so recht drin sind im Bergland, sind Sie meist auch schon wieder draußen auf der Ebene. Doch Stops lohnen sich gerade an den wenigen Bergen. Zum einen ist das Panorama selbst von niedrigen Anhöhen phantastisch: Dort weitet sich der Blick. Man hat den Eindruck, halb Australien läge einem zu Füßen.

Zum anderen finden sich in den Schluchten nahezu immer *Billabongs:* Mehr oder weniger permanente Wasserlöcher, die zurückbleiben, wenn sich die Fluten des letzten Regens längst in der Ebene verlaufen haben. Flüsse, wie etwa der Finke River, sind nämlich zumeist leere Sandbetten, die sich nur sporadisch füllen.

Wo es zumindest ab und an Wasser gibt (das im Untergrund lang gespeichert wird), sind auch Felsgravuren und Malereien der Aborigines nicht weit. Die Ureinwohner waren auf die Pools als Trinkwasserreservoire angewiesen, kannten ihre genaue Lage und nutzten die Umgebung für Camps und als Zeremonienplätze.

Vor allem in der Morgen- und Abenddämmerung läßt sich an den Billabongs die heimische Fauna beobachten – mit dem Fernglas und aus gewisser Distanz. Campen sollte man an Wasserstellen nie, denn sowohl

scheue, halbwild lebende Rinder, als auch das Wild würden vergrämt und sich nicht zum Wasser wagen. Wasser ist Leben. Nur völlig unsensible Egoisten versauen Billabongs mit Seife und Shampoo.

Wie ein Skelett: Australiens niedrige, abgeschliffene Berge auf rötlichem Tafelland. Im oberen Drittel eine gut befahrbare Gravel Road, darunter Pisten-Spuren.

Typischer „Bush“ mit runden Mulga-Sträuchern.

„Grüne Wüsten“

Im Inland bildete sich, abgeschirmt von feuchten Seewinden oder zu weit von den Küsten entfernt, ein halbes Dutzend Wüsten: die *Große Sandwüste* im Nordwesten, südöstlich davon die *Gibson Desert,* die in die *Victoria-Wüste* übergeht. Östlich von Alice Springs die *Simpson Desert* bis zum Lake Eyre, daneben *Sturt's Stony Desert.* Tafelländer wie *Barkly* Tableland oder *Nullarbor Plain* haben Halbwüsten-Charakter.

Die extrem ariden Outback-Zonen unterscheiden sich ein wenig, doch eins haben sie gemein: Weite „Bilderbuchwüste“ aus nackten, malerisch geformten Sanddünen wie in der Sahara gibt es fast nicht. Die Sandmeere sind bewachsen, wirken bisweilen fast idyllisch grün mit ihren Spinifex-Grasnestern und angepaßten Akazienarten wie Mulga-Büschen, „Wüsteneichen“ u.ä. Rot ist vorherrschende Farbe. Das *Red Heart* Australiens wurde von Eisenoxyd koloriert. Der knallrot, ocker bis bräunlich leuchtende Farbton brennt sich ein ins Gedächtnis – und setzt sich als unvergeßliches Souvenir in Form von Sand und Staub auch in Kleidung und Ausrüstung fest.

Oasen hat das Outback auch zu bieten. Sieht man von Palmen-Biotopen wie *Palm Valley,* spektakulären Schluchten und Quell-Pools wie bei Mataranka (N.T.) mal ab, dann sind's nahezu ausschließlich künstliche, moderne Siedlungen. Nicht etwa Natur oder Agrarwirtschaft haben sie hervorgebracht, sondern Australiens Bodenschätze.

Wo viel Geld mit Eisenerz, Gold, Kupfer, Nickel u.ä. zu verdienen ist, muß man Mitarbeiter in die Wüste locken: Durch gute Gehälter, klimatisierte Bungalows, viel Grün, Sportanlagen und Shopping Center. Auch und gerade an Wasser wird dabei nicht gespart. Der Tourist sieht's mit etwas zwiespältigen Gefühlen, aber auskosten wird er die Annehmlichkeiten in der Wüste wohl immer. Das bezaubernde Alice Springs (N.T.) lebt überwiegend vom Tourismus und stellt unter den „Oasen“ eine Ausnahme dar.

Alles geboten: Teer – Schotter – Wegspuren

Straßen – Wege – Pisten

Bitumen ends – ein gefürchtetes Outback-Warnschild (bitumen wird down under „bitsch(e)men“ gesprochen). Wo der Teer-Belag endet, beginnt für viele von Asphalt verwöhnte Europäer die „Piste“. Dabei wird Unvereinbares in einen Topf geworfen, so, als wolle man Moos, Rosen und Ginster unter der Rubrik „Baum“ einreihen.

Zwar gehen die verschiedenen Arten der *unpaved roads* oft nahtlos ineinander über, aber Spezifika lassen sich auch vom „Pisten“-Neuling leicht ausmachen – wichtig für die spätere Fahrt.

Der jeweilige Zustand hängt davon ab, wann die Road zuletzt „Pflege“ erfuhr durch Caterpillars (*Grader).* Auch Regen spielt eine weitaus gewaltigere Rolle als bei unseren Allwetterstraßen; hier bringt er ausnahmsweise mal keinen Segen, sondern sorgt für allerlei Unbill...

Unmöglich daher, für Outbackstraßen zuverlässige, auf Dauer geltende Zustandsbeschreibungen aufzustellen. Das erfährt man erst vor Ort an Tankstellen, bei der Polizei oder beim *Road Department.* Selbst diese Auskünfte sind tief im Outback nicht immer aktuell-korrekt – das rangiert nun mal unter Abenteuer!

Einige Karten klassifizieren nicht nach der Oberfläche (*surface)* der Straße. Da wird nur unterschieden zwischen *National* oder *State Highway* bzw. anderen Straßen. Diese Angaben zeigen nicht, ob Teer (*bitumen, hard surface, sealed road*) oder Schotter (*gravel*) zu erwarten ist. Seit der 200-Jahrfeier 1988 ist das recht weitmaschige Nationalstraßen-Netz durchgehend geteert.

Auf den Asphalt folgt als bester Typ die *improved Gravel Road,* die Schotterstraße, nur noch selten *Metalled Road* genannt. Sie ist nahezu allwettertauglich, hat Brücken und Dämme wie eine gut trassierte Teerstraße, Augenfälliges Merkmal der Gravel Road: Der Kiesbelag wurde rangekarrt, ist meist nicht identisch mit dem Boden der unmittelbaren Umgebung.

Gute Gravel Roads sind mehrspurig, lassen recht hohe Geschwindigkeiten zu, weit mehr als schlechte Teerstraßen in Drittweltländern. Gefährlich werden sie durch geringere Traktion auf lockerem Belag, durch Steinschlaggefahr und durch die fehlende Garantie, daß die Straße auch hinter der nächsten Kurve noch gut bleibt.
Durch bauliche Kunstgriffe (Öle, Salz) kann man der meist ohnehin nicht sehr hohen Staubentwicklung vorbeugen. In Australien werden diese nicht umweltfreundlichen Tricks jedoch selten angewandt. Angesichts geringer Besiedlung lohnt die Teerung großer Distanzen zwischen kleinen Orten nicht.
Gute Schotterstraßen gehen oft nahtlos über in Straßen aus *formed earth*. Charakteristikum der *dirt roads:* Der „Belag" entspricht in Art und Farbe der Umgebung, so wie Gott sie schuf.
Solche Earth Roads werden von Caterpillar-Schaufeln ohne festigende Unterfütterung aus dem Naturboden geschrappt und sind qualitativ höchst unterschiedlich. Staub bis hin zum feinsten *Bulldust* (s.u.) ist mit von der Partie. Dirt roads sind oft auch für robuste Pkws geeignet. Es sei denn – s.u...
In steinig-felsigen Regionen geben sich „Naturstraßen" hart, selbst wenn kurz zuvor der *Grader* drübergegangen ist. Auf festem Sand, einem hervorragenden Baumaterial, sind solche Tracks über weite Strecken Spitze – bis zum Tag, als der Regen kam...
Zweites Merkmal von *formed earth* ist näm-

Schotterstraßen sind gut „definiert" und können kaum verwechselt werden mit Pisten. Links: Spurenbündel zweigen ab von hervorragender Gravel Road bei Warburton am *Gunbarrel Highway*.
Oben: Piste bei der Windjana Gorge.

lich der Hohlweg-Charakter! Während moderne Schotterstraßen *über* dem Niveau der Umgebung verlaufen, gräbt sich die Naturstraße immer tiefer ein und ist nach dem Wolkenbruch lange überschwemmt. Mit langen Drainage-Kanälen versuchen die Straßenbauer, auf der Fahrbahn stehendes Wasser in die Umgebung abzuleiten. Trotzdem können sich tiefe Schlammlöcher bilden. Monatelang Pkw-taugliche Straßen lassen sich plötzlich nur noch mit 4WD oder gar nicht mehr bezwingen. Die Roads können tagelang gesperrt sein, da die Reparatur zerfahrener Sektionen sehr teuer zu stehen kommt.

Nun – endlich – zur Piste, in Australien *Track* genannt, obwohl die meisten Tracks längst zur *Road* aufgewertet wurden (z.B. Tanami). Im „Idealfall" hat ein Geländewagen-Track nie die Schaufel einer Planierraupe gesehen. Höchstens Bäume und Büsche wurden entfernt (oder umgangen). Spezifisch für „Spurwege" ist der grasige Irokesen-Haarschopf zwischen beiden Fahrspuren.

Pisten (französisch, = „Spur") werden von den Reifen immer wieder drüberfahrender Autos quasi selbst errichtet, auf Sand, Kies, Geröll, schrägen Felsplatten. Natur pur...

Es gibt kaum „Kunstbauten" wie präparierte Furten, gesicherte Rampen oder Brücken. Wird die Piste zu schlecht, dann bahnen sich die Pistenpiloten eine neue Spur. Weiträumige Umfahrung neuralgischer Punkte sind nicht selten, genausogut kann die Piste

binnen weniger Jahre mehrmals ihren Verlauf ändern.
Warnzeichen sind nicht vorhanden oder kaum erkennbar: z.B. ein flatterndes Band an einem quergelegten Ast vor besonders tiefer Querrinne. Auch gehäufte Bremsspur-Furchen können Gefahren signalisieren. Echte Verkehrsbedeutung haben 4WD-Tracks in Australien nicht mehr, *formed earth* ist Minimal-Standard.
Keine Regel ohne Ausnahmen: Es bilden sich Mischformen. Schotterabschnitte entschärfen Dünensektionen auf astreinen Pisten, Betonrampen erleichtern Creek Crossings, beschädigte Gravel Roads werden provisorisch mit Sand aufgefüllt.
Wenn Sie *down under* von echter Piste auf erstklassige Gravel Road stoßen, könnte durchaus mal ein dankbares Stoßgebet folgen. Später, daheim, mit 180 km/h auf der Autobahn, weinen viele dem *bloody track* 'ne bloody Träne nach...

Wellblech: „Warum baut ihr so seltsame Straßen?"

Verkehrswege auf Natur-Untergrund garnieren sich nach gewisser Benutzungszeit mit welliger Oberfläche: Der einst glatt gewalzte Belag ähnelt einem Waschbrett, trefflich mit „Wellblech" charakterisiert. Die Aussies nennen's *corrugation.*
„Warum baut ihr eure Straßen so seltsam?", fragte eine Besucherin aus Europa allen Ernstes ihre australischen Gastgeber, als sie gemeinsam über hartes Wellblech rumpelten. Nun ja, das Wellblech formt niemand, es entsteht von selbst durch schnell dahinpreschende Fahrzeuge, vor allem auf graden, gut befahrbaren Strecken, wo hohes Tempo möglich ist. Aber auch in Kurven und an Steigungen bauen sich die regelmäßigen Querfurchen auf.

Linke Seite: Meist über Sand, doch teilweise auf schierem Fels verläuft die Piste durch die Finke Gorge südwestlich von Alice Springs.
Links: Wellblechstruktur macht vor allem Fahrzeugen mit kurzem Radstand (Suzuki u.ä.) schwer zu schaffen. Das Fahrtempo muß der „corrugation" angepaßt werden.

Der Abstand von Wellental zu Wellenspitze kann 15 bis 25 cm betragen. Maximalhöhen werden auf Strecken mit viel Truck-Verkehr erreicht. Während der rauhen Fahrt (wie über einen gepflügten und gefrorenen Acker) neigt man dazu, die Amplitude zu überschätzen; nach dem Anhalten wirken die Buckel plötzlich unscheinbar, im abendlichen Schräglicht hingegen bedrohlich.
Versierte Geländewagenfahrer beschleunigen so weit, bis sich die Federung in „Harmonie" zum Wellblech befindet. Die Räder berühren bei 60 bis 70 km/h nur noch die Wellenspitzen. Das verringert zwar die Tortur, man muß dabei jedoch extrem konzentriert chauffieren, denn die Traktion ist selbst mit Allradantrieb enorm reduziert! Die Auflagefläche der Reifen wird kleiner, der Wagen „schwebt" zeitweise ohne Bodenkontakt über die Piste mit allen damit verbundenen Risiken! Lenkung und Bremsen wirken völlig anders als auf Teer.

Achtung: Auch auf einsamen Schotterstraßen und Pisten immer an den Linksverkehr denken. Wichtig bei überraschend auftauchendem Gegenverkehr!

Sicherer ist für Anfänger und bei Autos mit kurzem Radstand die sanfte Tour, auf der jede Welle „ausgeritten" wird. Am äußersten Pistenrand sind die Wellen meist weniger ausgeprägt als in der Mitte, wo Laster dahinbrettern. Allerdings besteht seitlich das Risiko, in Schlaglöcher, in Auswaschungen zu „fallen" oder über Steine zu rumpeln.
Leicht reduzierter Reifendruck macht Wellblech erträglicher; durch das materialzermürbende Walken erhöht sich der Druck jedoch von selbst wieder. Wie auch immer: Durchs Outback-Wellblech muß man durch, und großrädrige Geländewagen stecken's leichter weg als noch so robuste Pkws.

Bulldust: In Luft aufgelöste Erde!

Auf den ersten Blick erscheint er wie das Gegenstück zum rauhen Wellblech: der *Bulldust.* Puderfeiner Staub, quasi in Luft aufgelöste Erde, weich wie Talkum-Puder und auch von ähnlicher Konsistenz.
Bulldust bildet sich auf vielbefahrenen Tracks, wenn der Untergrund „stimmt": Löß, Mergel, bestimmte Lehme oder weiches Gestein (Schiefer) scheinen sich am ehesten derart fein zermahlen zu lassen. Wie Wasser rinnt der Puder durch die Finger. Er setzt sich klebend an Felgen und Karosserie, rinnt nach dem Anhalten wie ein Sturzbach über die Frontscheibe, kriecht in jeden Winkel.
Zugegeben: die ersten Bulldustlöcher auf einer Outback-Route sind imposant. Der Staub knallt explosionsartig aus den Rad-

Schleudergefahr: Bulldust-Staublöcher tauchen oft überraschend auf.

kästen, setzt dem Fahrzeug scheinbar keinen Widerstand entgegen. „Action"-Fotos gelingen garantiert.

Doch schon nach kurzer Zeit wird Bulldust lästig. Am besten: Fenster zu und Klimaanlage an (so vorhanden). Das reduziert auch späteren Reinigungsaufwand. Wird ein Stop notwendig, sollten Sie einen Abschnitt ohne Bulldust wählen, sonst überkommt Sie der „Segen" von oben...

Last not least: Bulldust-Strecken sind härter als sie aussehen. 30, 50 cm unter der Oberfläche ruppeln die Räder über rauhen Grund, weit ungleichmäßiger als Wellblech. Zudem ist Bulldust gefährlich, denn das Fahrzeug neigt zu völlig unkontrollierbarem Schlingern! Nach Regen wächst sich die Pudertour zur Schlammschlacht aus.

Stock Route contra Beef Road?

Diese beiden Transportwege fürs Vieh (*Stock*) werden oft vermengt, sind dabei leicht zu trennen. *Stock Routes* sind historisch: Auf ihnen trieben die *Drover* bis in die 60er-Jahre dieses Jahrhunderts, gewaltige Rinderherden von den Weidegebieten zu den Schlachthöfen oder Bahnverladestationen. Stock Routes waren breite Schneisen, nicht unbedingt echte Straßen. Sumpf z.B. machte Rindern und Pferden kein Problem. Wie Karawanenpfade führten Stock Routes in regelmäßigen Abständen zu Tränken.

Musterbeispiel sind *Canning Stock Route* oder *Birdsville Track* (siehe dort). Der heutige 4WD-Track der Canning verläuft teilweise auf der Trasse des einstigen Rindertriebs mit seinen zwei Dutzend Wasserstellen. Auch der Birdsville Inside Track durch Goyders Lagoon war eine Stock Route.

Die *Beef Road* hingegen ist auf festem Terrain angelegt für gewaltige *Road Trains*, deren Anhängerzahl auf „nur" noch zwei reduziert wurde. Mit Zugfahrzeug und Auflieger sind die Monster gut fünfzig (!) Meter lang und damit ein eigenes Outback-Phänomen. Man weicht ihnen soweit wie möglich nach links aus, wenn sie entgegenkommen. Solche Giganten überholen zu wollen ist aberwitzig und erfordert viele hundert Meter Sicht.

Das Outback ist weithin überzogen mit einem Netz solcher Truck-tauglicher und damit

Bei Regen problematisch: Pisten queren Flußbetten schon mal ohne Brücken.

gut befahrbarer *Beef Roads* (z.B. der neue *Birdsville Outside Track* um die Lagune). Nicht alle sind in den Karten eingezeichnet, aber die Beschilderung ist meist gut.
Wer sich vor Ort informiert, kann Varianten zu den Standard-Strecken zusammenstellen. Die Gefahr ist dabei niedriger, als *cross country* auf uralten Pfaden zu hoppeln, die niemand mehr benutzt. Allerdings ist die Verkehrsfrequenz auf Beef Roads (und damit die Chance von Hilfe bei größeren Pannen) total unkalkulierbar.

„Traumpfade“

sind keine Verkehrswege in unserem Sinn. Sie stammen aus der *Dreamtime* der Ureinwohner, was mit „Traumzeit“ unzureichend übersetzt ist. Als *Songlines* durchziehen sie den Kontinent von Wasserstelle zu Wasserstelle, von Kultstätte zu Kultstätte. Wege, auf denen schon die Urahnen der Aboriginals wanderten, die aber dem Auge der Weißen verschlossen bleiben.
Markantes in der Natur (Felsen, Schluchten, Wasserstellen) ist in den *Dreamtime*-Schöpfungs-Mythen, in die Gefühle der Aborigines eingewoben und damit auch in die Traumpfade. Weiße haben nur geringe Chancen, eingeweiht zu werden.
Am ehesten gelingt Einblick am *Uluru,* dem Ayers Rock, einem Kreuzungspunkt der Dreamtime-Pfade. Von Aboriginal-Rangern werden die Mythen an Beispielen plakativ offengelegt: Alle Besonderheiten des heiligen Bergs spiegeln sich in Fabeln und Liedern. In weiterem Kreis formieren sich Geschichten um Kämpfe des Wallaby- mit dem Schlangenvolk und mit Fabel-Ungeheuern wie dem Teufels-Dingo.
Mit Recht sind viele Zeremonienstätten am Uluru für Nicht-Aboriginals tabu. Draußen im Land gibt's diesen Schutz kaum. Da knallen, wenn Prospektoren Rohstofflager erkunden, zwei unterschiedliche Welten zusammen, Traumzeit und Gegenwart. Da werden die heiligen Traumpfade ge- oder zerstört. Konflikte sind unausbleiblich, werden heute oft mit Dollars beigelegt (vgl. *Aboriginals*).

People...
they can't listen for us.
They just listen for money, money...
(Aboriginal Bill Neidjie)

Windbetriebene Wasserpumpen sind Symbole des Outback.

Windmills

Sie heißen Windmühlen, sind aber Windpumpen: jene mit Rotoren-Rad und Windrichtungs-Ruder bestückten Gestelle, die die weiten Horizonte des Outbacks beleben. Die Werbung (ein top-Indikator) zeigt, daß *Windmills* zum Outback-Symbol hochstilisiert wurden – wohl nicht zu Unrecht.
Die Windpumpen-Erfindung hat die Besiedlung großer Teile des Inland und die Viehzucht möglich gemacht. Wo Wasser nicht durch artesischen Druck oder aus natürlichen Quellen an die Oberfläche stieg, hat man zunächst Stollenbrunnen zum Grundwasserspiegel getrieben und sorgfältig mit hartem Mulga-Holz verschalt (die Bohlen tun z.T. heute noch ihren Dienst). Das lebensnotwenige Naß mußte über Umlenkrollen aus oft beträchtlicher Tiefe hochgezogen werden. Mühsam, mühsam.
Dann kamen die Windpumpen. Man setzte sie über die Schächte, bei ausreichend Wind pumpte die einfache Anlage das Wasser selbständig in ein Bassin und in Tränken. Später konnte man auf den Stollen verzichten; *Bores,* dünne Bohrlöcher, reichten.
Manche Windräder drehen sich noch lange, nachdem die Ranches aufgegeben worden sind, für die sie einst Wasser förderten. So primitiv die Technik auch ist: anfällig sind die Pumpen doch. Oft ist die Kardanwelle gebrochen, die das Getriebe am Rotor mit der eigentlichen Pumpe verbindet. Die Windflügel wirbeln zwar noch, fördern jedoch nichts mehr. Andere sind bei starkem Sturm zu Boden gegangen und zerschellt.
Kein Wunder, daß die Rancher mehr und mehr dazu übergehen, die Windräder aufzugeben und Dieselpumpen zu installieren. Damit ist man auch unabhängig von längeren Flauten. Andererseits: nun ist noch mehr Wartung nötig, dazu 'ne Menge Treibstoff. Viele vor Jahren defekte Geräte wurden daher in letzter Zeit wieder instandgesetzt.
Nicht nur optisch sind Windmills etwas für Nostalgiker. Auch die Geräusche scheinen die alte Zeit zurückrufen zu wollen. Da heult's und schrillt's in älteren Pumpen, als wolle man Tote auferwecken. Metall reibt an Metall, Blech klappert, der Rotor rappelt. So klingt die Outback-Melodie...

Tore läßt man so zurück, wie man sie vorgefunden hat. Rechts: An Weidegrenzen rumpeln Räder oft über „Grids“: Roste, die das Vieh nicht überschreitet.

„Shut bloody Gate!!“ Zäune und Tore

Manchmal zeigen sie sich stramm und intakt, dann wirken sie heruntergekommen: die vielen Tausend Kilometer von Zäunen, die den Kontinent durchziehen. Zwar ist das Netz im Inland weitmaschiger als in den klimatisch günstigeren Randzonen, aber Draht macht sich oft zum Begleiter am Weg. Im Gegensatz zu den *Paddocks* (Weiden) nahe der Great Dividing Range findet man jedoch im Outback immer ein Camp-Plätzchen und die Möglichkeit, ungehindert per pedes ein Stück Weite zu erobern.

Zäune der Viehzucht-Stations sollen Rinder und Schafe auf eigenem Grund halten, aber – wichtiger noch – geimpftes und ungeimpftes Vieh voneinander trennen.

In einem Land mit extrem hohem Quarantäne-Standard ist es schon fast ein Verbrechen, wenn ein Tourist einen Zaun ausgräbt und umlegt, weil er dem Fortkommen im Weg stand – schon passiert. Auch wenn die Pfosten hinterher wieder eingebuddelt wurden: Sie haben nicht mehr die ursprüngliche Solidität. Das nächste Unwetter spült sie frei, der Zaun liegt flach, ist funktionslos. Wo Wege Stationgrenzen kreuzen, finden sich *Gates* (Tore), meist „geit“ gesprochen. Einfache Regel: immer so zurücklassen, wie man sie vorgefunden hat. Durchaus möglich, daß der Rancher das Tor absichtlich geöffnet ließ, damit Tiere der eigenen Nachbarweide zur Tränke traben können.

Das macht bei Konvoi-Fahrten Probleme, da der letzte Fahrer ja nicht wissen kann, ob das Tor anfangs auf oder zu war. Daher sollte der Konvoi-Anführer neben dem Gate warten, bis die Nachhut durch ist.

In den meisten Fällen muß das Tor jedoch zu sein. *Shut bloody gate* stand mal geschrieben, „mach das verdammte Tor wieder zu!“. Ein anderer Rancher gab sich blumiger: „human entry, not cattle exit“ Leute dürfen hier rein, aber das Vieh soll nicht raus.

Öffnen und Schließen der Tore ist bald Routine. Der Beifahrer hat dabei nicht nur die Möglichkeit Outback-Luft zu schnuppern, er kann auch en passant kleine Routine-Prüfungen vornehmen: Ist am Auto alles o.k.? Reifendruck in Ordnung? Nichts verloren? Hat das Auto das Gate passiert, sollte der Boden inspiziert werden: Keine Öle, Wasser, Bremsflüssigkeit usw. ausgelaufen?

Auf wichtigeren Straßen wurden die Tore durch *Grids* ersetzt: Vieh-Roste, Gitter aus dicken Rohren oder Eisenbahnschienen, die das Vieh niemals überschreitet. Unter dem Grid ist absichtlich viel „Luft“, sonst würde die Hemmschwelle nicht funktionieren und sich bald mit Sand füllen.
Grids auf Teerstraßen sind meist gefahrlos mit relativ hohem Tempo zu passieren, auf Tracks sollte man zuvor runterschalten und abbremsen. Bisweilen sind die Gitterfundamente ausgewaschen oder mit unangenehmer Rampe versehen.

Antifaunistischer Schutzwall

Unvorstellbar in ihren Ausmaßen sind die *Fences,* die schädliches Getier von fruchtbaren Zonen trennen sollen. So etwas hat weltweit nicht seinesgleichen!
Der längste Zaun der Welt ist der *Dingo Fence* im östlichen Teil des Outback. Er ist 1,80 m hoch, wurde 30 cm tief im Halbwüstenboden verankert und ist 5531 km lang (so steht`s im Guiness-Buch der Rekorde). Nach australischen Angaben kommt der Zaun gar auf 9600 (!) km und wurde von *Boundary Riders* dreier Bundesstaaten patrouilliert. Man passiert ihn z. B. auf dem *Oodnadatta* oder *Birdsville Track* westlich bzw. nördlich von Marree (S.A.).
Der Zaun (ursprünglich wohl ein Kaninchen-Schutzzaun, s.u.) soll die Dingos des Zentrums von den Schafweiden des südlichen Australiens fernhalten. Ob er das schafft, darf angesichts seines teilweise desolaten Zustands bezweifelt werden.
Ähnlich gigantisch sind die *Rabbit-Proof Fences* in Western Australia und in anderen Bundesstaaten (auch *Vermin* oder *State Barrier Fence* genannt). In W.A. erreichte er auf dem Höhepunkt des Baus, der schon Ende des 19. Jahrhunderts begann, eine Länge von 3257 Kilometer.
Eigentlich ist der Kaninchen-Schutzzaun ein System mehrerer Fences. Ein Drahtverhau läuft über rund 1800 km von der Süd- zur Nordküste (Esperance bis zur Eighty Mile

Beach). Für die Anlage (auch der Erbauer der Canning Stock Route wirkte dabei mit) benötigte man fünf Jahre, mußte eigens Brunnen bohren und das Material bis 700 km in die *Great Sandy Desert* transportieren.

Aber der „antifaunistische Schutzwall“ konnte seine Aufgabe nicht erfüllen: die ab 1788 eingeführten und sich ab 1860 rapide vermehrenden Kaninchen „draußen“ zu halten – sie kamen schon vorher durch!

Also baute man weiter westlich einen zweiten Zaun, der 1906 fertig war, im Jahr drauf `nen dritten – das half einige Jahre.

Seit 1950 wurden die Zäune aufgegeben, doch die Schilder, die vor Zerstörung warnen, sind noch zu sehen.

Erst später kam man drauf, daß Reste der Zäune auch Schutz bieten vor Dingos, Känguruhs und vor allem Emus. Ein Emu kann eine 2-m-Schneise in ein Weizenfeld fräsen, hundert können's total niedermähen. W.A. zahlte mal Prämien für 60.000 Emus in einem Jahr! Mit Hilfe der Zäune lassen sich Australiens Wappentiere nun auf Distanz halten, ohne sie zu töten.

Die Großvögel können sich in guten, sprich regenreichen Jahren enorm vermehren und wandern anschließend in weniger Emubevölkerte Gegenden – eben auch in die *Wheatlands.*

Der Schutz vor Dingos ist mißlungen. Anders als die Emus bleiben die Wildhunde im Umkreis von wenigen Kilometern um ihren Geburtsort und regeln ihre Population dem Futter-Angebot entsprechend.

In den 80er-Jahren hatten Zäune mal wieder Konjunktur: 300 km wurden nördlich des Murchison River in W.A. neu gespannt. Das kostete 750.000 $ – soviel wie die gesamten 3000 km zu Beginn des Jahrhunderts...

Gold ist dort, wo du es findest...

Australien ist reich an Bodenschätzen, doch vor allem das Gold prägte Teile des Kontinents. Reihenweise ließen *Gold Rushs* Orte und Städte aus dem Halbwüstenboden schießen, die oft schon nach wenigen Jahren wieder in Dornröschenschlaf verfielen.

Musterbeispiele sind Coolgardie nahe der heutigen Gold-Metropole Kalgoorlie (Western Australia) oder Old Halls Creek im Südosten der Kimberleys. Daneben massenhaft alte, doch grade mal hundert Jahre alte Geisterstädte samt ihrer Minen. Vom Gold blieb nur Blech, das Baumaterial holzarmer Zonen. Und selbst das fand oft Liebhaber – für neue Goldgräber-Behausungen.

Linke Seite: Wie ein Kuchen: Goldminen-Abraumhalden bei Kalgoorlie.
Ob modernes, farbenfrohes Goldbergwerk der „Golden Mile" oder primitive Goldgrube draußen im Busch: Hauptsache, man wird fündig!
Ein durstiger Prospektor präsentiert seine Nugget-Ausbeute.

Abandoned (aufgegeben) findet sich auf Karten oft neben dem Namen alter Minenorte. Doch das ist mit Vorsicht zu genießen: Der Traum vom Gold ist noch längst nicht ausgeträumt, mit stetem Auf & Ab des Goldpreises lohnt's sich, längst aufgegebene Bergwerke zumindest zeitweise zu reaktivieren. Die *Tanami Gold Mine* am gleichnamigen Track produzierte Anfang der 90er-Jahre ebenso wie die östlich folgende *Granites*-Mine auf Deubel komm raus. Im Northern Territory soll der Gold-Erlös den der traditionell starken Viehzucht schon überflügelt haben.

Schuld am Boom sind verfeinerte Methoden der Goldsuche: Auf chemischem Weg wird das Edelmetall aus Gestein gelöst; selbst alte, „ausgelutschte" Abraumhalden erweisen sich buchstäblich als Goldgruben.

A propos Grube: In bergmännischer Manier, mit Stollen und Schächten, ist kaum Geld zu verdienen (ein besuchenswertes Musterbeispiel dafür: die Hainault Mine in Kalgoorlie). Heute geht man dran, mit gigantischem Gerät große Partien der Oberfläche abzutragen, um das Edelmetall in *open pits*, in offenen Gruben auszubeuten. Womit die Romantik früherer Goldsucherzeiten zu Ende gegangen ist.

Doch Gold kann man auch heute noch „einfach so" finden. Gerüstet mit 'nem Schürfpapier (entsprechende Informationen sind beim Touristenbüro der jeweiligen Orte zu bekommen) sowie einen passenden Metalldetektor können Sie sich auf die Suche machen. *Fossicking* nennt man diese Art des Aufspürens nahe der Oberfläche. Zwar wurden so schon Nuggets bis 7,5 kg gefunden (umgerechnet derzeit ca. 150.000 DM wert), aber meistens sind es nur wenige Klümpchen pro Woche in der Unzen-Klasse (derzeit 650 DM). Eine große Anzahl der *Metal* Detectors sind für die Suche kaum geeignet, weil sie den hohen Eisengehalt des Bodens (z.B. in den *Ea-*

Urgemütlich hergerichtet: Pub von Daly Waters (N.T.)

stern Goldfields, W.A.) kaum vom Edelmetall unterscheiden können.
Doch um reellen Gegenwert wird's den meisten Amateur-Prospektoren kaum gehen. Gold ist schließlich dort, wo man es findet. Das Kribbeln auf der Suche danach ist meist schon Belohnung genug: Es könnte sich ja was finden...
Wer nicht zu Potte kommt bzw. nichts in der Pfanne findet, muß nicht ohne Nugget heimziehen. Man kriegt welche bei Schmuckhändlern in den Gold-Metropolen oder direkt bei erfolgreichen Prospektoren. Solch ein Nugget ist ein Souvenir, das sich durch kaum ein anderes aufwiegen läßt. Die Preise dafür sind allerdings nicht niedrig, liegen weit über dem amtlichen Preis für die Feinunze (derzeit unter 400 US-Dollar pro 31 Gramm).
Noch ein goldiges Mitbringsel wäre dann die australische Goldmünze, ebenfalls *Nugget* genannt. Zu bekommen in vier Gewichtsstufen. Bei der *Mint* in Perth hat man das Gefühl, direkt an der Quelle zuzuschlagen – gegen cash-Dollars.
Anfang der 90er wurde im Bundesstaat Victoria eine 450 km lange „Goldroute" für Touristen erschlossen. Die legendäre Strekke führt Abenteurer von heute zu ehemaligen Goldminen und zu Umschlagplätzen des schnellen Reichtums rund um Ballarat, Bendigo, Castlemaine, Ararat oder Stawell. Wer Glück hat, findet vielleicht ein kleines glänzendes Etwas.

Immer gut für 'nen Drink: Outback-Pubs

Keiner gleicht dem anderen, aber sehenssprich besuchenswert sind sie alle: die *Pubs* des Outback. An den großen Routen sind sie mit den *Roadhouses* identisch, doch einige liegen auch still abseits der Heerstraßen.
Der Kontrast ist gigantisch: stundenlang nichts, dann plötzlich eine nüchterne Hütte (Architekturpreise würde wohl kein Outback-Pub kassieren können).
Drinnen geht's weniger nüchtern zu: Da wird bisweilen gepflegt Bier vom Faß serviert, oft sogar in Gläsern. Was viel heißen will in einem Land, wo am liebsten direkt aus der *Can* gebechert wird, aus der Bierdose. „Wenn du nicht lernst, aus der Dose zu trinken, wirst du nie ein richtiger Aussie", meinte mal eine Australierin. By the way: Fläschchen heißen

Leonora (W.A.): Selten ein Pub ohne Bier...

Stubbies, und so richtig guuut munden sie (wie die Cans) eiskalt, wenn das Kondenswasser abperlt....
Auch Pubs erweisen sich in puncto Lokal-Info immer als „erste Adresse", wobei mit *Lokal* hier nicht die Kneipen gemeint sind (die liegen oft Hunderte von Kilometern entfernt), sondern die Umgebung. Die Leute kennen sich gut aus, neigen aber bisweilen zur Übertreibung, um fremde Touristen nicht unnötig in Versuchung zu führen, heikle Touren anzugehen.
Oft haben Pubs Museums-Charakter: Man hängt an die Wände, was an mehr oder weniger Historischem oder Outback-Typischem aufzutreiben ist, bis eine bunte Mischung entsteht vom Autokennzeichen übern *Billy*-Teekessel bis zu historischen Bildern.
Beispiele für Pubs: *William Creek* am Oodnadatta Track (S.A.), *Whim Creek* zwischen Roebourne und Port Hedland (W.A., am North West Coastal Highway), *Daly Waters* am nördlichen Stuart Highway (N.T.). Birdsville und *Urandangi* 180 km südwestlich von Mount Isa (Qld). Probieren Sie die Roadhouse-Pubs einfach mal aus; auf seine Weise wirkt jedes stark.

Eine völlig andere Welt:
Outback-Fauna und Flora

Weiß der Geier, wo die Geier geblieben sind!? Stundenlang fahren wir über 'nen einsamen Halbwüsten-Highway, Dutzende von Känguruh-Kadavern am Randstreifen, wohl grade erst in der letzten Nacht von Road Trains gekillt. Aber keine Geier in Australien! Dafür schwingen sich immer wieder Adler in die Lüfte. Ausgerechnet Adler, die edelsten der Vögel, als Aas-Fresser?!

Nicht zu fassen: Es gibt keine Geier in Australien. Hier hat sich in 60 Millionen Jahren der Trennung von den übrigen Erdteilen eine völlig eigenständige Flora und Fauna entwikkelt. Einiges wurde jüngst importiert, wie Rinder, Kaninchen u.ä., aber das hat dem Kontinent eher geschadet als genutzt, ein Kapitel für die Ökologen. Hier ein kleiner Querschnitt über das, was Sie zu erwarten haben.

Die einheimische Tierwelt ist geprägt von Beuteltieren. *Känguruhs* sind die bekanntesten, kleine *Wallabies die* niedlichsten und *Quokkas* die allerkleinsten (z.B. auf Rottnest Island westlich von Perth, wo frühe Seefahrer die Tierchen für Ratten hielten).

Sie werden Känguruhs verschiedenster Größe & Couleur am ehesten auf abgelegenen, wenig befahrenen Routen begegnen. Und auch dann wohl nur in den Morgen- und Abendstunden, nahe der Wasserstellen. Die heißen Tagesstunden verdösen die Tiere im Schatten. Auf allen anderen Kontinenten haben Beutler nicht überlebt, lediglich in Südamerika gibt's noch Beutelratten.

Unter Farmern haben die *(Kanga)Roos* wenig Freunde, da sie dem Zuchtvieh Wasser wegsaufen und karge Weide „unnütz" abgrasen. Kein Wunder, daß sich die Zahl der Känguruhs in letzter Zeit drastisch reduziert hat.

Selbst der berühmte, süße Koala-Bär ist kein Teddy, sondern ein Beuteltier. Allerdings kommt er im Outback selbst nicht vor, sondern nur noch in Eukalyptuswäldern der *Great Dividing Range* und partiell in Western Australia. Beim Aussuchen der Euka-Blätter sind Koalas höchst wählerisch. Nicht jedes Dickblatt wird goutiert; für die Verdauung der derben Kost sorgt ein Spezialdarm.

Sie müssen schon viel Glück haben, einen Koala in natura zu sehen: Koalas sind nachtaktiv und schlafen, von den Euka-Duftstoffen fast narkotisiert, hoch droben in den Wipfeln. Da hilft nur ein Besuch in Tierparks (z.B. Brisbane oder Healesville östlich von Melbourne).

Begegnen werden Ihnen oft die *Emus*, große, fast zwei Meter hohe Laufvögel. Neben den Känguruhs stehen sie als Nummer zwo im Australienwappen. Wie erstere werden sie nicht gerade geliebt von Farmern und Ranchern (Problemkreis Wasser & Weide, s.o.). Dabei sind beide von Natur aus besser ans Futter angepaßt: Sie fressen härtestes Gras, ruinieren nicht ihre Ressourcen.

Warane, diese Urwelt-Echsen mit `nem Schwanz so lang wie ihr Körper schlängeln sich vor Ihnen über die Piste, vielleicht sogar Giganten von zwei Meter Länge. Kaum ein Risiko für den Menschen: sie fangen Insekten mit gegabelter Zunge. Der Gould-Waran z.B. richtet sich auf, wenn er sich angegriffen fühlt und bläht den Kehlsack – typisches Imponiergehabe.

Schwärmen munter aus an Wasserstellen: Rosen-Kakadus.
Unten: „Flying Foxes“ (eine Fledermaus-Art) schlafen in Bäumen.
Lustiger Geselle: Der Kookaburra, auch lachender Hans genannt.

Ähnlich gehen die kleinen Echsenarten vor. Weniger während der Fahrt als beim Wandern können Sie mit etwas Glück eine *Kragenechse* zu Gesicht bekommen. Völlig ungefährlich, aber ungeheuer eindrucksvoll mit dem Bluff der drohend abgespreizten Hautfalte am Hals. Ebenso bedrohlich wirkt der seltenere Dornteufel, ein bizarrer Ameisenfresser.

Termiten (mit den Schaben verwandte Insekten) treten am ehesten durch ihre Bauten in Erscheinung. Die stramm organisierten Staaten bauen gewaltige Türme, oft drei bis vier Meter hoch. Deren Farbe entspricht der des Bodens, es gibt also goldgelbe, schlammgraue und knallrote.

Interessanter noch die verschiedenen Formen: Einige sind kugelrund, anderswo schmale Türme, die wie Papp-Kulissen wirken. Sie sind oft Nord-Süd ausgerichtet; dadurch knallt die Mittagssonne nicht voll drauf und die Aufheizung wird reduziert.

Vögel bringen Leben ins Outback. Hat man je einen bunten Sittich-Schwarm beobachtet, der in flinkem Flug wie auf Kommando die Richtung ändert, dann kann man sich kaum noch vorstellen, daß solch gesellige Tiere solo in Käfigen gehalten werden.

Exotischer sind die Kakadus, im Inland häufig in der Nähe von Wasserstellen zu finden. Es gibt weiße, die aus der Ferne wie Blätter in Bäumen wirken, dann die prächtigen Rosa-Kakadus und – etwas seltener – die Rotgeschwänzten.

Lustigster Vogel ist der *Kookaburra*, der „Lachende Hans“, eine Art Wappenvogel des Northern Territory (wir beobachteten viele bei der Katherine Gorge). Andere bauen

Termitenstaat en detail...

... und en gros. Die Farbe entspricht der des Boden, dem Baumaterial.

Liebeslauben oder Brut-Öfen für die Eier, kein Aprilscherz – was es nicht alles gibt *down under...*
Zu den „Importen“ wie Rinder und Kaninchen gehören auch die Kamele. Man schaffte sie einst als Lasttiere aus Asien nach Australien, wo sie mit Fertigstellung der Bahnlinien und Tracks „arbeitslos“ und in die Wüste gejagt wurden. Ans aride Klima gewöhnt, bekamen die Höckertiere kräftig Auftrieb. Kamelzucht, in erster Linie für Tourismus, gibt's z.B. südlich von Alice Springs.

„Nasties“

Australiens Tierwelt ist generell nicht gefährlich, doch es gibt Ausnahmen, *Nasties* genannt, die Garstigen. An Land sind's vor allem die *Schlangen*, von denen einige sehr giftig sind. Man kann ihnen jedoch wirkungsvoll mit viel Lärm begegnen: aufstampfen, pfeifen usw. Normalerweise suchen sie dann das Weite und kleinere Beutetiere. Wir hatten auf einem halben Dutzend Outback-Touren nie das „Vergnügen“, eine Schlange beim Camp zu sichten. Über die Piste huschten jedoch einige beeindruckende Exemplare.
Der Schlangen wegen sollte man nie direkt auf dem Sand schlafen: Reptilien suchen die Wärme, kriechen u.U. in den Schlafsack.
Größte Gefahr geht von *Salties* aus, den gigantischen Salzwasserkrokodilen. Sie treiben im tropischen Norden in küstennahem Brackwasser oder auch ein Stück flußauf ihr Unwesen. Entsprechende Warntafeln keinesfalls auf die leichte Schulter nehmen!! Viele Einheimische sind für Croc-Verfolgung, aber Salties sind Teil des Öko-Systems.

Die kleinen Süßwasser-Krokodile (*Freshies*) mit ihren schmalen Schnauzen hingegen sind relativ harmlos. Im Pool der *Edith Falls* nördlich von Katherine sind wir mal an einem vorbeigeschwommen, was uns im Nachhinein 'nen ziemlichen Schreck versetzte. Normalerweise greifen Freshies Menschen nicht an, aber ein Biß muß wie der eines Hundes ärztlich versorgt werden.
Tropische Meere laden zwar zum Bade, aber zur (Süd-)Sommerszeit drohen Quallen. Gefährlichster Vertreter ist der *Box Jellyfish*, auch „Sea Wasp“ genannt. An vielen Stränden sind als Gegenmittel Flaschen mit Essig ausgelegt; an einsamen Stränden sollte man Essenz selbst dabeihaben. April bis November ist das Risiko gering, vor allem, wenn Sie nur im flachen Brandungsbereich baden. So erledigt sich auch das Hai-Thema.
Mücken (*Mossies, Bities*) sind weniger schlimme Nasties und auch nicht (Malaria-) gefährlich. Vor Mossies kann man sich durch konsequentes und rechtzeitiges Einreiben mit Repellents schützen, Stiche behandelt man mit linderndem Gel (siehe Gesundheit).
Gegen Fliegen – im Viehzuchtland eine vom Rinder-Import forcierte Plage – kann man nichts machen, da muß man durch...

Wo „Crocodile Dundee“ zuhause ist: Salzwasserkrokodile mit ihren breiten Schnauzen sind höchst gefährlich. Nur an Stromschnellen ist man vor ihnen halbwegs sicher. Selbst im Küsten-Hinterland des tropischen Nordens lieber nicht baden!
Oben: Käfer aus Plastik? Nein, die schillernden Insekten sind echt!

Quer durch den Outback-„Garten“

Was mag das typische Outback-Gewächs sein? Die Eukalypten, etwa *Gum Trees* mit ihren leuchtend-weißen Stämmen und Ästen, meist in Form von Galeriewäldern an Trockenflüssen zu finden?
Nein: Das Inland wird geprägt von Busch und Gräsern. Neben dickem, hohen Speergras im tropischen Norden und anderen Arten wie *Wolly Grass* würde ich *Spinifex* als *die* Outbackpflanze bezeichnen. Auf unseren Australien-Touren betrachten wir das Auftauchen dieser Igelgräser als Signal: Das Outback beginnt.
Spinifex-Halme leuchten goldgelb gegen den blauen Himmel, die runden „Polster“, aus denen sie sprießen, sind meist grau-, nach Regen saftig-grün. So weich die Gräser erscheinen, so sehr pieksen sie. Als Rindernahrung taugen sie nicht, eher fürs angepaßte einheimische Vieh wie Känguruhs.
Kriegen die Spini-Wurzeln keine Nährstoffe mehr, stirbt die Pflanze teilweise ab und wächst ringförmig weiter nach außen. So entstehen die Nest-artigen Gebilde, die man am besten von erhöhter Warte erkennt, von Hügeln oder noch besser vom niedrig fliegenden Flugzeug (etwa beim *scenic flight* rund um die Olga-Berge & Ayers Rock oder über die Bungles).
Gewaltig große Eukalypten wachsen meist am südlichen Outback-Rand, dort, wo reichlich Niederschläge fallen. Je trockener es wird, desto zwerghafter der Wuchs. Inlandspezifisch ist in Zonen niedrigen Niederschlags die *Mallee*: mehrstämmige, zwei bis sechs Meter hohe Euka-Bäumchen, die lichten Buschwald bilden.
Nur bei oberflächlichem Hinschauen wirkt der *Mulga*-Busch ähnlich wie Mallee, doch er ist ganz anders (beide Worte entstammen übrigens der Sprache der Ureinwohner). Mulga ist eine dürrebeständige Akazienart. Ein Busch, dessen Kugelform eine Anpassung an das aride Trockenklima bedeutet: Regnet's mal, dann wird das Wasser von den Zweigen gezielt zum Wurzelbereich geleitet.

Prachtvolle, faustgroße Boab-Blüte

Zwei bis drei Meter scheint die Mulga-Standardgröße zu sein. Unter günstigeren Bedingungen werden diese Kugelbüsche aber auch über fünf Meter hoch, z.B. im östlichen Abschnitt der Tanami Road bei Yuendumu, wo sie einen „richtigen“ Wald bilden. Mulga + Spinifex = Outback pur!
Wildblumen-Teppiche im Inland erblühen nach Regen. Die Farbenpracht ist grade in karger Halbwüste ein Erlebnis für sich. Gelb, blau, grün, wo Stunden zuvor nur dürre Weite war. Besonders beeindruckend: Dolden-Meere der *Mulla Mulla,* die prächtige *Sturt Desert Pie* (W.A. und S.A.), deren Samen eine zehnjährige Dürre überdauern. Dies Kunststück vollbringen allerdings viele Wüstenpflanzen und -Tiere. Anpassung ans Trokkenklima ist in Arid-Zonen das A & O.
Rainforests, Regenwälder der Küstenzone, sind nur noch teilweise erhalten und kaum zu vergleichen mit dem Dschungel Südamerikas oder mit dem, was in Afrika übrig blieb. Die meisten Regenwälder wurden abgeholzt, um Agrar-Land zu gewinnen. Eindrucksvolle Reste finden sich in Queensland (rund um das Cape Tribulation, an der Ostseite der Cape York-Halbinsel , ferner auf Fraser Island (Queensland) und im Kakadu National Park des Northern Territory.

Vorhergehende Seiten: Pieksendes, leuchtendes Spinifex-Gras ist typisch fürs Inland. Ein Drittel des *Red Center* ist damit bedeckt.
Linke Seite: „Känguruh-Pfote“, ein Wahrzeichen von Western Australia. – Ein Meer von Mulla-Mulla-Dolden, einer Trockenpflanze.

Grasbäume widerstehen auch verheerenden Buschfeuern. –
Die Wüste lebt: Nach Regen durchbricht eine Morchel die hartverbackene Sandkruste.

Weite Landstriche blühen nach seltenem Niederschlag buchstäblich auf: Wildblumen-Teppich im Northern Territory. – Hartgras zeichnet mit des Windes Hilfe Spuren in den Sand.

Malerische Exoten sind die Flaschen- und Affenbrotbäume (*Boabs* oder *Baobabs)* zwischen dem nördlichen W.A. und N.T., besonders in und um Kimberley. Sie sind verwandt mit Bäumen in Afrika. Die Giganten speichern Wasser im dicken Stamm und können so Trockenphasen überstehen.
Lese-Tips: „Australien – Tier- und Pflanzenwelt“ von Rose Pettit, Landbuch-Verlag. Großartig: Time-Life, „Wildnisse der Welt“.

Der älteste Kontinent

Outback – „Kurz-Geschichte“

Australien war einst Teil eines gigantischen „Südkontinents“, *Gondwanaland* genannt. Von ihm spalteten sich beide Amerikas, Eurasien, Afrika, Neuseeland und Antarktis ab. Das ist erst 60 Millionen Jahre her...

So recht „alt“ schaut Australien dadurch aus, daß Ur-Gestein durch Erosion an die Oberfläche trat. Diese Schichten sind zwei bis knapp vier Milliarden Jahre alt! Haben Sie also während des Fluges über Australien ein Auge aufs Land: derartige „Altertümer“ sehen Sie so schnell nicht wieder.

Seit etwa 50.000 Jahren wurde Australien von Südostasien aus allmählich besiedelt (siehe *Aboriginals*-Abschnitt), über die Guinea-Landbrücke oder mit einfachen Booten.

1606 streiften Holländer den Westen der Cape York-Halbinsel, die damit als erste entdeckt, aber als letzter Teil Australiens erschlossen wurde.

1770 war dann James Cook vor Ort und nahm u.a. *Possession Island* (nomen est omen) in Besitz, bei Cape York. Gute Kunde fürs Britische Empire: Das Land rund um Botany Bay (heute Sydney) wird daraufhin 1788 zur Strafkolonie auserkoren: das Gründungsdatum Australiens. Auf den Ursprung sind einige Aussies echt stolz.

Der Südosten und die Küsten waren recht schnell ausgelotet und erschlossen, doch das große Abenteuer wartete noch: die Erforschung des Binnenlandes, des *Outback*.

Erste Barriere war, wie konnte es anders sein, die *Great Dividing* Range. Sie wurde 1813 überschritten, und damit lag das Land „hinten draußen“ in Reichweite. Zunächst ging's

ans Murray-Darling-Becken. Herausragend waren die Expeditionen von Charles Sturt und Mitchell zwischen 1828 und 1840.

Fakten sind oft vergessen, Namen leben fort

Viele Forscher folgten, und ihren Namen wird der Tourist im „Dunstkreis" der Expeditionen immer wieder begegnen: in Form von Siedlungs-, Landschafts-, Straßen- oder Roadhouse-Bezeichnungen. Was genau die jeweiligen Entdecker schafften, ist vielen Australiern nicht mehr völlig präsent, aber die Namen sind unauslöschlich zementiert.
Großartig illustriert (doch leider etwas unübersichtlich): der Text-Bildband von Ann Millar: *I see no end of travelling*, Bay Books, ca. 45 $. Schilderungen und Bilder sind einfach mitreißend.
Anno 1838 schaffte es Edward John Eyre, bis zum später nach ihm benannten Salzsee im Artesischen Becken vorzudringen. 1844 brach Captain Charles Sturt zu seiner *Central Australia Expedition* auf.

„Art Gallery" mit Malereien der Ureinwohner im Keep River National Park (N.T., bei Kununurra).

Der Deutsche Ludwig Leichhardt erforschte den Nordosten. Die Geschichte seiner „Ersten Durchquerung Australiens 1844-46“ können Sie in deutschen Buchhandlungen bekommen (Thienemann-Verlag, Edition Erdmann). Allerdings war's keine echte Süd-Nord-Querung: Leichhardts Route führte von Brisbane schräg durch Queensland nach Port Essington im Arnhemland (weit nordöstlich von Darwin). Die Leistung ist dennoch großartig. Auf seiner dritten Expedition ist Leichhardt verschollen.

Den Durchbruch brachte eine 2000-Pfund-Prämie, die 1859 ausgesetzt wurde für den, der als erster eine Totalquerung schaffte.

Burke, Wills und King erreichten daraufhin vom heutigen Melbourne aus den Gulf of Carpentaria. Auf dem Rückweg starben Burke und Wills bei Innamincka den Erschöpfungstod, King wurde von Aboriginals aufgepäppelt.

John McDouall Stuart führte dann die großartigste und letztlich erfolgreichste Expedition zum Ziel: Nach mehreren Anläufen erreichte er vom Spencer Gulf bei Adelaide aus die Küste des Indischen Ozeans nahe des heutigen Darwin (1862).

Auf seinen Spuren wurde ein Jahrzehnt danach die *Overland Telegraph Line* verkabelt, später die *Old Ghan*-Bahnlinie via Marree/Oodnadatta und um 1930 bis Alice Springs trassiert. Der großteils daneben verlaufende *Oodnadatta Track* hat damit hohen historischen Rang. Erst im letzten Drittel der 80er-Jahre war der nahe Stuart Highway, heute die wichtigste Süd-Nord-Verbindung, durchgehend geteert!

Weitere Namen von Rang bei der Inland-Erforschung: Ernest Giles (Gibson und Victoria Desert, 1872-75). Richard Warburton (von Alice Springs durch die südliche Tanami Desert ins nördliche W.A.). Auch die Brüder Forrest machten sich im Inland einen Namen (um 1874).

Durch die *Nullarbor* nach W.A. schaffte es 1841 erstmals Edward John Eyre, der Erforscher des Artesischen Beckens (s.o.). 30 Jahre später wurde die Telegraphenlinie längs der Südküste installiert. Zur Nullarbor-Erschließung per Auto: das schaffte jemand 1912 – und im vollen Jahrdutzend bis 1924 nur drei weitere Wagen. Während des 2. Weltkriegs legte das Militär einen Auto-Track übers Plateau, der 1969 auf W.A.-Seite, erst

Geschichte auf einem Wandgemälde in Alice Springs: Outback-Erschließung vom Bau der transkontinentalen Telegraphen-Linie über die Eisenbahn bis zu Auto und Flugzeug. Weiß und Schwarz sind konfliktfrei nebeneinander dargestellt.

1976 in S.A. zur modernen Teerstraße wurde. So jung ist die Geschichte der „weißen" Australien-Erschließung.
Rohstoffe, vor allem Gold gaben den Anstoß zur Besiedlung vieler Landesteile. Ohne das Edelmetall wäre das südöstliche W.A. rund um Kalgoorlie vermutlich ziemlich leer, wäre Halls Creek am Kimberley-Rand nicht entstanden. Eisenerz „erlöste" z.B. die Pilbara-Region aus ihrem Outback-Dornröschenschlaf, Diamanten wurden südlich von Kununurra am Westufer des Lake Argyle gefunden und seit den 80ern gefördert.
Der Erzabbau (z.B. Uran) ist höchst umstritten, vor allem, wenn er in National Parks oder Aboriginal Reserves „über die Bühne" geht. Da wird sich in den nächsten Jahren wohl noch viel tun – positiv oder negativ für Australiens Zukunft?

Namen im Wandel

Während der Besiedlungsgeschichte erhielten viele Orte englische Namen: nach Forschern oder Landmarken. Zu nennen wären da Ayers Rock, Wave Hill, Hooker Creek und andere. Ganz allmählich setzten sich, vor allem in den Aboriginal Reserves, traditionelle oder neugeschaffene Ortsnamen aus der Sprache der Ureinwohner durch: Uluru, Kalkaringi oder Lajamanu zu den erwähnten Beispielen. Kununurra („großes Wasser") in W.A. ist eine typische Neuschöpfung. Docker River wurde soeben in Kaltukatjara zurück-getauft; der englische Name erscheint nicht mehr auf der Karte, dürfte sich jedoch noch lange halten. Die Rückbesinnung auf die Aboriginal-Namen beschert Australien mehr nationale Identität.

Our story is the Land...
it is written in those sacred places.
My children will look after those places,
that's the law.
Dreaming place...
you can't change it, no matter who you are.
No matter you rich man, no matter you King.
You can't change it.
(Aboriginal Bill Neidjie, 1983)

Wir wollen in Ruhe gelassen werden...

Aboriginals – Aborigines – Ureinwohner

Viel länger als angenommen leben Menschen in Australien: ging man bisher von 40.000 Jahren aus, so werden seit 1990 etwa 50.000 Jahre angesetzt. Zehntausend Jahre hin oder her, das spielt kaum eine Rolle im *timeless land*. Doch die 200 Jahre weißer Besiedlung, 1988 als *Bicentennial* groß gefeiert, wirken dagegen recht bescheiden.

Die Ureinwohner (*Aboriginals* oder *Aborigines*, letzteres mit Betonung auf der letzten Silbe: äboridschinís) lebten jahrtausendelang in bewundernswertem Einklang mit der Natur wie viele Naturvölker. Persönliches Eigentum außer Waffen gab es für sie nicht, doch der Besitz weiter Landflächen war fürs Überleben, fürs ökologisch ausgewogene Jagen und Sammeln in Wüste und Halbwüste ebenso wichtig wie für die „Traumpfade" der Mythologie (s. dort).

„Pech" für die Ureinwohner: Sie führten keine Grundbücher. Und ohne diese war das Land für die zuströmenden Briten freies, Besitz(er)-loses Land. Es prallten zwei Kulturen aufeinander, wie sie unterschiedlicher nicht sein konnten. Beide verstanden sich nicht: Weiß konnte (und wollte) sich nicht auf die Lebensart von Schwarz einstellen, Schwarz vermochte nicht zu begreifen, daß Vieh Privateigentum sein konnte.

Die Weißen waren stärker. Gegen Feuerwaffen hatten die Ureinwohner keine Chance. Zeitweise wurden sie gejagt wie Hasen, ihre Zahl ging von 300.000 auf etwa 75.000 zurück. Heute dürften es wieder mehr als doppelt soviele sein.

Man versucht jetzt, das Unrecht wiedergutzumachen, doch vieles bleibt in den Ansätzen stecken. Theoretisch sind beide Rassen gleichgestellt, die Ureinwohner werden finanziell sogar stark gefördert. Was nicht unbedingt im Sinn von Aboriginal-Freunden ist: „Würden Sie noch arbeiten, wenn man Ihnen vorn und hinten Dollarnoten reinschiebt?", fragte mal jemand.

Die von den Aboriginals geforderte Selbstbestimmung wurde noch nicht realisiert. Allerdings werden die *Reserves* vergrößert, zum Teil gegen grimmigen Widerstand weißer Betonköpfe.

Einer der Aboriginal-Wünsche: „Wir wollen in Ruhe gelassen werden!" Das müssen auch noch so wohlwollende Besucher aus der Alten Welt respektieren. Ohne tieferes, echtes Interesse sollte niemand versuchen, *Aboriginal Communities* zu „erforschen".

Die *Dreamtime*-Mythologie der Ureinwohner, ihre Felsmalereien sind kulturelles Erbe Australiens, beide werden geschützt. Aber die Lebensbedingungen sind trotz der angesprochenen Finanzhilfe nicht gut. Schwarze landen auch eher im Knast als Weiße.

Der Eindruck, den die Ureinwohner auf Touristen machen, ist zwiespältig. Alte Sozialstrukturen sind zerstört, überlieferte, bewährte Verhaltensweisen vergessen. Es kann durchaus vorkommen, daß Aboriginals (einst Überlebenskünstler der Wüste) ohne Wasser oder Sprit auf einsamer Piste liegenbleiben. Besitzstreben und Vorratsdenken scheinen zu fehlen, wieder vergleichbar mit anderen Naturvölkern.

Begegnungen mit den Ureinwohnern beschränken sich meist auf zufällige, outback-typische Hilfeleistungen. – Rechts: „Säufer sind Verlierer". Ein Aboriginal-Plakat soll vom Alkoholismus zurückführen zu den alten Traditionen.

Alkohol ist ein Riesen-Problem. Man sollte daher Aboriginals in deren Interesse niemals ein Bierchen spendieren oder auf ihren Wunsch im Supermarkt besorgen.
„Säufer sind Verlierer" ist auf einem Aboriginal-Plakat zu lesen. Rhetorische Frage zum Bild trinkender Schwarzer: „Was werden *wir* unseren Kindern beibringen?" Daneben als Kontrast ein Foto traditionell lebender Aboriginals. – Auffällig ist das demonstrative Desinteresse an Weißen. Kontakte sind fast nicht herzustellen, wenn man von kommerziellen absieht. Meist dürften sie sich beschränken auf Hilfeleistungen an Straßen und Pisten. Schade drum...

Literaturtip: Bill Neidjie, *Australia's Kakadu Man*, Resource Managers Pty Ltd, ca. 20 $, Texte, Stories, Gedichte und gute Fotos.

For my part,
I travel not
to go anywhere,
but to go.
I travel
for travel`s sake.
The great affair
is to move.
(Robert L. Stevenson)

Outback-Routen

Aus rund zwanzig Routen können Sie sich wie aus Bausteinen Ihre individuelle Tour zusammensetzen. Angaben zum Zustand sind – anders als bei nahezu unveränderlichen Teerstraßen – immer mit Vorsicht zu genießen: Widriges Wetter kann selbst eine ordentliche Gravel Road schwer befahrbar machen. Andererseits werden Pisten zunehmend verbessert oder gar geteert. Sein Sie auf beides vorbereitet...

Gitterbrücke der alten Ghan-Schmalspurbahn über den breiten Neales River. Der Oadnadatta Track ist zwar rauh, aber bei Trockenheit ganz gut in Schuß.

Faszinierend und geschichtsträchtig:

Oodnadatta Track

(South Australia, 630 km)

Name: Nach dem zentralen Mini-Ort Oodnadatta am Südwestrand der Simpson Desert, ca. 150 km nordwestlich des Lake Eyre.

Verbindung zwischen MARREE (rund 700 km nördlich von ADELAIDE, der Hauptstadt von South Australia) und dem geteerten, etwas monotonen *Stuart Highway* (Nr. 87). Einmündung in den Stuart beim Marla-Roadhouse, rund 480 km südlich von Alice Springs im Northern Territory. Der nördlichere, alte Oodnadatta Track via Granite Downs wird nicht mehr benutzt.

Länge: 630 km ohne Abstecher, ca. 2 bis 4 Tage.

Zustand: Relativ gut. Schotter und Naturboden. Bei Regen große Fahr-Probleme! Unterwegs jede denkbare Auskunft einholen.

Verkehr: Mäßig bis relativ dicht. U.U. geeignet für robuste Pkw und Campervans (Mietfahrzeuge meist ausgeschlossen!).

Funktion: Der Track hat seit der Teerung des Stuart Highway keine überregionale Bedeutung mehr, daher wenig Schwerverkehr. Historisch und landschaftlich jedoch erstklassig!!
Die Schotterstraße folgt etwa den Spuren des Trans-Australien-Forschers McDouall Stuart (Expeditionen 1860/62) sowie der ersten 3.200 km langen Überland-Telegraphenleitung (O.T.), die Australien ab 1872 mit dem "Rest der Welt" verband.
Es folgte die *Ghan-Schmalspurbahn* nach Oodnadatta, das 1884 erreicht wurde; erst 1929 war auch Alice Springs angeschlossen. 1981 wurde die *New-Ghan*-Bahnlinie eröffnet, die weiter westlich nicht so wetteranfällig ist wie die alte Trasse.

Varianten: Nördlich von Oodnadatta via Dalhousie Springs hinauf nach Alice. Ab Mt. Dare (Versorgung, Tankstelle) Anschluß an Route 16. Oder sehr schwierig durch die Simpson Desert nach Birdsville (Route 3). Letztere Piste nur für erfahrene und bestens ausgerüstete 4WD-Fahrer.

Info: In den Roadhouses am Weg, besonders im *Pink Roadhouse* in Oodnadatta (Spezialist Adam Plate).
Info für den Stuart Highway: Faltblätter in den Roadhouses am Stuart Highway, u.U. vom Verkehrsamt des Northern Territory, Adresse siehe Aktueller Anhang.
Die 2.720 km lange Verbindung Darwin–Port Augusta, in der Südhälfte einst ein Horror-Trip, ist seit dem Ausbau problemlos und keineswegs ein "Adventure Highway", wie er bisweilen tituliert wird.

Karten: Ideal ist das Blatt "Oodnadatta Track" von *Westprint Heritage Maps*. Vorab incl. Versandkosten für 20 DM in Schein oder per Scheck anzufordern bei *tours*, Postfach 710769, 81457 München.
Von Westprint gibt es etwa ein Dutzend sehr guter Spezialkarten für fast alle Outback-Straßen und Pisten (siehe Anhang, Karten).

Versorgung: Marree (Tankstelle, Hotel, Lebensmittel, Liquor Store), William Creek (Roadhouse), Oodnadatta (alles),
Marla am Stuart Highway (Roadhouse, sehr gute Versorgung).

Marree gilt als *Bottom*, als Süd-Ende des Tracks. Das Dorf hieß früher Herrgot(t)s Springs, hat nur noch rund 400 Einwohner. Es verlor mit der Aufgabe der alten *Ghan*-Linie die Funktion des *major railhead*.
Hier endete der Birdsville Track (siehe dort), auf dem Vieh aus Queensland zur Bahn getrieben wurde. Einst starteten in Marree auch die *Camel Trains* zur Versorgung des Outback bis hinauf nach Alice Springs. An die gute alte Zeit erinnern Diesellokomotiven des

Ghan, die nur noch museale Funktion haben. Fantastisch wirken die mächtigen Zug-Garnituren bei Sonnenuntergang, wenn sich das Abendlicht in den Scheiben spiegelt. Zuvor Fahrzeug auftanken; die Zapfsäulen werden um 18 Uhr abgesperrt.

Ein Orientierungsschild am Ortsausgang informiert über den Track, über Wasserstellen, Versorgung und über die artesischen Brunnen am Weg. Karten im Oasis-Hotel.

Der Track folgt dem stark erodierten, bisweilen kaum noch zu erkennenden Damm des alten Ghan: Schwellen wurden zum Abtransport aufgestapelt, die Schienen selbst sind entfernt und recycelt.

Mit der Demontage der Linie (ab 1981) ging eine wichtige Ära australischer Geschichte zu Ende – doch kaum ist der Ghan weg, keimt Nostalgie. Ramponierte Bahnhöfe werden restauriert. In Alice Springs wurde gar ein Stück der alten Linie für Ausflugsfahrten reaktiviert (sehr lohnend)!

Wenig *Corrugation* („Wellblech"-Struktur) auf dem Track, der wie eine mittelprächtige Teerstraße mit 80 km/h befahrbar ist. Echtes Blech: die Wassertürme des Ghan, mit denen die Dampf-Lokomotiven betankt wurden (das korrosive artesische Wasser mußte bisweilen speziell aufbereitet werden).

Metallgitterbrücken der Bahn über viele Creeks, die allesamt, wenn sie mal Wasser führen, nach Norden fließen zum Lake Eyre. Die Straße kreuzt Bäche wie z.B. Callana und Wangianna Creek auf meist harmlosen Furten; nur nach Regen gibt's Probleme. Wegen der Gefahr von heranschießenden *Flash Floods* sollte man darin nicht campen.

165 km südöstlich des *William Creek*-Roadhouse der Allberrie Creek. Nahe Gebäude gehören zur Homestead *Finnis Creek* mit Finnis Springs (artesischer Brunnen). Sie sind privat und gut restauriert.

Grellweiß leuchten Salzpfannen, in denen eingeströmtes Wasser verdunstet und die

Marree: Solche Outback-Stores sind mehr als nur Läden – auch Poststelle und Kommunikations-Zentrum.
Relikte vergangener Größe: Garnituren der stillgelegten „Ghan"-Bahnlinie nach Alice Springs im Abendlicht.

Mineralien zurückläßt – ein typisches Bild arider Zonen.

In dieser wilden, flachwelligen, apokalyptischen Urlandschaft wird der *Dog Fence* gekreuzt, auch Dingo-Zaun genannt: auf einer Länge von 9600 (!) km sollte er einheimische Inland-Wildhunde von Agrarzonen und Schafzuchtgebieten Südaustraliens fernhalten. Der *Dog Fence* macht teilweise einen desolaten Eindruck, wird nicht mehr, wie einst, von *Boundary Riders* dreier Bundesstaaten patrouilliert (s. *Zäune*).

Der Oodnadatta Track führt nun auf teilweise neuer, geschotterter Dammtrasse zum Südufer des *Lake Eyre*. Diese „Depression" liegt zwölf Meter unter dem Meeresspiegel. Wasser-Einzugsbereich: Ein Sechstel von ganz Australien! Auf dem Eyre-See brach Campbell in den 60er-Jahren einen Geschwindigkeitsrekord – den für Land-, nicht etwa für Wasserfahrzeuge!

1989 lag der Lake Eyre *(„usually dry")* ausnahmsweise mal nicht trocken, sondern war nach schweren Regenfällen geflutet, was nur etwa alle 25 Jahre vorkommt. Frösche, die jahrelang wie scheintot überdauerten, lebten wieder auf. Man konnte Fische angeln, es bildeten sich gewaltige Pelikan-Kolonien und sonstige Fauna. Die Lebenszyklen gehen rasch über die kurzzeitig nasse Bühne. Binnen weniger Monate war alles dann so schnell verschwunden wie entstanden – oder es wartet auf die nächste Flut...

Wie zerstörerisch Wasser wirken kann, läßt sich an den weggerissenen Ghan-Brücken im Einzugsbereich des Sees ablesen. *Floods* rund um den Eyre-See waren Hauptgrund für die Trassenverlegung nach Westen.

Etwa 80 km nordwestlich von Marree mehrere Lookouts mit weitem Blick über den *Lake Eyre South*; den nördlichen Hauptteil können Sie von Marree aus über die Station *Muloorina* erreichen.

Curdimurka R.S. (Rail Siding, was Abstell- oder Rangiergleis bedeutet, aber auch für die Mini-Siedlung rundum steht): Vor wenigen Jahren mutwillig ruinierte Anlagen, nun großteils von der *Ghan Railway Preservation Society* wiederhergestelltes Eisenbahn-Geschichtszeugnis. Auch die historische *Overland Telegraph Line* (s. Vorspann) soll nicht spurlos verschwinden.

Das Wasser für die Loks strömte mit artesischem Druck aus einem 137 m tiefen Bohrloch und mußte, wie vielerorts, entsalzt wer-

den. Die *Stuart Creek Bridge* ein Kilometer westlich ist vom Wasserturm des Bahnhofs aus sichtbar; sie ist zweitlängste Ghan-Brükke mit 57 Bögen und einer Gesamtlänge von 433 Meter.

Bores wie in Curdimurka Siding findet man an der Ghan-Linie en masse. Warmes Wasser strömt in unterschiedlicher Stärke und stellt herrliche Duschmöglichkeit dar – ein Hochgenuß bei trockener Hitze.

Brunnen auf der Spitze des Hügels

Knüller dieser Region sind jedoch die *Mound Springs*. Die Zufahrt ist nun beschildert, etwa 80 km südöstlich von William Creek und je nach Abzweig etwa 2 bis 7 km vom Track entfernt. Diese Brunnen, von denen es bis weit nördlich von Oodnadatta 'ne Menge gibt, wurden nicht künstlich gebohrt, sondern entstanden auf natürliche Weise: Wasser mit dem Überdruck des Großen Artesischen Beckens tritt hier zutage.

Rund um die Quellen entwickelte sich eine einzigartige Tier- und Pflanzenwelt. Auch die Ureinwohner und die ersten Forscher profitierten davon; ohne dies Quellwasser wären die Anlage der O.T. und Bahnbau wohl nicht möglich gewesen.

Wie Maulwurfshügel oder kleine Vulkane wirken die Mound Springs-Quellen an der Spitze des Berges?! Leicht erklärbar: Abgestorbene Pflanzenteile schichteten einen Ringwall auf, der im Lauf von Jahrtausenden höher wuchs; das Wasser stieg mit. Einige „Wasser-Vulkane“ sind erloschen, da der artesische Druck nicht mehr ausreichte.

Eine der schönsten Quellen ist die zum Schutz eingezäunte *Blanche Cup*. Aus dem Wall sickert Wasser heraus. Pflanzen grünen, andere starben ab und wurden skurril geformt, mit Mineralien verbacken wie „Sandrosen“ im Wüstensand.

Fürs Baden sind die Mound Springs tabu: Die Wälle sind zu empfindlich und könnten

schnell zerstört sein. Ein wahres Thermalbad stellt jedoch die Bore der *Beresford R.S.* dar, die armdick sprudelt (etwas 5 km nordwestlich des Pasley Creek). Das Wasser sammelt sich in einem Teich; in den Bäumen am Ufer oft dichte Kakadu-Schwärme. Kleiner Nachteil des Wassers in der Wüste: Fliegen treten in dichten Geschwadern auf. Da muß man durch im Outback...

Nach einer Zone rotgoldener Sanddünen-Riegel, großteils bewachsen wie fast immer in Australien, geht es hinab zum Breakfast Time Creek (nomen est omen) mit dem Roadhouse von WILLIAM CREEK (jeweils etwa 205 km ab Marree und bis Oodnadatta): Treibstoff, Campmöglichkeit mit Dusche, Snacks und kalte Drinks – was will man mehr! Das Roadhouse ist am Track regelmäßig mit WC + km-Angabe ausgeschildert, was nichts mit Toiletten-Vorankündigung zu tun hat, sondern die übliche Aussie-Kürzel-Signalisierung der Orte darstellt.

Bilder im Pub zeigen eine Überschwemmung vor vielen Jahren, als das Wasser vorm Hotel-Eingang stand – und das mitten in der Halbwüste!

Der ehemalige Ort wirkt nahezu verlassen. Ebenso leer und weit die nahe Station *Anna Creek*: 30.027 Quadratkilometer, eine der größten Ranches des Globus, noch größer als ganz Bayern. Die 12.000 Rinder verlieren sich in dieser Weite. Bei extensiver Weidewirtschaft braucht jede Kuh mehr als zwei dürre Quadratkilometer Freß-Fläche.

Köstliche Erfrischung in der Halbwüste: Artesischer Druck läßt warmes Wasser an einem ehemaligen „Ghan"-Bahnhof sprudeln.
Rechts: Naturwunder des Artesischen Beckens: „Mound Springs" und Wüsten-Biotope an der Spitze von Hügeln. Die Quellen haben sich diese Erhebungen im Lauf von Jahrtausenden selbst geschaffen.

Der Abschnitt William Creek – Oodnadatta (203 km) gibt sich etwas eintöniger als der Südabschnitt: Weithin flach, bisweilen steinig, was verhaltene Fahrweise angebracht sein läßt. Starker Outback-Charakter: wenige Stations nur. Einsame, verbrannt aussehende Plateaus mit langen Sektionen, wo die Umgebung wie mit fast schwarzem „Wüstenlack“ überzogen wirkt, eine Oxydationserscheinung arider Zonen. Unter der dunklen Deckschicht verbirgt sich die ursprüngliche Gesteinsfarbe.

Ganz allmählich Spinifex-Nester, das typische, pieksende Outback-Gras.

Reminiszenz an eine Australien-Expedition bei den Ruinen des *Warrina Siding* (107 km nördlich von William Creek): 14 Mann starteten 1891 mit 44 Kamelen zur einjährigen Forschungsreise Richtung Murchison River in W.A. Sie legten 7000 km zurück und kartographierten dabei 200.000 qkm (fast fünfmal so groß wie die Schweiz).

Moderner Nachfolger der Overland Telegraph Line: Die drahtlose Tele-Kommunikation via *Micro Wave*, Mikrowelle. Dazu dienen die MW-Umsetzer-Türme, die alle vierzig bis fünfzig Kilometer auf Hochpunkten in Positi-

Rastplatz in leerer Weite: Roadhouse William Creek. – Geschichts-Dokument: Relaistation Barrow Creek der ersten transkontinentalen Telegraphenleitung am Stuart Highway (N.T.).

Aus dem Diercke Weltraumbild-Atlas

Satellitenfoto mit dem Lake Eyre-Salzsee, der Simpson Wüste (oben) und meist trockenen Flußtälern. Der Oodnadatta Track verläuft südwestlich des Salzsees, links vom dunklen Mount Anna. Der Birdsville Track führt nahe des rechten Bildrands nach Norden.

Lohnender Abzweig zur Opal-Stadt Coober Pedy
(Rund 170 km ab William Creek)

Auf diesem leicht befahrbaren Track nach Westen erreicht man am schnellsten den geteerten Stuart Highway. Der Weg ist sandig und staubig, kaum steinig; drei bis vier Stunden Fahrzeit. Nach Regen viele riskante Schlammlöcher, die selbst Geländewagen zu schaffen machen.
Coober Pedy gehört zu den klassischen Attraktionen des Outbacks und ist entsprechend touristisch erschlossen: Führungen in die Opalminen. Man kann – ortstypisch – in einem unterirdischen Hotel logieren. Das alles muß man gesehen haben...

Wegen extremer Sommertemperaturen bot es sich für die Opalsucher an, im Souterrain zu leben, wo ja auch geschürft wird. Weitere Opalminen: Andamooka, westlich des Lake Torrens.

Zu Coober Pedy: siehe z.B. Vistapoint-Reiseführer S. 97ff.

on gebracht wurden. Ruinen einer alten Telegraphenstation finden sich am Peake Creek, etwas flußab vom Oodnadatta Track (23,5 km nördl. Warinna).

Über *The Neales* (mächtigster West-Zufluß des Lake Eyre) spannt sich die *Algebuckina Bridge*, größte und längste des alten Ghan, 143 km nördlich von William Creek und 60 km südöstlich von Oodnadatta. In der Nähe der eindrucksvollen Gitter-Konstruktion einige *Billabongs* (Wasserlöcher). Gute Camp-Möglichkeit, aber viele Fliegen...

OODNADATTA ist eins der charakteristischen Outback-Nester (siehe die „Haß-Liebe-Ode" zu Beginn des Buchs). Wie Marree hatte der Ort nach der Bahnverlegung Zukunftssorgen, aber er kämpft ums Überleben, bietet alles, was Touristen und Rancher brauchen. Die Atmosphäre rund um den historischen Bahnhof muß man ebenso auskosten wie Hitze und Trockenheit.

Wie isoliert Oodnadatta doch liegt! Auf dem Wegweiser-Schilderwald gigantische Entfernungsangaben: 1980 km nach Melbourne, 2160 km rauf nach Darwin. Ansonsten nur Alice Springs und ein paar Ranches in weitem Umkreis. Kaum zu fassen.

Sieben Kilometer nördlich der Stadt der „historische" *Angle Pole* der Overland Telegraph Line – wohl eher ein symbolischer, neu gesetzter Mast. Hier trennt sich der Track von der O.T. und vom alten Ghan, die nordwärts zum Finke River abzweigen, während die Straße allmählich auf Westkurs schwingt.

Eine Piste führt hinauf zur heißen Quelle von Dalhousie, nach Mt. Dare (gute Versorgungsbasis) und zur Finke Station. Im Gegensatz zum Oodnadatta Track ist sie nichts für Campmobile oder Pkws: eine „Kultstrecke" für Geländewagen-Piloten, aber mit den Ruinen von Eringa und Abminga auch historisch reizvoll. Eventuell Weiterfahrt für versierte 4Wheeler durch die Simpson Desert (s. dort) oder via Mt. Dare hinauf nach Alice. Der Routenzustand ist höchst wechselhaft.

Wer diese *rough Road* über die Hamilton Homestead unter die Räder nimmt, muß sich in Oodnadatta aktuell informieren, z.B. im General Store, an der Tankstelle oder am allerbesten im *Pink Roadhouse*. Besitzer

Adam Plate ist *der* Spezialist für die Gegend, hat gute Karten und Infos!

Der Oodnadatta Track verläßt allmählich das flache, kaum ausgeprägte Tal des Neales River. Das Land ist bretteben, die Straße wie gebügelt in Feinkies-Halbwüste. Feste, geschotterte Sektionen wechseln mit weichem Naturgrund.

118 km nördlich von Oodnadatta das *Aleumba Waterhole*; beim M.W.-Tower eine Gabelung: Gen Nordwest geht's auf altem,

Oben: Wegweiser, bisweilen auf ausgedienten Ölfaß-Böden, sind in der Regel sehr zuverlässig. Bahnhof im Nichts: Station, Weiche und Rangiergleise der seit 1981 aufgelassenen „Ghan"-Linie. Diese Schmalspurbahn war jahrzehntelang Nabelschnur des Outback.

rauhem und kaum noch von Caterpillars gepflegtem Weg via Granite Downs H.S. zur Bahnstation Mt. Chandler am Stuart Highway (118 abenteuerliche, reizvolle Kilometer). Nach Westen der sehr gute *New Oodnadatta Track*, kürzester Weg (95 km) zur Teerstraße, nach Marla mit allen *Facilities*. Man hat den Eindruck, als wolle South Australia vor der Grenze zum Northern Territory ordentlich abkassieren.

Die neue Straße ist eine typische *Beef Road*, angelegt für Road Trains, die das Vieh der Stations Todmorden und Welburn Hill abtransportieren. Solche Straßen sind meist in hervorragendem Zustand.

Von Marla Richtung Norden (Alice Springs 470 km): 2 km nördlich der N.T.-Grenze startet nach Westen der Old Gunbarrel Hwy (s. dort) Richtung Mulga Park, Curtin Springs und Ayers Rock. Treibstoff in Marla oder Kulgera. Geteerte Alternative: Lasseter Hwy. 76 km nördlich von Kulgera.

Muster einer „Stock Route"
Birdsville Track (S.A./Qld. 520 km)

Name: Nach dem Outback-Ort *Birdsville* 12 km nördlich der Queensland-Grenze, der 1897 der Vogelwelt am Diamantina River zuliebe so umbenannt worden sein soll und 40 Jahre zuvor schlicht *Diamantina Crossing* hieß.
Verbindung zwischen BIRDSVILLE (Queensland) und MARREE (South Australia, nordwestlich der Flinders Ranges), er gehört zu den weniger schwierigen Routen. – Von Birdsville führt die *Eyre* Developmental Road durchs Channel Country nach Norden Richtung Bedourie/BOULIA (siehe Plenty Hwy) mit Anschluß ans nördliche Queensland. Nach Osten: die *Birdsville Developmental Road* Richtung *Diamantina Devel. Rd.*
Länge: rund 520 km bei Benutzung des *Outside Track* um die Goyder Lagoon. Marree liegt rund 650 km nördlich von Adelaide. Für den Birdsville Track sind 1,5 bis zwei Tage anzusetzen, besser drei, wenn man die Region erforschen will. Ideal sind die Monate März bis November, im Südsommer wird's sehr heiß.
Zustand: Trotz gewisser Track-Pflege (*usually in a fair condition)* immer noch eine etwas rauhe Outback-Route, für Allrad-Anfänger geeignet. Der Südteil ist in 1a Zustand. Die Tatsache, daß *Tourism S.A.* und der Queensland-Automobilclub RACQ die Strecke gar für robuste, von Geländewagen gezogene Caravans zuläßt, spricht für gewisse Qualität. Aber im Outback ist vieles relativ...
Der Inside Track durch die Goyder Lagoon wird nicht mehr unterhalten, ist von Überflutungen zerstört und geschlossen. Die Hauptroute führt heute östlich durch Sand- und Stein-Wüste (*Gibber Country*). Insgesamt nimmt die *Beef Road* einen etwas anderen Verlauf als vor einigen Jahren. Aufgelassene Homesteads liegen nicht mehr direkt am Weg.
Verkehr: mäßig. Benutzer der Route sollten total autark und gut versorgt sein. Die Strecke führt durch eine der trockensten Zonen Australiens zwischen der Simpson Desert und Sturt's Stony Desert (einige artesische Brunnen).
Funktion: Einst war der Birdsville Track eine klassische *Stock Route,* auf der Queensland-Vieh vom Channel Country zum Railhead Marree zur Bahnverladung getrieben wurde. Heute „reisen" Rinder auf Road Trains. Touristisch ist die Route interessant, da sich von Süden kommend das Queensland-Farmland via Plenty oder Sandover Hwy mit der wilden Halbwüsten-Zone des Northern Territory verbinden läßt (Rückfahrt nach Adelaide/ Melbourne via *Oodnadatta Track*). Alternative: Weiterfahrt zum geteerten Barkly Highway und nach Nord-/Ost-Queensland, Richtung Cape York oder zum Barrier Reef.
Der *Birdsville Track* wird oft als langweilig bezeichnet, bringt aber bestens das Gefühl für die Weite und Entfernungen Australiens.
Karten: Straßenkarten von South Australia und von den Automobilclubs von S.A. bzw. Queensland (bei letzterem am besten die RACQ-Map *South West*).
Vorm Start bei der Polizei in Marree bzw. Birdsville über den aktuellen Zustand informieren. Ab-/Rückmeldung auf vielbefahrener Route nicht erforderlich.
Versorgung: Marree und Birdsville, Treibstoff ferner bei *Mungerannie Homestead/ Roadhouse*, 204 km nördlich von Marree, 334 km südlich von Birdsville, hier begrenzte Versorgung, Camping.

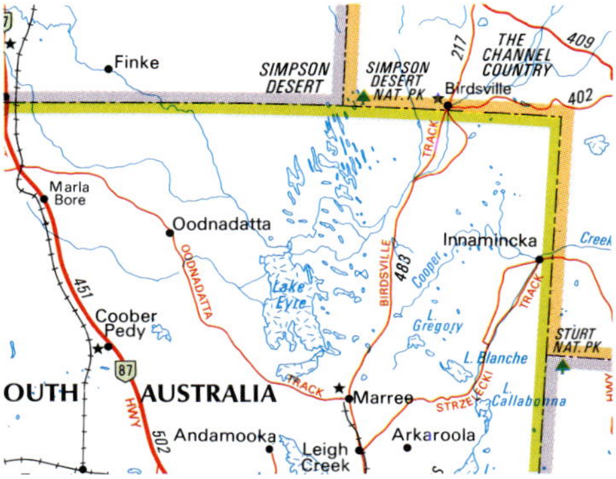

Start des Birdsville Track bei Marree.

Ist Marree nun Anfang oder Ende des *Birdsville Tracks*? Historisch gesehen stellt es das Ende dar: In großen Herden bis 10.000 Köpfe wurden Queensland-Rinder ab 1880 auf der einstigen *Stock Route* nach South Australia getrieben und in Marree auf die alte *Ghan*-Bahn verladen. Touristisch ist Marree jedoch meist der Einstieg für den Weg nach Norden. Der Ort hieß ursprünglich *Herrgott Springs* nach dem Entdecker der Quellen, einem Teilnehmer der Expedition von John McDouall Stuart (1859).

Marree hat alle notwendigen Facilities: Hotel – mit Outback-Pub, natürlich – Camping, Postamt, Store, Werkstatt und Tankstelle (8.30 bis 19 Uhr, sonntags bis 18 Uhr). Obwohl die Bahn seit Verlegung der Ghan-Trasse nicht mehr von Bedeutung ist, wird das Ortsbild von nostalgischen Resten des *Old Ghan* geprägt. Nach Nordwesten startet der *Oodnadatta Track*, eine landschaftlich wie historisch faszinierende Route.

Es sind zwar kaum zwei Tagesreisen von Adelaide bis Marree (650 km), man sollte jedoch für einen Abstecher in die *Flinders* Ranges (Wilpena Pound, Ghost Towns) mindestens zwei Tage zusätzlich einplanen.

Der Track beginnt einen Kilometer südlich des Ortskerns. 30 km nördlich von Marree, nach Queren des Frome River, erste der *Government Bores* für die Viehtriebstrecke beim Lake Harry. Lake ist geschmeichelt: östlich des Tracks nur eine Salzpfanne, ringsum Tafelberge. Die Homestead ist nun verlassen (wie viele andere am Weg); der alte Handelsposten florierte bis 1951.

Nur noch Stümpfe von Dattelpalmen erinnern an afghanische Kamelreiter, die einst mit ihren *Camel Train*-Karawanen Transportaufgaben im Outback übernahmen. So kamen Waren und Post bis rauf nach Alice Springs. Der Name beider *Ghan*-Bahnlinien (siehe Oodnadatta Track) steht für die aus Asien „importierten“ Ritter der Wüste.

Kurz drauf der *Dog* oder *Dingo Fence* mit einem „wilden“ *Grid*-Gitter auf der Fahrbahn. Zu den Fences mehr unter *„Zäune“*.

Das Land wird hügliger. Am Abzweig zur *Clayton* Station kreuzen Sie den normalerweise trockenen Clayton Creek (km 53 ab Marree). – 31 km weiter die *Dulkaninna*-Station, Ende des 19. Jahrhunderts gegründet. Eine artesische Quelle speist den nahen Creek gleichen Namens.

Das Wasser der *Cannuwaukaninna Bore* (27 km) quillt so heiß an die Oberfläche, daß es erst ein paar hundert Meter fließen muß, bis es so weit abgekühlt ist, daß man damit Vieh tränken kann. Zum Trinken ist solches Tiefenwasser nur im Notfall geeignet; nicht weil's unhygienisch wäre – kosten Sie mal...

Den Vögeln, Känguruhs, Wallabies macht der Geschmack nichts aus. Zum Baden, weit genug von den Tieren und ohne Seife, ist das Wasser allemal gut. Es gibt zwei Pools, beide sind sehr heiß. Das Wasser strömt in einen Kanal, der allmählich verschilft.

Auch dieser Brunnen wurde für die *Drovers* der Stock Route gebohrt, anno 1916. Weiter im Westen die *Tirari Desert*. Dort, am Lake Palankarinna, wurden Fossilien von hohem wissenschaftlichen Nährwert gefunden.

Gewaltige Schwärme weißer Kakadus an einer Wasserstelle.

Der Track verläuft durch plattes Land; die Piste ist hier ziemlich rauh. Ihr Zustand hängt immer davon ab, wann der *Grader* das letzte Mal drübergegangen ist.

An der *Etadunna*-Homestead (11 km) eine Erinnerungstafel für die Lutheranische Aboriginal Mission von Killalpaninna; deren Ruinen liegen etwa 20 km nordwestlich. Sie wurde 1866/67 gegründet und sorgte für 200 *Dieri*-Ureinwohner. Die schwere Dürre Anfang des Jahrhundert führte 1915 zur Schließung; antideutsche Gefühle sollen dabei auch mitgemischt haben mitten im Ersten Weltkrieg.

Nördlich zweigt nach Osten der *Flood Bypass* ab, auf dem der ca. 200 m breite Cooper Creek per Außenborder-Pontonfähre überquert werden kann – wenn er fließt. 1990 war der Birdsville Track nach der massiven Flut von 1989 unterbrochen, die den Lake Eyre gefüllt hatte. Fast ein Jahrhundertereignis. Die Fähre transportiert nur Pkws und Geländewagen, keine Caravans.

Die alte, ausrangierte *Tom Brennan*-Fähre, von 1949-56 benutzt, liegt nun als restauriertes Museumsstück am Ufer.

Nach Regen entsteht – nicht nur hier – ein Wildblumenparadies am Track.

Die Überflutungsebene des Cooper ist 10 km breit. Danach die *Natteranie Sandhills*: Etwa neun Meter hohe Dünen, schon ein Teil der Simpson Desert, die ihr Finale am Cooper River findet. Der Flood Bypass (47 km lang) mündet nördlich des *Flood Plain Crossing* in den Haupt-Track, der mit 25 km kürzer, aber riskanter ist. Einst galt er als „Horrortrip".

20 km weiter die neue *Mulka*-Homestead. Ruinen des alten Farmhauses liegen einen Kilometer westlich des Birdsville Tracks. Auch von der *Ooranillanie*-Hstd. (12 km) blieben nur Trümmer westlich der Piste.

Die Mulka-Region ist die trockenste Australiens: Durchschnittlicher Niederschlag nur knapp über 10 cm jährlich bei gleichzeitig hoher Verdunstungsrate; soviel (oder wenig) lädt in Deutschland *ein* Gewitter ab...

Einziges Roadhouse des Birdsville Track ist *Mungeranie* am Derwent Creek, 27 km nördlich von Ooranillanie (gesamt 204 km von Marree, 313 km südlich von Birdsville). Treibstoff (natürlich etwas teurer als in der Zivilisation), Lebensmittel, Not-Werkstatt, Unterkunft, Camping. Sie sollten zuvor vorsichtshalber in Marree bzw. Birdsville fragen, ob sich hier mit Sicherheit Sprit bunkern läßt.

Wasser in der Wüste: Sehr heiß und nicht gerade aromatisch...

Mungeranie - Birdsville (370 km)

Ein Abzweig vom Roadhouse nach Nordwesten führt zu den Homesteads Cowarie und Kalamurina. (58 km). Am Track folgt der mit 150 Metern höchste Punkt der Strecke, dann geht's durch die Flanke eines erodierten Hochplateaus 3 km hinab zur und durch die *Mungeranie Gap*. Östlich des Track eine landschaftliche Attraktion: ein helles Gips-Kliff nördlich des Kirrawadinna Creek.

Weite Ebenen, Creek-Täler. Dann *Mirra Mitta*: wieder mal Ruinen (östlich des Tracks), wieder mal eine Bore (westlich) und wieder mal heißes artesisches Wasser, das erst nach gewissem Lauf auf erträgliche Temperatur abkühlt . Baden ist hier möglich. Ein Windrad mit Blechhütte am Ostrand der Piste. Gutes Campen im Windschatten von Büschen.

Einige Seen, auf den Karten rund um den Track verzeichnet, bedeuten nicht unbedingt Wasser. Meist sind's ausgedampfte Salzpfannen, die sich nur selten füllen.

Scheideweg an den *Clifton Hills* (84 km nördlich). Hier zweigt der *Inside Track* ab, der nach 161 weiteren Kilometern Birdsville erreicht. Doch die Piste durch die Goyder Lagoon ist gesperrt (1990 am 8 km entfernten Warburten Crossing unterbrochen), bisweilen heißt's nur: „nicht empfohlen". Außerdem ist die Schlangengefahr recht groß – andererseits gibt's dort 'ne Menge Kakadus und bunt-leuchtende Sittichschwärme. Aber die findet man anderswo risikoloser.

Hauptroute ist heute die ehemalige Lagoon-Umgehung, der *Outside Track* (193 km). Er führt durch kiesig-steiniges Land. Dies *gibber country* ist ein Ausläufer von *Sturt's Stony Desert* im Osten.

Der Outside Track schwenkt etwa 70 km nach Osten aus, geht dann wieder auf Nordkurs und erreicht *Pandie Pandie*-Homestead, wobei er die Steinwüste hinter sich läßt und die sandige Simpson Desert erreicht. 15 km weiter die Queensland-Grenze, natürlich auch hier ein *Grid*. Auf den letzten, wieder sehr gut befahrbaren Kilometern verläuft die Straße parallel zum Diamantina River. Auf dem gegenüberliegenden, westlichen Ufer die alte Piste.

Der Diamantina River trocknet auf Queensland-Seite nie ganz aus. Er fließt meist im Februar und März. Manchmal auch länger, je nachdem, wie intensiv die Monsunregen ausfielen. Bei Birdsville (35 km nördlich von Pandie Pandie) finden sich viele relativ tiefe

Charles Sturt war einer der bekanntesten Outback-Forscher. Er startete im August 1844 von Adelaide, um den im Inland vermuteten „Großen See" zu suchen. Mit etwas Glück hätte er, nach entsprechendem Regen, den Lake Eyre als solchen identifizieren können.
Ein sechmonatiger Stop unter grimmigen Bedingungen mußte bei Milparinka eingelegt werden. Sein Begleiter Poole starb, aber Sturt gab nicht auf, benannte den Strzelecki Creek, neben dem heute der gleichnamige Track verläuft. Ein Nationalpark im Dreiländereck S.A./Qld und New South Wales erinnert an den wenig erfolgreichen Entdecker. Ein Depot, das Sturt vor dem zweiten Aufbruch anlegte, ist bei Fort Grey im National Park zu sehen.
Großartige Schilderungen der strapaziösen Reisen früher Australien-Forscher in Anne Millars Text-/Bildband *„I see no end of travelling"* (Bay Books, ca. 40 $).

Wasserlöcher, die sich teilweise sogar zum Fischen, auf jeden Fall aber zum Baden eignen. Auch wenn das Wasser oft nicht gerade klar ist...
Auf einfacher, mit Röhren unterfütterter Brükke *(Causeway)* wird der Diamantina River überquert.
Birdsville, bis zur Jahrhundertwende schlicht *Diamantina* Crossing genannt, war eine Zollstation an der Qld./S.A.-Grenze. Der Posten auf sandiger Grasebene des Channel Country, zwischen den Dünen der Simpson Desert und Sturt's Stony Desert, verlor 1901 mit dem Wegfall der Schlagbäume seine Bedeutung.
Geblieben ist ein charakteristisches, verschlafenes Outback-Dorf. Laut Schild berherbergt es 100 Einwohner, 1990 lebten hier 30 Leute und 12 Hunde. Einfache Häuser, Store und Polizeiposten. Berühmt ist das Outback-Hotel mit seinem Pub, ferner die Überbleibsel von Flynns Inland Mission.
Die *Birdsville Races*, ein berühmtes Pferderennen, gehen jeweils am ersten September-Wochenende über die Bühne (1990 z.B. 31.8./1.9., zukünftige Termine über ATC Frankfurt). Eine Attraktion für Rancher und *Station Hands* aus der weiteren Umgebung, aber auch für Outback-Besucher. „Karneval in Rio" soll nichts dagegen sein.

Am Ziel: Birdsville, ein typisches Outback-Nest.

„Strictly Four Wheel Drive!“

Durch die Simpson-Wüste

Die beiden so schwierigen wie interessanten Allrad-Tracks von *Birdsville* über *Poeppel Corner* (dem Dreiländereck N.T., Qld. und S.A.) nach *Dalhousie Springs* sind etwa 440 km lang (French Line) bzw. 700 km auf leichterer Rig Road, siehe unten.
Wasser muß überreichlich an Bord sein. Anhalt für Treibstoffvorrat: Der Benzinverbrauch liegt etwa doppelt so hoch wie auf „normalen“ Tracks, Diesel etwas günstiger.
Beide Pisten sind technisch sehr schwierig und in puncto Ausrüstung und Fahrtechnik höchst anspruchsvoll. Fahrtrichtung wegen der Dünenform mit steilen Ostflanken am besten von Westen nach Osten! – Fahrzeit ca. zwei bis zweieinhalb Tage.
Der Verkehr ist relativ gering: mehrere Autos täglich zu Poeppels Corner (s.u.), einige wenige benutzen in der kühlen Jahreszeit die *Rig Road* weiter nach Dalhousie. Ab- und Rückmeldung bei der Polizei in Oodnadatta bzw. Birdsville ist unbedingt ratsam!
Nach dem Start in Birdsville anfangs plattebenes Land, dann vier Dünenriegel und 38 km westlich von Birdsville die *Big Red*-Sanddüne, die höchste der Piste, zum *Simpson Desert National Park*.
Weiter geht's auf der sogenannten *QAA Line*, über zum Teil üble Dünen holpernd, durch die Wüste zum *Poeppel Corner* im Dreiländer-Eck. Dünentäler sind meist bewachsen, nach Regen mit einem Wildblumenteppich überzogen. Salzseen mit *Wet*-Umgehung.
Der Pflock, der den Grenzpunkt markiert, wurde aus einem *Waddi Tree* gehauen; nahebei eine neue Säule aus Beton; wer sich draufsetzt, hockt auf drei Bundesstaaten gleichzeitig! – Ein „Gipfelbuch“ gibt`s auch.
Der Simpson Desert Park ist etwa eine halbe Million Hektar groß, besteht aus langen, hohen Sanddünen und Ton- oder Salzpfannen, welche die Piste durchquert. Nach Regen kann man drin steckenbleiben. Es ist dann besser, Umfahrungen zu suchen.

Selten kurvig, oft schnurgerade: Der „French Line Track“ zwischen Dalhousie und Birdsville. Ideale Fahrtrichtung: von West nach Ost wegen sehr steiler Dünen-Ostflanken.

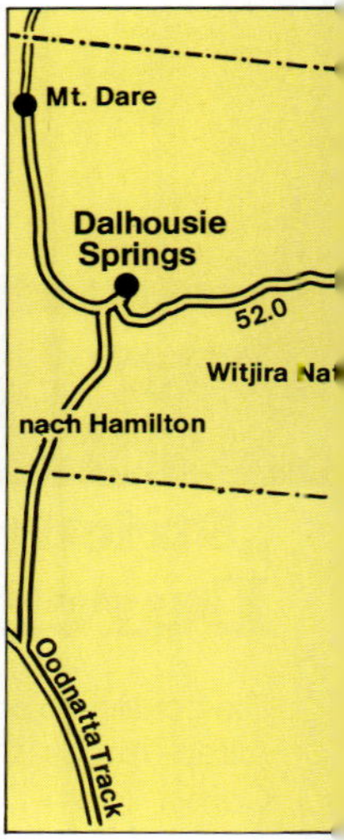

Keine Fata Morgana: Baden in der Wüste (Dalhousie Springs).

Simpson Desert (Qld/ S.A) via „French Line"

Die schwierige Fortsetzung nach Westen Richtung Dalhousie und weiter nach Oodnadatta in South Australia heißt *French Line Track*. Diese Piste wurde erst Mitte der 60er-Jahre für Erdöl-Exploration angelegt, die *Rig Road* (s.u.) Anfang der 80er-Jahre.

Zur *French Line: Sie* verläuft nahezu gradlinig auf WSW-Kurs durch eine Zone mit Hunderten quer zur Fahrtrichtung verlaufender 10-Meter-Dünen. Über lange Distanzen ein regelrechtes Bockspringen, besonders für Geländewagen mit kurzem Radstand. Da das Gelände recht dicht bewachsen ist, gibt es an schwierigen Stellen keine Ausweichmöglichkeit.

In Abständen von 40 bis 50 km zweigen weitere, meist schlechte Tracks nach Süden ab zur Rig Road. Einer von ihnen, der *Colson Track* (150 km westlich von Poeppel Corner), führt hinauf nach Alice Springs (ca. 300 km); eine extreme Wüstentour.

Nahe des Abzweigs der Rig Road nochmal zwei besonders mühsam zu nehmende Dünen, dann geht`s über harmlose Sandrippen zur großartigen *Purni Bore*, wo man einst Schwarzes Gold suchte und auf reichlich, aber sehr heißes Wasser stieß (knapp 200 km ab *Poeppel Corner*). Es gibt 'ne Menge roter Algen. Das Wasser ist trinkbar; ein Neben-Pool eignet sich zum Bade.

Weiter zu den *Dalhousie Springs* (70 km) im nördlichen S.A., Diese Quellen liegen etwa im Zentrum des *Witjira National Park* mit dem Binnendelta des Finke River im Nordteil.

Dalhousie Springs: herrliches Schwimmen in 35 Grad warmen Pools. Eine halbe Stunde Fußweg zu weiteren Becken, die Teichen ähneln, aber in der Wüste Großartiges bedeuten. Es gibt sehr seltene Fischarten.

Sprit und Versorgungsmöglichkeit beim *Mount Dare Visitor Service Outpost* (80 km nordwestlich von Dalhousie Springs via Federal Hstd, heute ein Teil des Nationalparks). Mount Dare ist eine restaurierte Outback-Station-Homestead und unumgängliche Basis auch für die Weiterfahrt auf dem *Simpson Desert Loop* nach Alice Springs (siehe dort).

Adresse für Kontaktaufnahme und Info: Mt. Dare, P.M.B., Alice Springs N.T., 0872.

Von Dalhousie Springs nach Oodnadatta: Zunächst nach Westen via *Eringa Ruins* (gesamt 270 km). Oder via *Dalhousie Ruins* und *Hamilton Homestead* (nur 185 km). Anfangs Buschwald, bei den Pedirka Ruins (die zur alten Ghan-Bahnlinie gehörten) nur noch baumlose Kiesebene.

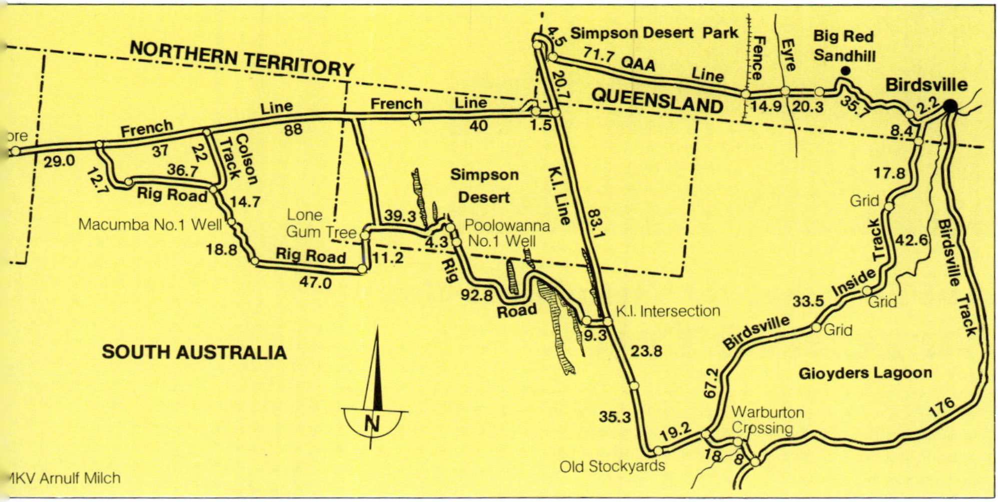

Ranger kontrollieren bisweilen den *S.A. Desert Pass*, Kostenpunkt derzeit 40 Dollar. Er enthält Infos über alle Parks, gilt fürs Auto und ein Jahr: für Witjira NP., Simpson Desert, Lake Eyre und Innaminka Park (östlich von Birdsville, siehe Strzelecki Track).

Warnung: Die Abenteurer-Route über Hunderte hoher Dünen, alle in NNW/SSO-Richtung verlaufend, ist einsam, nicht ungefährlich, kann nur von wirklich Erfahrenen, hervorragend Ausgerüsteten „gemacht" werden. Am besten schließt man sich einem Aussie-Konvoi mit RFDS-Funk an.

Zuvor unbedingt in Birdsville oder in Oodnadatta (beim Simpson-Desert-Spezialisten Adam Plate im *Pink Roadhouse*) über den exakten, wechselnden Pistenverlauf und aktuellen Zustand informieren. Gute neue Karte: Dalhousie+Simpson Desert South, Escorted OutbackTours.– RAA Strip Map.

Info-Tip: Angaben über Wüsten-Tracks veralten schon im Munde, geschweige denn auf Papier. Das *Department of Environment & Planning* gibt ein permanent aktualisiertes „Desert Parks Bulletin" heraus. Da ist zu lesen, welche Route benutzt werden kann, welche *Line* nach Regen trocken ist.

Adresse: Black Oak Drive, Leigh Creek S.A. 5731 (118 km südl. von Marree).
Tel. (086) 752 499.

Simpson Desert (S. A.) via „Rig Road"

Etwas einfacher als der *French Line Track* ist die *Rig Road*. Sie ist besonders im Westen Lehm-„gepflastert", war einst unter günstigen Bedingungen Pkw-tauglich. Heute wird der Track nicht mehr gepflegt – daher 4WD! Die Rig Road zickzackt 20 bis 40 km südlich der French Line nach Osten und mündet in die sogenannte *K1 Line*, die *Poeppel Corner* mit dem Birdsville Inside Track verbindet. K1 ist meist gut befahrbar, nur die letzten km zum Dreiländereck sind 4WD-Terrain.

29 km östlich von *Purni Bore* (s.o.) zweigt die Rig Road von der French Line ab und nimmt auf 13 km SO-Kurs zum aufgelassenen Mokari-Airstrip aus der Ölsucherzeit.

Nach weiteren 37 km mündet von Norden der *Colson Track* in die *Rig Road*, eine Querverbindung zur French Line.

Weitere 250 km mit vielfachem Kurswechsel, dann mündet die Rig Road in die K1-Line. Nach links (NNW) 85 km zu *Poeppel Corner* und weiter nach Birdsville, nach rechts zum Birdsville Track. Der Inside Track war 1990 gesperrt, die *Outside*-Alternative konnte nicht angesteuert werden, da die Überleitung am Warburton River unterbrochen war. Fazit: Über die Befahrbarkeit vorab informieren.

A country
as I firmly believe
has no parallel
on earth's surface.
(Forscher Ch. Sturt, 1845)

Auf Forscher- & Viehräuber-Spuren

Strzelecki Track

Name: Von Charles Sturt benannt nach Paul E. Strzelecki, einem Polen. Er hielt sich nur drei Jahre in Australien auf (1839 - 1841), erforschte Teile der *Dividing Range* (wobei er den Mt. Kosciusko taufte) und des *Gippsland* im südlichen Victoria (dies wiederum benannt nach Gouverneur Gipps). Die Route könnte auch *Redford Track* heißen nach Henry Redford, einem legendären Viehräuber.
Verbindung zwischen LYNDHURST (an der Zufahrt nach Marree, S.A., vgl. Oodnadatta und Birdsville Track) und INNAMINCKA im nordöstlichen S.A., nahe der Qld-Grenze. – Von Innamincka läßt sich BIRDSVILLE ansteuern, womit eine Rundtour möglich wird.
Länge: Ca. 450 km. Fahrzeit etwa 1,5 bis zwei Tage.
Zustand: Relativ guter Track, hauptsächlich von den *Moomba Gasfields* gepflegt. Tauglich für robuste Pkws und Campervans (von Vermietern u.U. nicht erlaubt). – Vorsicht vor tiefen, bisweilen gefährlichen *Bulldust*-Staublöchern und vor Schwerlastwagen. – Der „alte" Strzelecki Track folgt weitgehend dem gleichnamigen Creek: nur 4WD!
Funktion: Ca. 1870 bis 1880 Viehtrieb-Strecke, heute Versorgungs-Track für die o.a. Gasfelder südwestlich von Innamincka. Touristisch interessant: Aboriginal Zeichnungen am Ufer des Cooper Creek; Burke's Dig Tree und Memorials bei Innamincka, I.-Regional Reserve. Park-Pass nötig; Info dazu: Simpson Desert.
Karte: Automobilclub-Map: S.A. *Northern Areas.* Neu: *Innamincka* von Escorted Outback Tours!
Versorgung: Nur in Lyndhurst und Innamincka, daher reichlich Wasser, Treibstoff und Lebensmittel für die gesamte Strecke mitführen! Moomba Gasfields nur Anlaufstation für echte Notfälle. Camp unterwegs: Yaningurie Waterhole (s.u.).

Lyndhurst an der Straße nach Marree: Ende des Asphalts – Ende der Zivilisation?! Hier gibt´s noch ein Roadhouse, neuen Pub und gute Werkstatt. Letzte Tankstelle bis Innamincka, wo der Saft ein Drittel teurer ist.
Die ersten 200 km des *Strzelecki Track* sind die aufreibendsten, da grober Schotter und Dip-Senken das Fahrzeug zum Schüttelbecher machen.
Der Track führt nach Nordosten durch karge Buschlandschaft, die allmählich in Steinwüste übergeht. Zur Rechten die *Gammon Range*. 105 km nordöstlich von Lyndhurst wird der *Dog Fence* gekreuzt (s. Abschnitt „Zäune").
Nach weiteren 88 km Abzweig zur *Mount Hopeless Homestead*, über die man nach Süden Arkaroola und die Flinders Ranges erreichen kann: Teilweise sehr schlechter Zustand, Weichsand und wenig Verkehr. Terrain für Geländewagen! Arkaroola (mit Tankstelle, Store, Caravan Park) ist Ausgangspunkt für Wanderungen im *Gammon Range National Park.*
Rund um den Strzelecki wird die Desert allmählich sandiger. Das hat angenehmere Fahrt zur Folge, denn der Naturboden wird vom Grader bretteben gehalten.
Erste feuerrote Dünen. In den Senken spärliche Vegetation, u.a. Wüstenmelonen, wie die Kaninchen von Europäern eingeführt. Die *Melons* dienten als Nahrung für die Kamele einstiger Karawanen, sind aber für den Menschen ungenießbar, da zu bitter. Schlangen

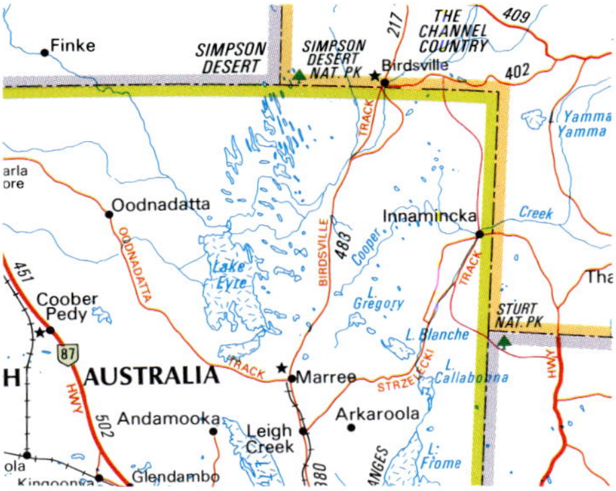

Auf neuer Trasse ist der Strzelecki relativ leicht befahrbar; schwierig ist nur die alte Route, die direkt nach Innamincka führt. Treibstoff muß inclusive Sicherheitsreserve für mehr als 500 km reichen.

kreuzen den Track. Bisweilen kleine, farblich gut getarnte Lizards. Sie sind schwer zu erkennen, bleiben oft auf dem Track sitzen und geraten unter die Räder.

Ideales Campsite am *Yaningurie*-Wasserloch, 272 km von Lyndhurst und 3 km südlich des *Strzelecki Creek Crossing*. Keine Ausschilderung, aber deutlich erkennbare Fahrspuren nach Westen zum 2 km entfernten Waterhole. Leider taugt's des sumpfigen Bodens wegen nicht zum Baden, aber das Kakadu-Spektakel bei Sonnenauf- und -untergang ist unvergeßlich. Vielleicht kommen scheue Dingos vorbei oder Emus, ganz sicher aber Kaninchen: Jeder Busch ist unterhöhlt und führt die Rabbit-Plage drastisch vor Augen.

Die Furt über den Strzelecki Creek liegt meist trocken. Kurz drauf zweigt ein Track ab zur *Merty Merty*-Homestead und weiter Richtung Innamincka. Dies ist der ursprüngliche *Strzelecki*, der aber kaum noch benutzt und „gepflegt" wird. Eine 4WD-„Kult-Strecke"!

5 km nördlich des Abzweigs zu den reichen Erdgasfeldern von Moomba zeigen RAA-Karten zwei Möglichkeiten, nach Innamincka zu gelangen, wobei de facto nur eine gut benutzbar ist: erst östlich zum Creek, dann längs des Flußtals nach Nordosten.

Die Streckenführung ist kurz vor Innamincka verwirrend, da viele Spuren übers sandige Buschland führen. Allerdings wird derzeit an der Road gebaut, so daß es zukünftig keine Probleme mehr geben dürfte.

Innamincka besteht aus dem *Burke & Wills Pub* (aktuelle Information ist zu haben), Store mit Wüstensouvenirs, Tankstelle und WC/ Dusch-Häuschen. Eine kleine Werkstatt hilft bei Pannen und vermietet Kanus für 'ne Tour auf dem *Cooper Creek*. Das Trinkwasser aus Tiefbohrungen (*Bores*) ist salzig; aus dem Cooper Creek Gefiltertes schmeckt um einiges besser.

Einst rasteten in Innamincka die *Drovers* (Viehtreiber) auf ihrem Weg von Queensland nach Lyndhurst. Aus jener Zeit stammen die Ruinen des Spitals. Um 1870 wurde die *Stock Route* vom *Bushman* und Viehdieb Henry Redford alias Captain Starlight angelegt, doch sie bot dem Vieh zu wenig Tränken. Schon ein Jahrzehnt später wählte man eine neue Route längs des Cooper Creek, den Südteil des Birdsville Track mitbenutzend.

Der Weg zu den *Coongie Lakes* (112 km nordwestlich) mit reicher Vogelwelt ist selbst in der Trockenzeit recht schwierig und nach Regen meist gesperrt. Dann wird aber auch der Cooper Creek zur Oase. Der Fluß kommt aus Queensland und führt ganzjährig Wasser – eine Seltenheit im Outback, wo Flüsse während der Dry zu *Billabong*-Wasserlöchern degenerieren.

Aboriginal Carvings finden sich am Ufer des Cooper bei der *Callyamurra*-Waterhole. Für die Zufahrt benötigt man einen Geländewagen. Letztendlich geht's 20 Minuten auf

Hart und steinig gibt sich die Zufahrt zu einer Wasserstelle. Ansonsten ist der Strzelecki nördlich der Flinders-Ranges-Ausläufer weithin glatt, oft fest-sandig und gut trassiert.

Schusters Rappen vom Parkplatz zu den Zeichnungen, die man jedoch leicht übersehen kann.
Die Waterhole ist ideal zum Campen: es gibt eine Menge Wasservögel, auch Schildkröten und Lizards. Ein 40-$-Permit ist für alle südaustralischen Desert Parks erforderlich.

Burke & Wills-Tragödie

50 km weiter im Osten, jenseits der Queensland-Grenze, die *Nappa Merry*-Station. Nahebei das Basislager der Burke & Wills-Expedition von 1860/61. Bei der Rückkehr vom Gulf of Carpenaria fanden die Forscher zwar das vergrabene Lebensmittel-Depot an einem mit *Dig* markierten Baum, aber die Gefährten hatten kaum zehn Stunden zuvor den Heimweg angetreten. Burke und Wills starben zwei Monate später bei Innamincka. Nachzulesen u.a. in *Cooper Creek* von Alan Moorehead, Nelson Publishers.
Neuerdings gibt's zwei Zufahrten zum *Dig Tree*: Den alten Track südlich des Cooper nach Osten (teilweise sehr sandige Creek Crossings, nichts für konventionelle Fahrzeuge); der neue zweigt kurz nach Überquerung des Cooper bei Innamincka nach Osten ab. Er ist 30 km länger (insgesamt 80 km), aber bis zur Qld.-Grenze in gutem Zustand. Danach wird er zur Rüttelpiste.
Die Strecke führt durch spärlich mit Spinifex-Gras bewachsene, brettebene Steinwüste. Die *Dig Tree Reserve* ist eingezäunt; Schnitzereien zeugen von der o.a. Tragödie. Im nahegelegenen Wasserloch läßt sich gut schwimmen, außerdem ist's ideal fürs *Bird watching*, zum Beobachten der Vögel.
5 km von Innamincka entfernt das *Burke* Memorial: ein Turm aus aufgeschichteten Steinen an der Stelle, wo der Forscher tot aufgefunden wurde.
Von Innamincka nach Birdsville: 180 km nach Norden, vorbei an blutroten Dünen, zur Station *Cordillo Downs*, eine der größten Schaffarmen der Welt. Um die Schafzucht war's Anfang der 90er-Jahre schlecht bestellt: Zum einen gab es Probleme mit dem Hauptabnehmer Saudi-Arabien, zum anderen hatte sich ein gewaltiger „Wollberg" von 2,6 Millionen unverkauften Ballen angesammelt. Einige Farmer erwägen die Zucht von Känguruhs, die umweltschonender sind und dem Boden nicht so Erosions-fördernd zusetzen wie Schafe.
240 km sind's von Cordillo Downs bis Birdsville im südwestlichen Queensland, wo Sie entweder Anschluß kriegen an den *Birdsville Track* nach Marree im Süden. Oder: via Boulia in Norden von Qld. oder über den *Plenty Hwy.* hinüber zum Northern Territory.

Nullarbor Crossing
Eyre Highway (S.A./W.A.)

Name: Nach dem Australien-Forscher Edward J. Eyre, der 1841 die Nullarbor-Plain nahe der Südküste erstmals von Ost nach West durchquerte. *Nullarbor* bedeutet „kein Baum", doch die echte, baumlose Nullarbor liegt weiter nördlich, nahe der *Transline*, der transaustralischen Bahnlinie. Nur auf ca. 20 km führt der *Eyre* Hwy am Nullarbor Roadhouse in S.A. durch total baumlose Ebene.
Verbindung zwischen ADELAIDE (S.A.) und NORSEMAN, den GOLDFIELDS bzw. Perth in W.A. (*National Highway 1*).
Länge: Adelaide-Perth 2.720 km! Allein das Teilstück zwischen Ceduna (S.A., wo der Hwy auf die *Great Australian Bight* stößt) und Norseman (W.A., 200 km südlich von Kalgoorlie) mißt über 1.200 km. Drei bis vier Tage Fahrt.
Zustand: Durchgehend Teer, großteils hervorragender Zustand.
Funktion: Wichtigste Ost-West-Verbindung Australiens. Einzige durchgehend asphaltierte Quer-Route bis hinauf zum Victoria Hwy. Die Strecke bringt zwar starken Eindruck von der Weite, wirkt aber auf Dauer recht monoton.
Outback an der Küste!
„Real Australia"-Varianten: Ein beliebiges Teilstück des *Service Track* neben der *Transline*, z.B. Rawlinna-Kalgoorlie (bei Trockenheit mäßiger bis guter Zustand); unbedingt bei den Roadhouses über aktuelle Befahrbarkeit informieren. – Oder der Gunbarrel Hwy Ayers Rock – Warburton – Wiluna (einsam, schwierig) bzw. einfacher auf guter Gravel Road via Warburton nach Laverton, W.A.
Karten: Übliche Straßenkarten von W.A. und S.A. Es gibt ein informatives Touren-Heft *Across Australia* (viel Werbung; an Tankstellen und Info-Stellen gratis zu bekommen).
Versorgung: Ceduna und Norseman. Bei Norseman strenge Quarantäne-Kontrollstelle, nahezu alle Lebensmittel werden konfisziert, daher Vorräte entsprechend planen. Roadhouses in regelmäßigen Abständen, maximal 190 km voneinander entfernt.
Im westlichen Teil der Strecke Notrufsäulen.

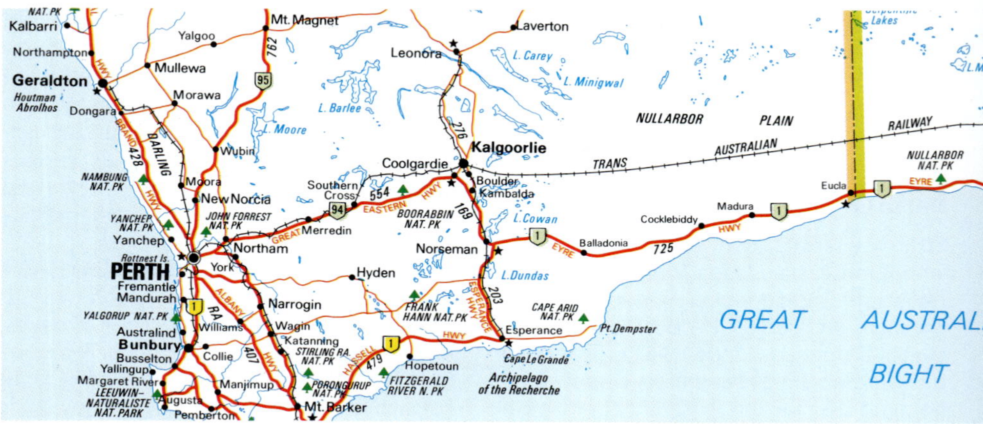

Ceduna (786 km von Adelaide, 1.964 km von Perth): ein properes Kleinstädtchen, wo man nach Querung der Eyre-Halbinsel erstmals den Ozean erreicht. Der Name, aus der Sprache der Ureinwohner, bedeutet „Platz zum Hinsetzen und Ausruhen". Sie können beides unter Norfolk Pines mit ihren markanten Ästen. Beim Anlegesteg *(Jetty)* gute Bademöglichkeit, Sandstrände auch in weiterer Umgebung.

Der *Eyre Highway* passiert den S.A.-Quarantäne-Posten, schwenkt etwas landeinwärts, erreicht nach 73 km Penong mit auffallend vielen Windmills, die die Wasserversorgung sichern. Penong ist letzter „richtiger", wenngleich winziger Ort bis Norseman; hier Schlußpunkt einer Bahn-Nebenstrecke. – 21 km südlich der windige *Cactus Beach*, ein Surfer-Paradies.

Die Felder enden, werden von Grasland abgelöst. Bisweilen dünnstämmige Mallee-Bäumchen und Büsche, vom Ozean-Südsturm nordwärts verbogen und gestutzt.

Es folgen die Roadhouses von Nundroo und Yalata, wo der Highway dichten Wald durchschneidet. Hin und wieder Reste der rauhen Dirt-Road-Vorstufe des Eyre Hwy. Damals war das *Nullarbor Crossing* ein echtes Abenteuer; erst seit 1976 ist der *Eyre* durchgehend geteert.

275 km westlich von Ceduna Beginn der total baumlosen Ebene, gut ausgeschildert, damit's ja niemand übersieht. Kurz vorm *Western End of treeless Plain* nach ca. 20 km das komfortable Nullarbor Roadhouse. Bald drauf beginnt wieder das Buschland.

Im Süden die ersten Highlights! Es zweigen mehrere Pisten bzw. gute Zufahrtsstraßen ab zu Lookouts über schroffen, steilwandigen Kliffs, an deren Fuß der Ozean brandet. Ein „Knick in der Nullarbor-Optik": Das Karst-Plateau, 400 mal 700 km groß, stürzt hier abrupt etwa 200 m tief ab. Andere Attraktion: Karsthöhlen wie *Koonalda* und *Warbla* nördlich der Straße.

Vom Highway aus weiterhin kein direkter Blick auf die *Great Australian Bight.* Dann die Grenze zwischen S.A. und W.A. mit einem der typischen *Signposts*, die gewaltige Entfernungen angeben zu anderen australischen Orten und Weltstädten.

An der Grenze beginnt eine eigene Zeitzone, die *Western Australian Central Time* (45 Minuten zurück gegenüber der S.A. Time). Diese Zeitzone reicht nur 350 km weit bis Caiguna und dürfte damit weltweit die einzige sein, die für nur ein paar hundert Menschen gilt. Ab Caiguna-Roadhouse die *W.A. Standard Time* (nochmals 45 min zurück). Weiter nördlich wird die 1,5-Stunden-Verschiebung „in einem Aufwasch" erledigt.

Eucla, ein Ort mit historischer Bedeutung. Eine Straße führt vom Roadhouse hinab zum großteils versandeten alten Ort mit seiner wichtigen Telegraph Station von 1877 an der Grenze zweier damals autonomer australischer Staaten: Die Telegramme wurden dem Nachbarn durch ein Fensterchen im Grenz-

Ganz baumlos ist die „Nullarbor Plain“ nur über zwei Dutzend Kilometer. Ansonsten wird der Horizont geprägt von beeindruckenden Eukalypten oder Busch.

Ein „Wald“ von Windmills sichert die Wasserversorgung von Penong.

zaun rübergereicht. – Zum Ozean müssen Sie ein gutes Stück wandern. Baden empfiehlt sich nicht, der Haie wegen.
Im Dünenmeer noch einige der alten Telegraphen-Eisenmasten. Heute kommuniziert man drahtlos via Mikrowelle; die MW-Towers mit ihren Übertragungsschirmen ragen in regelmäßigen Abständen auf den höchsten Punkten auf.
Beim Eucla Pass geht's hinab in die Ebene. Zur Rechten nun die Verlängerung der Kliffs, der Süd-Abbruch des *Hampton Tableland;* Sie fahren nun auf uraltem Ozeanboden. Der Highway folgt diesem immer nahezu gleich hohen Escarpment bis zum Roadhouse von Madura, wo er auf einem weiteren sanften Pass wieder das Plateau erklimmt.

Relikte aus der alten Zeit, als die Route noch eine Durststrecke darstellte: *Shaded Tanks*, große gedeckte Tonnen und Behälter, die über Wellblechdächer bei Regen mit Wasser gefüllt wurden (hygienisch nicht einwandfrei; zudem sind die Tanks oft leer).
Westlich des Caiguna Roadhouse ein Straßenrekord: 150 km ohne eine einzige Kurve durch lichten Eukalyptuswald! Noch spektakulärer die transaustralische Bahnlinie 100 km im Norden: Zwischen den Railway Sidings Nurina und Watson verläuft die einspurige *Transline* auf fast 480 km pfeilgerade! Das gibt's auf dem ganzen Globus nicht nocheinmal!
Balladonia, einst ebenfalls eine Telegraphenstation. Sehenswert auch die Viehzäune

Lotrecht stürzt sich die karstige Nullarbor-Platte hinab zur Brandung des Southern Ocean. Es gibt fünf ausgeschilderte Lookouts und eine Menge kleiner Pisten-Zufahrten zwischen Nullarbor Roadhouse und Eucla.
Oben: Am „Eucla Pass", knapp westlich der Grenze zwischen S.A. und W.A., windet sich der Eyre Highway ins Vorland unter dem Kliff.

nahe der rundgeschliffenen Balladonia Rocks: Mangels Holz hatte man um 1880 Steine aufgeschichtet. Das Balladonia-Roadhouse folgt 28 km weiter westlich; in der Nähe ein ausgeschilderter Abzweig zu den *Newman Rocks*. In Mulden dieser wenig ausgeprägten Berge fängt sich Regen. Solche *Rock Holes* waren früher wichtige Wasserspeicher auf trockener Karst-Ebene.

Ab Balladonia wird's zunehmend hügliger: Die *Fraser Range* wird überquert. Nach dem Fraser Pass die *Fraser Range Station* mit Campground. Die Straße senkt sich allmählich wieder ins ebene Tiefland.

Eukalypten werden sichtlich dickstämmiger: manche haben rötliche Rinde (*Salmon Gums*), daneben auch fast rindenlose, weißleuchtende *Gum Trees* – was man besser nicht mit „Gummibaum" übersetzt...

Salzseen sind ein typisches Phänomen dieser Region: In abflußlosen Senken verdampft Wasser, läßt Mineralien zurück.

Dann Norseman, erster Ort *of any size* seit Ceduna (1200 km entfernt). Er entstand anno 1892 als Goldgräberstadt; es gibt noch aktive Minen. Allein die riesigen, tortenähnlichen Abraumhalden enthalten Gold im Wert von 13 Millionen Dollar, doch lohnt's beim derzeitigen Goldpreis nicht, diese Schätze mit hohem Aufwand auszubeuten.

In Norseman endet der *Eyre Highway* und das sogenannte *Nullarbor Crossing.* Es waren doch mehr Bäume als gedacht...

Die *Route 94* führt nordwärts nach Coolgardie und Kalgoorlie: die eine Gold-Geisterstadt, die andere pulsierende Metropole der *Eastern Goldfields*. Von dort weiter nach Perth (gesamt 725 km). – Der National Highway 1 schwenkt in Norseman nach Süden, anfangs durch hohe Eukalyptuswälder, später zwischen Feldern hindurch zum grandios am *Southern Ocean* gelegenen Esperance (Lookout, Bay of Isles). Das glasklare, grünblaue Wasser ist jedoch bloody kalt...

Rauh, aber lohnend:
Gunbarrel Highway (G.H.)

Name: „Gewehrrohr". Der Sinn dieser Bezeichnung ließ sich nicht eindeutig klären. Er hängt mit dem Abschuß von Satelliten des *Blue Streak Missile Program* und Waffentests zusammen; Basis war das Woomera-Testgelände in South Australia. Dazu mußte die Zone bis nach Broome am Indischen Ozean kartographiert werden. Eine große Anzahl von *Seismic Lines* (Meß-Trassen für Erdöl-Sondierung) deutet auch Explorations-Absichten an. Angelegt wurde die Straße Ende der 50er Jahre von Len Beadell und seiner *Gunbarrel Construction Party*. Aluminium-Tafeln an Bäumen längs des Wegs (*Beadell Plaques*) erinnern an den Bau dieser Piste.

Verbindung zwischen dem Stuart Highway (südlich von Kulgera nahe der Grenze Northern Territory/South Australia) und Wiluna in den Nördlichen Goldfields von W.A.

Der originale Gunbarrel Highway wird nur noch streckenweise benutzt, ist teilweise aufgegeben (*abandoned*) und durch neuere Trassen ersetzt. Im Osten bietet sich der geteerte *Lasseter Highway* als Zufahrt zum Ayers Rock an. Die Verbindung Laverton/Warburton/Ayers Rock (*Warburton Road*) führt nur über ganze 44 km auf der Originalstrecke (in der Nähe der oben genannten Wetterstation).

Länge: Der interessanteste Abschnitt Wiluna/Warburton/Docker River/Ayers Rock ist rund 1450 km lang. Fahrdauer etwa drei bis fünf Tage. Vom *Uluru National Park* (Ayers Rock) bis Alice Springs 262 km auf dem *Lasseter Highway* und 200 km auf dem Stuart Highway. Grand total: 1870 km.

Zustand: Zwischen Carnegie und Warburton sehr rauh (für 4WD bei trockenem Wetter problemlos), ansonsten meist ordentliche Gravel Road, bei gutem Wetter für Campervans und robuste Pkw geeignet (keine Mietwagen). Vorab bei jeder möglichen Gelegenheit informieren. Bei Regen müssen selbst 4WD im Westabschnitt u.U. ein paar Stop-Tage einlegen.

Verkehr: Östlich der Carnegie Station bis Warburton sehr dünn (null bis zwei Autos pro Tag), ansonsten spärlich.

Funktion: Der originale Gunbarrel Hwy hat heute keine überregionale Bedeutung mehr und wird deshalb zwischen Carnegie Station und der Einmündung in die Warburton Road nicht mehr „gepflegt", d.h. nicht mehr von Caterpillars gegradert.

Die sehr gute Südroute von Leonora/Laverton (Teer) bis Warburton und weiter zum Ayers Rock scheint an Bedeutung zu gewinnen. Sie wird nun sogar von Linienbussen (Pioneer und Greyhound) benutzt: 2300 km in nur 34 Stunden! Beispiel: Abfahrt in Perth Mittwoch 19 Uhr, Kalgoorlie donnerstags 2.30, Warburton 16.15, Ayers Rock Lodge freitags 6 Uhr! Bei schlechtem Wetter dürfte der Fahrplan dieser einzigartigen Langstreckenlinie ziemlich durcheinander geraten.

Karten: Zur ersten Orientierung die üblichen Straßenkarten von W.A. und vom N.T. Am besten: das RAC-Faltblatt *Perth to Alice Springs – via Gunbarrel Highway* (2 Dollar) mit Roadlog von Wiluna bis Warburton (= westlicher Teil des G.H.) und Basis-Infos.

Permits: Auf N.T.-Seite ist für die Befahrung der Strecke kein Permit für die Querung von *Aboriginal Land* nötig, jedoch auf W.A.-Seite. Die Bestimmungen können sich ändern – daher vorsichtshalber immer ein Permit beantragen (siehe *Permits*). Die Benutzung der Straße östlich von Warburton via Blackstone bis zur Einmündung in die Warburton Road (28 km südöstlich der Giles-Wetterstation) führt durch *restricted area*, kein Permit möglich.

Versorgung: Alice Springs, Yulara/Ayers Rock, Wiluna bzw. Laverton/Leonora. Docker River und Warburton: Treibstoff und einfacher Store. Carnegie Station: u.U. Treibstoff (nicht sicher!).

Der Tafelberg Mount Connor ist Gegenstück zum runden Ayers Rock. Um der Natur-Bastion nahezukommen oder um sie zu besteigen, ist ein Permit der Station Curtin Springs notwendig.
Links: Diese Entfernungsangaben des Gunbarrel Hwy. zählen von Westen, von Wiluna aus. Lassen Sie sich von der Bezeichnung „Highway" nicht täuschen: Er ist ein überwiegend rauher Weg...

Die Anfahrt vom Stuart Highway zum Ayers Rock ist auf dem geteerten *Lasseter Highway* völlig problemlos. Flachwelliges Land mit niedrigen Ranges im Norden.
Vor der *Curtin Springs Homestead* taucht im Süden der markante Tafelberg *Mount Connor (Conner)* auf, 863 m hoch. Der steilwandige Berg liegt auf dem Gebiet der Curtin Springs Station (4162 qkm); wer die natürliche Fels-Festung „erobern", besteigen will (nur mäßig schwierig über die etwas sanftere Südseite) muß versuchen, beim Roadhouse das O.k. dafür zu bekommen.

Westlich von Curtin Springs allmählich rote *Sand Ridges*, bewachsen mit Spinifex-Gras, hie und da auch „Wüsteneichen", eine hübsche Kasuarinen-Art. Diese Bäume finden sich häufig am Gunbarrel Highway.
Besonders nach Regen bunte Schwärme von Sittichen und (hier seltener) Kakadus. 95 km vorm Ayers Rock zweigt südlich die alte, direkte Zufahrtsstraße zum Berg ab, die nun gesperrt ist. Der *Lasseter* schwingt nach Nordwesten, gibt ab Straßenkilometer 60 den Blick frei auf den *Ayers Rock* (863 m, etwa 350 m überm Sand-Plateau).

Uluru National Park: Der Ayers Rock von Nordwesten. „The Climb“, der anstrengende Steil-Aufstieg, beginnt an der westlichen Flanke (im Luftbild rechts).

Wanderung auf zerfurchter Höhe; im Hintergrund die Kuppeln der Olga-Gruppe.

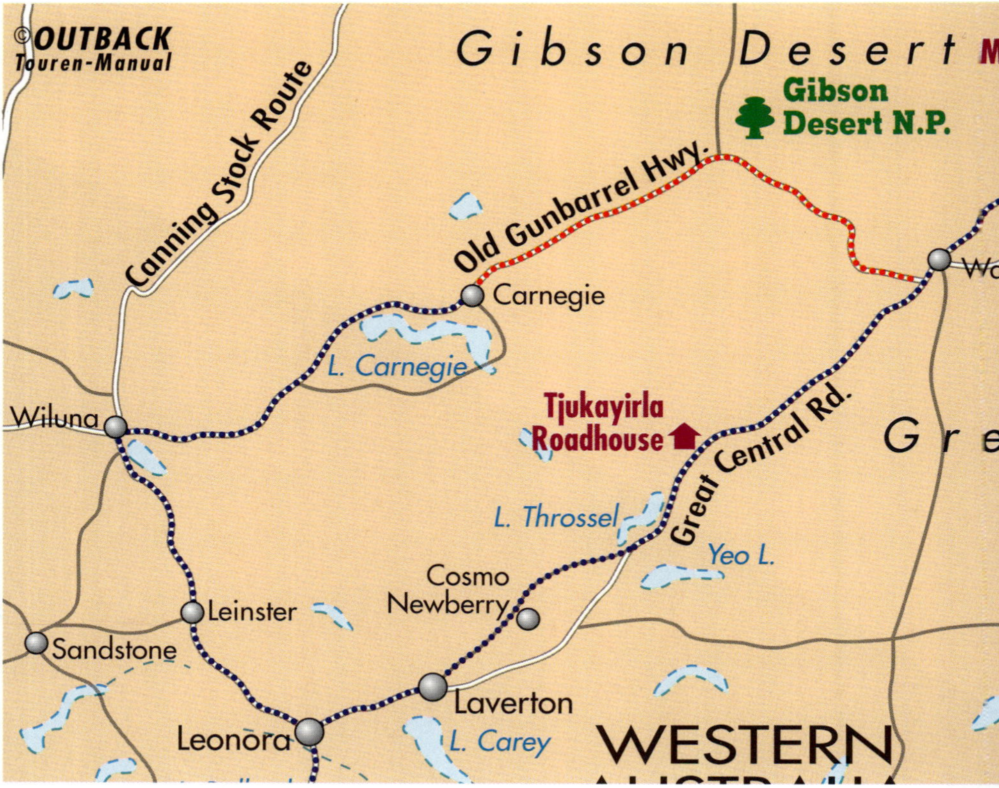

Rauf auf den Uluru! ?

Dieser berühmte Berg, ein Wahrzeichen Australiens, ist nur die Spitze eines alten Sandstein-Gebirges. Die Aboriginal-Bezeichnung *Uluru* wird neben *Ayers Rock* verwendet und gilt auch für den Nationalpark, der die westlicheren *Olgas* einschließt.

The Climb, die Besteigung von der Westseite her, ist anfangs steil und anstrengend, aber erleichtert durch eine Kette, an der Sie sich hochziehen können. Ideal für den *Climb* sind die frühen Morgenstunden (Wasser mitnehmen); wer völlig untrainiert oder nicht schwindelfrei ist, sollte den Aufstieg nicht unternehmen; Tafeln am Bergfuß zeugen von tödlichen Unfällen. Die Rundwanderung um den Rock hat ebensoviel, wenn nicht noch mehr Reiz mit reicher Wüstenflora und Hinweisen auf die Bedeutung des Bergs für die Ureinwohner.

Die Wanderung über die Kuppe zum *Caim* auf dem 863-m-Gipfel gestaltet sich nach dem Steilanstieg vergleichsweise einfach; ein starkes Erlebnis (rund ein Kilometer; markierter Weg). Zur Erfrischung gibt's mehr oder weniger wassergefüllte *Rock Holes*; frischer Morgenwind fächelt Kühlung. Phantastische Tiefblicke in die Schluchten an den Bergflanken und in unglaubliche Weite.

Weitere Perspektivenverlagerung bietet ein Rundflug vom nahen *Connellan Airport*. Die Tickets für den rund eine Stunde dauernden Trip zu den *Olga*-Bergkuppen und über den *Uluru* kosten nur 50 bis 70 Dollar pro Person. Ein unvergeßliches Erlebnis, zumal der Flug auch Einblicke bringt in die weitere Umgebung bis hin zum Salzsee *Lake Amadeus* im Norden und zu den Bergketten im Süden.

Seit 1985 gehört der *Uluru National Park* wieder den Aboriginals, wurde jedoch an den

Staat zurück-verleast. Weiße Hardliner befürchteten zu Unrecht, daß der Berg nicht mehr zugänglich sein würde. Was ist eingetreten: Durch Verlagerung einstiger „wilder" Einrichtungen vom Fuß des Uluru ins Tourist Resort *Yulara* wurde weitgehend der Natur-Urzustand wiederhergestellt.
Uluru/Ayers Rock und *Yulara* (ca. 15 km nördlich des Uluru) sind ziemlich überlaufen, quasi Zivilisations-Außenposten im Outback. Allerdings gibt's hier einen guten Campground sowie Shops zur Versorgung für die „Durststrecke" gen Westen.
Wesentlich ruhiger geht's zu rund um die *Olgas* weiter westlich, in der Aboriginal-Sprache *Kata Tjuta* genannt: „viele Köpfe". Die Zufahrtsstraße zu diesem Bergmassiv war bei Pkw-Fahrern berühmt-berüchtigt wegen des hohen, harten Wellblechs, für Geländewagen jedoch problemlos. Sogar

Alternativ-Route: Pisten-Fans können sich den Asphalt sparen (vor allem bei Anreise auf dem Stuart Highway von Süden): 20 km südlich von Kulgera zweigt der alte *Gunbarrel* parallel zur S.A. / N.T.-Grenze nach Westen ab. Über die Stations *Victory Downs* und *Mulga Park* (170 km ab Stuart Hwy) läßt sich Curtin Springs ansteuern, insgesamt 235 km. Die Weiterfahrt von Mulga Park via *Pipalyatjara Community* auf dem Original-Gunbarrel ist nicht möglich, da teilweise gesperrtes Gebiet.
Sehr anstrengend, aber grandios ist die Alternative von Norden: Von Alice Springs und Palm Valley durch die Finke Gorge (nur für 4WD & erfahrene „Piloten"!) nach Wallara bzw. weiter zum Lasseter Hwy. Siehe *Finke Gorge*.

Gespanne aus 4WD und Caravans wurden dort schon gesichtet. Wenn die 30-km-Strecke für den Massentourismus asphaltiert sein wird, ist es mit der Ruhe rund um die Olgas wohl vorbei.

Ausgeschildert ist z.B. der *Katatjuta Lookout* bei Straßen-km 25. Kurze Zufahrt, dann Spazier- und Wander-Möglichkeiten. Im Osten ganz klein der Uluru, wie ein halb vergrabenes rotbraun-violettes Osterei auf dem Halbwüsten-Plateau.

Phantastisch ist die Nord-Umrundung des zerklüfteten Massivs, das einer Gruppe rotbrauner, gigantischer Elefantenrücken ähnelt. 32 km von der Uluru-Teerstraße entfernt zweigt dieser 4WD-Track von der Olga-Straße ab. Kurz danach die kurze Zufahrt zur *Olga Gorge*; vom Parkplatz ein Trail in die Schlucht, für die man eine Stunde, aber auch einen Tag ansetzen kann – es lohnt sich!

Wenig weiter im Norden zur Linken die *Sunset View Area*, das Gegenstück zum Abendlicht-Treffpunkt westlich des Ayers Rock und bei Sonnenuntergang ebenfalls reichlich bevölkert. Weiter gen Norden scheiden sich die Geister: Der Track wird rauh, steil und steinig bis zur Abzweigung in Richtung *Valley of the Winds*. Vom Parkplatz bietet sich

Lewis Harold **Lasseter**, nach dem die Uluru-Zufahrtsstraße benannt ist, war ein ebenso fanatischer wie offenbar erfolgloser Goldsucher. Er leitete mehrere chaotisch verlaufene Expeditionen im Raum westlich der Olgas – von der letzten kehrte er nicht zurück. Ein von ihm angeblich entdecktes, goldhaltiges Riff im *Lasseter Land* wurde nie aufgespürt – vermutlich auch von Lasseter selbst nicht...

Im Januar 1931 campierte Lasseter in einer Höhle am Hull River, nachdem seine Transport-Kamele auf und davon gegangen waren. Mit nur einer Gallone Wasser (etwa vier Liter) versuchte er, begleitet von einer freundlich gesonnenen Aboriginal-Familie, die Olga-Gruppe zu erreichen. Vergeblich. Er starb um den 28.1.1931 an Erschöpfung nahe des Irving Creek, rund 60 km östlich „seiner" Höhle.

Extrem schlecht ist der Gunbarrel Highway nicht, sieht man vom Wellblech mal ab. Allerdings führt der nördliche Ast via Carnegie viele hundert Kilometer durch völlig einsames Land.

eine grandiose Rundwanderung an: via *Kalitjiri* zum Lookout auf einer kleinen „Paßhöhe". Im Uluru-Visitor Centre, bei den Nationalpark-Rangers gibt's dafür genügend Info-Material.

Yulara N.P. - Giles Weather Station Einstieg in den Gunbarrel

Bei km 31 der Olga-Straße beginnt die *Warburton* oder *Docker* River Road, der Einfachheit halber meist mit dem *Gunbarrel Hwy* gleichgesetzt. Die Straße trägt bis zur W.A.-Grenze die Nr. 4 im blauen Schild. Ein weiteres Schild verbietet die Mitnahme von Alkoholika (*Liquor Act*), ein Selbstschutz der Aboriginal Communities.

Anfangs prächtige Rückblicke in die Olga-Gruppe. Die meist gute Straße erlaubt eine Spitze von 80 km/h, ist nur leicht wellig.

Kugelrunde Mulga-Büsche in der ariden Weite, dazwischen leuchtende Spinifex-„Igelgräser", bisweilen Wüsteneichen mit schwarz-knorriger Rinde, schachtelhalm-ähnlichen Ruten-Ästen und hängenden „Schuppenblättern". Die Bäume ähneln eher Trauerweiden als Eichen.

Im Norden ragt die *Bloods Range* auf, im Süden die *Petermann Range,* dazwischen ein Sandmeer ohne den Charakter einer Bilderbuch-Dünenwüste.

Nach Queren einiger, meist trockener Creek-Täler bei km 148 die ausgeschilderte *Lasseter Cave,* eine Höhle am Ostufer des Hull River, nahe eines großen Windrads.

Die Gravel Road, die nun während des Süd-Sommers nicht mehr generell, sondern nur kurzzeitig nach Regen gesperrt ist, bleibt weiter gut. Sie ist sogar mit Warntafeln für Kuppen und *Dip*-Querrinnen beschildert, recht ungewöhnlich auf „Naturstraßen".

Vor Docker River wird's bergiger, mit z.T. recht schroffen Felsflanken. Die meisten Australienkarten sind ohne Relief-Darstellung, so daß man eher Flachland erwartet.

41 km westlich der Lasseter-Höhle die Aboriginal Community DOCKER RIVER, seit 1990 KALTUKATJARA. Mit kleinem Airstrip (ironisches Schild: *International Airport*), mit Store voller Tiefkühl-Kost und Tankstelle.

Aus europäischer Sicht ist der Ort wenig attraktiv, trotz hübscher Lage in einem weiten, etwa dreieckigen Talbecken. Viele Häuser sind halbfertig, dazwischen zeltähnliche Hütten, von Abfall umgeben.

Die Aboriginals geben sich nicht unfreundlich, aber meist völlig indifferent - es ist nahezu unmöglich, mit ihnen Kontakt aufzunehmen. – Fotografieren ist in den Communities nicht erlaubt.

Nach Westen steigt die Straße auf einen sanften Sattel hinauf, etwa 10 km bis zur unmarkierten Grenze zu W.A. Einziger Hinweis: das Northern-Territory-Straßenschild *4 ends*. Die Uhr wäre um 1,5 Stunden zurückzustellen - doch wozu in solch völlig zeitlosem Land?! Die folgende Wetterstation benutzt übrigens N.T.-Zeit.

Die Road senkt sich ins runde Becken um den Rebecca Creek, wo nach Norden die nur selten befahrene Piste zur *Sandy Blight Junction* abzweigt. Von dort via *Haasts Bluff* zurück nach Alice Springs. Diese Piste ist ihrer Einsamkeit wegen nicht ungefährlich.

Neben einem Creek mit markantem „Galeriewald" aus Gum Trees geht's nach Südwesten. Zur Rechten die vom Forscher Ernest Giles 1875 nach der Gräfin von Schwerin benannte *Schwerin Mural*, eine wenig ausgeprägte Felswand, die allmählich zurücktritt. Australische Weite beginnt wieder.

Nach einer Allee aus Desert Oaks, die der Landschaft so etwas wie italienischen Pinienwald-Anstrich verleiht, stößt die Straße auf den „echten" *Gunbarrel Highway*, 75 km westlich von Docker River.

Die hier an einer Wüsteneiche montierte *Beadell Plaque* (siehe Vorspann zum G.H.) wurde geklaut oder sichergestellt. Die Stelle, an der sie angebracht war, ist noch auf der Rinde erkennbar. Einige dieser Tafeln werden sicher aufbewahrt von den Wetterfröschen in der Giles Meteorological Station, 28 km weiter nordwestlich.

Wetter am Wüstenweg: Giles - Visitors welcome

Für die Wetterwarte mitten in der Wüste ist eigentlich ein Permit notwendig (siehe Anhang/Adressen), aber am Weg lädt ein Schild ein: *Visitors welcome!*. Es kann durchaus passieren (muß aber nicht!), daß der Meteorologe den recht mühsam erworbenen Passierschein ohne Beachtung zerknüllt und in den Papierkorb wandern läßt...

In der *Weather Station* gibt's eiskaltes Bier, ein Genuß, vor allem dann, wenn man keinen Kühlschrank an Bord hat und das Eis in der Kühlbox längst den Weg alles Irdischen gegangen ist.

Der Meteorologen-Job ist recht monoton: Sechs Monate am Stück sitzen sie hier ab; kein Wunder, daß sie übers Wetter am Wüstenweg weniger gern reden als über das, was „draußen" so passiert.

Dabei ist's doch interessant, mal Daten mit derartigen Klima-Kontrasten kennenzulernen: Der durchschnittliche Jahresniederschlag liegt mit 253 mm gar nicht mal so niedrig, aber bei extremer Verdunstungsrate ist der Viertelmeter schnell futsch. Allein an einem einzigen Tag, dem 22.1.1986, verdampfte ein Zehntel der gesamten Jahresrate. Am nassesten Tag fielen auf einen Schlag 217 mm Regen auf die Wüste; im regenreichsten Jahr 1974 waren`s insgesamt 782 mm, etwa soviel wie in Mitteleuropa.

Die höchste *Tiefst*-Temperatur (sprich die heißeste Nacht): 31 Grad im Januar 1959. Im

Oben: Die Olga-Gruppe, Katatjuta in der Sprache der Ureinwohner: „viele Köpfe". Südlich der berüchtigten Wellblech-Zufahrt wurde eine Teerstraße gebaut. Links: Wüsteneichen (eine Kasuarinen-Art) bringen Grün in die Halbwüste und kontrastieren mit dem Rot der Dünenriegel.

Winter gibt's kaum Gewitter, im Sommer (unserem Winter) bis zu vier pro Monat.
Der Wendekreis des Steinbocks ist keine 200 km entfernt; doch so nah an den Tropen kann's auf knapp 600 m Höhe durchaus frostig werden. Minimum-Rekord: minus 7,2 im Juni 1981.
Draußen vor der Tür lagert die ramponierte zweite Stufe einer *Blue Streak Rocket*. Für Versuche mit diesen Raketen wurde der *Gunbarrel* Ende der 50er-Jahre trassiert.

Bei einem zweiten Bierchen (mehr sollten's auf einsamen Pisten nicht werden) kann man den Wetterforschern am Tresen allerhand Details über den Highway und seine Befahrbarkeit aus der Nase ziehen. Besser informiert ist wohl niemand an der gesamten Strecke. Guter Hinweis etwa: Eine in vielen Karten noch eingezeichnete Nordschleife nahe des Christopher Lake sollte nicht mehr unter die Räder genommen werden. Durch jene *restricted area*

Eiskalt in „Giles“: Welcome-Drink in der Wetterstation.

fährt wochen- oder monatelang niemand mehr!

Giles - Warburton Mission

Benutzt wird nach Warburton nur noch die 231 km kurze *Cut Road*. Auf dieser einfachen Route warnt die RAC-Karte zwar *Caution - Sand Dune*, aber diese und weitere Passagen sind mit Schotter gefestigt und sogar von Pkws zu bewältigen.
Mit dem Auto läßt sich die Sandzone mit Gräsern und Desert Oaks heute relativ leicht durchqueren - aber man muß sich dabei vorstellen, mit welcher Mühe sich die ersten Forscher hier durchquälten: Kein Wasser, endlos weiter Horizont, Busch-Monotonie. Einzige Abwechslung heutzutage: ein Windrad kurz vor Warburton. Wer könnte der Erfrischung unterm Becken-Überlauf schon widerstehen?
Warburton Mission gilt als einer der isoliertesten Orte Australiens: 570 km sind's zum Ort Laverton, 930 km bis zur nächsten Stadt (Kalgoorlie) und über 1500 km nach Perth, der W.A.-Metropole...
Hier wird hin und wieder kontrolliert, ob man für die Fahrt von Westen nach Osten ein Permit hat. Touristen sollen schon zurückgeschickt worden sein. Adressen für Passierschein-Anforderung im Anhang.

Der Shop neben der Tankstelle ist mäßig bestückt, aber fürs Aufstocken der Vorräte reicht es. Alle Preise liegen recht hoch – die langen Transportwege sind mit einkalkuliert. Nur das Trinkwasser, das Sie nahe des Store-Eingangs aus dem Hahn zapfen können, ist gratis.
Angesichts Hunderter Autospuren ist die Ausfahrt aus Warburton nicht ganz einfach zu finden, doch der Tankwart hat vielleicht etwas übertrieben, als er meinte: „Viele kurven lange im Ortsbereich herum und landen nach einer Stunde wieder hier...“
Ideal zum Campen ist das baumbestandene Hochufer des Elder Creek, 5,5 km westlich des Ortszentrums. Einen Campground hat Warburton bislang nicht zu bieten.

495 km rauh & einsam: Warburton - Carnegie Station

Zu den Höhepunkten des G.H. gehört die Sektion von Warburton nach Wiluna. Auch hier ist jedoch der Anfang nicht mehr „original“: 67 km nördlich Warburton bis *Jackie Junction* und von dort 83 km zur Einmündung des *Heather Highway* werden kaum noch benutzt!
Stattdessen startet man auf der breiten Gravel Road nach Westen Richtung Laverton/ Leonora. Im Osten noch ein letztes Mal der Ort mit der Warburton Range, gen Süden Weitblick in die *Great Victoria Desert*. Rote Dünen, Mulgas und Spinifex-Gräser – wieder mal Outback pur!
Bei km 41 der *Warburton Road*: Abzweig des *Heather Highway*. Die geradeaus weiterführende Straße nach Laverton (noch 527 km) ist relativ einfach, doch monoton.
Auf der rauhen und historisch interessanten Nordroute liegen knapp über 800 km vor Ihnen, mit der *Carnegie* Station als einzigem Stützpunkt (350 km vor Wiluna). Der *Heather* steuert den G.H. auf recht eigenwilliger Trasse an: zunächst 47 km nach West bis zu *Steptoe's Camp* (aufgegeben) und Weiterführung zu einem Aboriginal Settlement, dann 38 km auf schmalerem Weg gen Nor-

Aus dem ersten Brunnen am westlichen Teil des Gunbarrel Highway läßt sich noch Wasser hochpumpen. Etwas trüb zwar, aber zur Not trinkbar.

Historische „Beadell Plaque" an einsamem Baum neben der Piste. Bei der Gunbarrel-Trassierung war das metrische System noch nicht eingeführt, daher Meilen auf den Alu-Schildern.

den. So werden Dünen am alten G.H. umgangen, rings um die Todd Range.
Es handelt sich beim *Heather* um eine gute Gravel Road. Auch in den Senken keine Fahrprobleme bei nassem Wetter: Dämme führen hoch über überflutbarem Grund. Streckenweise dichter Mulga-Wald.
Hier bereits erste *Seismic Lines*, die wie Pisten wirken, aber ins Nichts führen. Es handelt sich um Meß-Trassen, auf denen nach Erdöl gesucht wurde: Kleine Sprengladungen werden gezündet; Auswertung der Schallwellen-Ausbreitung bringt dann Klarheit über das Vorhandensein von Öl. Die Methode ist zwar aufwendig, aber immer noch billiger als Probebohrungen.
Der Original-G.H. wurde Ende der 50er-Jahre angelegt: als schmale, aber bestens befahrbare Piste. Bei km 11 ein Baum mit einer der typischen *Len Beadell Plaques* von 1958. Die eingestanzten Entfernungsangaben zeigen noch Meilen; das metrische System wurde in Australien erst später eingeführt.
Es folgt *Dune Country* mit weichsandigen Sektionen (*heavy sand*): Ihr Rot kontrastiert mit dem Gelb & Grün der Spinifex-Nester. Die Piste kurvt wild um Dünen, teils soft, teils ruppig mit Wellblech-Struktur.
Bei km 37 ab der Einmündung des Heather Hwy links eine einfache Hub-Pumpe; große Bäume signalisieren relativ nahen Grundwasser-Spiegel. Nach einigem Hebelschwingen strömt tatsächlich Wasser ins Becken, eine köstliche Erfrischung. Geleerte Kanister kann man bedenkenlos füllen mit dem etwas trüben Naß. Entkeimt könnte es sogar als Reserve-Trinkwasser dienen.
Fünf Kilometer weiter die unscheinbare Höhe der *Notabilis Hills*, mit einem *Cairn* aus aufgeschichteten Steinen. Hier erreicht der G.H. seine größte Höhe. Wieviele Meter? Das gibt die Inschrift (wie oft in Australien) leider nicht an. Unser Höhenmesser zeigt 500 m.
Schnurgerade zieht sich der G.H. durch lokkeren, niedrigen Mulga-Busch; rauhen Abschnitten wird auf parallelen *Side Tracks* buchstäblich aus dem Weg gegangen.
Zurückgelassene Teile von Autos, bisweilen sogar aufgegebene Gepäck- und Campinganhänger, zeugen von der auf Dauer zermürbenden Kraft des hohen Wellblechs. 16-Zoll-Geländereifen stecken das „Waschbrett“ gut weg; trotzdem sollten auch 4Wheeler nicht unnötig gescheucht werden: Die meisten Defekte entstehen durch Vibrationen bei zu hohem Tempo und lassen sich daher einfach vermeiden.
65 km westlich des Heather ein Bau-Camp der Gunbarrel-Baugesellschaft. Außer Schrott und einem alten Outdoor-Chemikal-Klo ist nicht viel zu sehen, dafür taucht 6 km weiter die rötliche Wand des *Mt Beadell* auf, der wie ein Schiffsbug, wie ein Riff übers flache Land ragt.
Von der leicht zu erklimmenden Höhe weiter Blick in die nördlich anschließende *Gibson Desert*. Eine *Nature Reserve* für diese „grüne Wüste“ beginnt nach etwa 14 km und wird auf insgesamt 72 km vom G.H. durchquert. Auffällig die Höhe des Spinifex-Grases, das bis zur Auto-Fensterscheibe reicht.
Auf stark ausgewaschener Trasse wird der *Mt. Everard* angegangen (km 119), der dem südlicheren Mt. Beadell ein wenig ähnelt.
Der G.H. schwenkt nun allmählich auf Westkurs und erreicht die *Everard Junction*, einen wichtigen Verkehrsknotenpunkt in der Weite. Hier zweigt der *Gary Highway* nach Norden ab zum *Windy* Corner, zur *Canning Stock Route:* Die Wasserstelle *Well 24* im Nordwesten ist 250 Meilen (402 km) entfernt, wie die *Beadell Plaque* in einem an der Junction deponierten Autoreifen sagt.
Zum *Well 35* im Norden sind's 386 km und nach Alice Springs (Ostnordost) 1352 km. Die „Canning“ (siehe dort) ist nur etwas für extrem Versierte mit erstklassiger Ausrüstung und viel Erfahrung.
Auch für den weiteren Weg auf dem Gunbarrel nach Westen birgt die Alu-*Plaque* vom 27.4.1963 eine Information: Nur noch läppische 152 Meilen bis zur *Carnegie Homestead*. Diese 245 km entsprechen etwa einer Tagestour.
Wir stellen hier den Tageskilometerzähler auf Null. Ein ausgedienter Airstrip mit vielen grünen und silbrigen Markierungstonnen wird passiert.

Von der Warburton Mission nach Westen verläuft der Gunbarrel Highway über weitgehend flaches, nur partiell sandiges Land. Abwechslung bieten ockerrostfarbene Felsriffs wie der Mount Beadell.

Bei km 33 zur Linken die *Geralton Historical Society Bore*. Derzeit scheint das Bohrloch offenbar nicht bis zum Grundwasser zu reichen; wir förderten unter hohlem Gebrumm im Rohr nur Staub und roten Sand hoch (das Rohr hat etwa den Durchmesser einer großen Cola-Flasche). Ein Schild bittet, den ausgetrockneten Brunnen zu schützen, könnte er doch Leben retten. Am sichersten rettet man sich mit ausreichenden Vorräten im Fahrzeug; auf Wasserstellen ist – wie man sieht – nicht unbedingt Verlaß...

Die Straße führt durch ein Creek-Tal voller Mulga-Büsche, bei Nässe sicher nicht leicht zu passieren, wie sich an tief ausgefahrenen Spuren ablesen läßt. Bei Trockenheit jedoch kein Problem.

Km 55 markiert die Höhe einer Kuppe, dann wieder niedrigeres Flachland. Schnurgerade geht's zur *Mungili Claypan Nature Reserve* (km 80 bis km 87). Die Tonpfanne, etwa in der Mitte des Schutzgebiets, liegt meist trocken, glänzt jedoch scheinbar feucht durch abgelagerte, braune Mineralien.

Beim Ende der Nature Reserve wird die *Eagle Road* gekreuzt (*Mungeli Corner*). Die Naturstraße führt nach Norden in die Gibson Desert und zur Hutton Range (Mussah 67 km, Mt. Madley 150 km). Nach Süden könnte auf sehr wenig frequentierten Wegen die *Warburton Road* erreicht werden.

Das Gestein auf der Ebene ist dunkel überzogen mit „Wüstenlack", eine typische Oxydationsform aller arider Zonen. Jede Fahrspur hebt sich hell ab auf dem fast schwarzen Untergrund. Viele Jahre dürfte es dauern, bis die Natur mittels Wind, Wasser und Sonneneinstrahlung den unberührten Urzustand wieder hergestellt hat.

Km 102: ein orangefarbenes Felsriff zur Rechten, der Mount Lambert. Die Straße wird nun sehr, sehr rauh, ist tief ausgewaschen und führt bisweilen hart über Steinplatten. Ein Wildbachbett könnte kaum schlimmer zu befahren sein. Kurve folgt auf Kurve. Bisweilen Umleitungen (detours), die besonders üblen Passagen ausweichen.

Später bessert sich unser „Highway", verläuft über lange Strecken schnurgerade. Die Dünen ab km 125 bergen keine Probleme, vor später folgenden Creek Crossings warnen einfache Schilder, auf ausrangierte Ölfaßböden gemalt. Dann wieder Sandzonen, die teilweise durch Schotter gehärtet und damit passabel sind. In diesem Bereich um km 200 herrliche Camps.

Im wahrsten Sinne des Wortes am Boden zerstört ist die *Windmill* bei km 218: der Rotor ist abgestürzt und zerschmettert. So etwas kann – ebenso wie eine lang andauernde Flaute – für den Rancher und sein Vieh eine Katastrophe bedeuten. Daher werden die Windpumpen oft durch Dieselmotoren ersetzt, trotz des Aufwands für den Energieträger. Beide Anlagen haben ihre Vor- und Nachteile.

Ein Schild heißt Touristen willkommen: die *Carnegie Station* ist erreicht. Noch einige Dünen, dann die *Homestead* der Station (km 240). Ein hübsches Wohnhaus, niedrige Wellblechschuppen. Parabolspiegel sichern TV-Empfang via Satellit am Ende der Welt: gewisser Luxus in der Isolation.

Die Treibstoffversorgung in Carnegie ist trotz einiger Zapfsäulen nicht gesichert – der Saft im Tank (oder in Kanistern) sollte bis Wiluna reichen. Mit etwas Glück gibt's zumindest soft drinks. Campen ist hier möglich.

Die Zivilisation hat Sie wieder – der alte G.H. ist hier ebenso zu Ende wie die totale Einsamkeit: Nach Westen folgt eine vergleichsweise viel bessere *Beef Road* für Road Trains, die auch dichter befahren ist (zwei bis fünf Fahrzeuge pro Tag).

Zurück im *Cattle Country*: Carnegie – Wiluna (350 km)

Bei Carnegie, Hunderte von Kilometern westlich der W.A.-Grenze, ein Warnschild der Quarantäne-Behörde: „Keine Tiere einführen, keine Früchte oder gar Erdboden" – all dies könnte die W.A.-Landwirtschaft bedrohen.

Nahe der Homestead eine Wasserstelle mit Windrad. Erste Rinder seit langem – das *Cattle Country* hat uns wieder. Dem Vieh hier geht's, solange es genügend Wasser hat, eigentlich recht gut trotz magerer Weide. Keine Aufzucht-Fabriken, keine Hormonbehandlung, keine düsteren, engen Ställe, in denen die Tiere eigentlich nie so recht „leben" können.

Bisweilen wetzen Emus über die breite *Beef Road*, neben dem Känguruh australisches Wappentier Nummer zwei. Beim Rennen scheint der Oberkörper stillzustehen, es gibt keine unnötigen, kraftkostenden Vor-Rück-Bewegungen; nur der Federschwanz wippt. Die Tiere können die von Autos ausgehende Gefahr nicht kalkulieren. Bisweilen rennen sie, sich auf Fluchtkurs wähnend, pfeilgrad vor den Kühler. Kein Wunder, daß sich am Straßenrand viele Kadaver finden: Schwere Road Trains können kaum fix genug abbremsen.

Homestead der Carnegie Station mit einigen Treibstoff-Fässern.

Brettebenes Land! Nach 30 km erneut ein Windrad. Hier treffen sich Kakadus zum Trink-Gelage. Große Schwärme sammeln sich an den Tränken an, in denen sich auch mal tote Vögel finden: Wie Lemminge scheinen sie sich zusammen in den Tod gestürzt zu haben.

Nach vorangegangenen, kritischen Trokkenfluß-Querungen des G.H. muten Warnschilder an der Beef Road witzig an: „Creek Crossing!" – völlig harmlos! Noch ein Zivilisations-Anzeichen: Eine *Rest Area* mit Picknick-Tischen in der Halbwüste, nahe dunkelgrauer Lava-Platten (km 67). Km 103: Eine Nebenstraße zweigt nach Süden ab zum *Thouraguddi Trucking Yard*, einem Pferch, an dem Rinder durch lange vergitterte Gänge auf Road Trains verladen werden. Eine harte Arbeit für die *Stockmen*, die australischen Cowboys. Solche Korrale folgen nun in großen Abständen, in der Nähe fast immer zugehörige Windmills und Wassertanks.

Alte Goldmine von Gwalia bei Leonora. – „Mustering“: Rinder werden getrennt und auf Trucks verladen.

Weite Aussicht von einer Kuppe bei km 116: Voraus gen Westen die *Princess Range*, davor eine weite Senke, die wie ein riesiges, etwa 20 km breites Urstromtal aus feuchterer Vorzeit wirkt. Der Fluß fließt, wenn er Wasser führt, nach Süden zum gewaltigen Salzsee *Lake Carnegie.*

Über staubige *Bulldust*-Felder erreichen wir die Homestead der *Wongawol Station*. Ein kleines Steinhaus mit Kamin diente der Ranch in früheren, unruhigen Zeiten als Fort. Relativ dicht neben dem Lake Carnegie geht's dahin und auf neuer Trasse (die alte ist gesperrt) in die Berge hinauf. Der „Gipfel" bildet quasi das Gegenstück des erwähnten Urstromtals.

Es folgt ein Plateau mit vielen, meist dürren Bäumen. Grün findet sich nur an den tiefsten Stellen, wo sich Wasser sammelt.

Outstation *Yelma* (km 157): Wellblechhütten am Weg, großteils defekt, aber mit Stein-

platten als Fußboden, ein großer Luxus hier draußen. Nahe des *Stockyard* ein Windrad mit Bassin-Überlauf für Dusch-Spaß.
Bei km 206 Abzweig einer Straße nach Süden zum *Mt. Fisher Mine* Site. Auf diesen Straßen, die nun ein immer dichteres Netz bilden, könnte man unter Auslassung von Wiluna direkt nach Süden fahren, Richtung Leonora. Dafür sind jedoch erstklassige Karten und Navigationskenntnisse notwendig, von Ausrüstung und Vorräten ganz zu schweigen.

Die Goldfelder machen sich bemerkbar: Schächte mit rundum aufgehäuften Wällen aus Abraum-Material. Einige ähneln Brunnen, zumal sie bis zum Grundwasser reichen. Solche „Maulwurfshaufen" prägen partiell die Zone bis hinab nach Kalgoorlie.
Die immer besser werdende Straße erreicht ein *Grid* bei km 252, mit Korral auf der Südseite und Windmill auf der Nordseite. Der Windmotor steht auf dem Kreuzungspunkt von vier Weidezäunen: Für jeden der vier Paddocks gibt's eine eigene Tränke.

Hier werden nun vorrangig Schafe gezüchtet, die mit den klimatischen Gegebenheiten gut zurechtkommen. Im auffällig dichten Mulgawald sind die Woll- und Fleischlieferanten allerdings kaum auszumachen.
Um die Schafzucht ist es derzeit schlecht bestellt: Dürreperioden führten zudem zu Futtermangel, gleichzeitiges Überangebot an Wolle und Hammelfleisch reduzierte die Absatzchancen. Dieser Teufelskreis veranlaßte die Schafzüchter, ihre Bestände drastisch zu reduzieren.
Abzweigungen zu Stations folgen nun in immer dichterer Folge: Barwidgee, Lake Violet, Glenayle, Millibillillie – welch ein Name! Starkstrom- und Telefon-Leitungen deuten an, daß die Zivilisation endgültig erreicht ist.
Km 343: Abzweig nach Norden zur *Emu Farm* von Wiluna, eine neue Attraktion des ehemaligen Goldgräber-Orts. Hier betätigen sich Aborigines erfolgreich in einem ihnen vertrauten Metier.
Km 347 ab Carnegie Homestead: Wiluna, ein kleines Dorf mit großer (Gold-)Geschichte und entsprechenden Relikten.
Nach vielen Outback-Tagen wirkt Wiluna wie ein Städtchen. Das Hotel *Lake Way* ist derzeit ziemlich heruntergekommen, doch das *Club Hotel* im Ortszentrum funktioniert. Im gepflegten Pub gibt's kaltes Bier am Tresen, Prost! Nahe bei ein neuer Campingplatz.

Nach langen Wüsten-Tagen Rückkehr in die Zivilisation: Gepflegtes Ambiente & Kolonial-Architektur im Zentrum der Gold-Metropole Kalgoorlie, knapp zwei Tagesreisen südlich von Wiluna.

Routen von bzw. nach WILUNA:

Schnellste und gute Schotterstraße zurück zum Asphalt: 181 km Kurs West nach Meekatharra am *Great Northern Highway* Nr. 95 Von hier nach Perth 850 km, zur Eisenerz-Mine von Mount Newman 423 km, s.u.

Meekatharra war mal groß im Gold-Geschäft (Minen östlich des Zentrums), hat hübsche viktorianische Fassaden und eine Basis des *Royal Flying Doctor Service*, visitors welcome. Spärliche Reste einer aufgegebenen Eisenbahn am südlichen Ortsrand erinnern an die Zeit, als hier das Vieh aus den Kimberleys zu den Schlachtbänken verladen und abtransportiert wurde (siehe *Canning Stock Route*).

Von Meekatharra (besser noch vom ausgeschilderten Abzweig 75 km nördlich am Great Northern) zum *Mount Augustus*, einem der vielen „größten Monolithen" der Erde. Der 1106 m hohe Berg ist 1,7 Milliarden Jahre alt, zwar nicht so spektakulär wie *Ayers Rock*, aber auch der Umgebung wegen lohnend, wenn genügend Zeit für den Abstecher ins Hinterland vorhanden ist (one way ca. 360 km, Gravel Roads via Moorarie und Landor).

Wen's von Wiluna nach Norden zieht: Der Anfang der *Canning Stock Route* mit Abzweig via Neds Creek Homestead führt nach Nordwesten schneller und outback-typischer zum Great Northern Hwy. und damit zum hohen Nordwesten, der am 23. südlichen Breitengrad beginnt.

Von Newman (fast auf dem südlichen Wendekreis) mit seiner gewaltigen Tagebau-Eisenerzmine (Besichtigung möglich) gibt es nun die neue, noch nicht in allen Karten eingezeichnete Teerstraße Nr. 95 nach Port Hedland am Indischen Ozean (460 km). Sie passiert Wittenoom mit dem grandiosen *Hamerseley Range National Park* und seinen Schluchten, die 40 km westlich des Highway liegen.

Der alte, geschotterte *Great Northern* (410 km) via Nullagine & Marble Bar (Gold town; prächtige Jaspis-Halbedelsteinmauer am Coongan River 4 km südlich des heißesten Orts Australiens) wird heute seltener benutzt.

Die Gravel Road von Wiluna nach Süden Richtung Leonora (300 km) und Kalgoorlie ist inzwischen sehr gut und nahezu allwettertauglich ausgebaut.

Agnew (mit kleinem Goldminen-Freilichtmuseum) bleibt neuerdings rechts abseits liegen.

Ab dem Nickel-Bergwerksort Leinster erstklassige neue Teerstraße nach Leonora.

Weitere Variante: Auf ordentlichen Schotter- und Naturstraßen zum historisch interessanten Städtchen Sandstone (elegante Natur-Bogenbrücke namens *London Bridge*).

Von Sandstone weiter nach Perth – oder Richtung Südosten nach Kalgoorlie und zu den *Eastern Goldfields*. Diese wenig benutzte Straße durchs *Kangaroo Valley* mit entsprechend vielen Beuteltieren ist mit guten Karten kaum zu verfehlen.

Vor allem zwischen Riverina und Broad Arrow (westlich der Teerstraße Kalgoorlie/Menzies) viele aktive und aufgegebene Goldminen-Orte. Mit ihren Ruinen und zurückgelassenem Material sind die Ghost Towns Tummelplätze für Nostalgiker.

Vom Gold blieb oft nur Blech...

Kartentip: Beim Info-Büro in Kalgoorlie gibt es für 50 cents eine hervorragende *Goldfields*-Karte mit detaillierten Angaben.

Gorges rund um Wittenoom
Pilbara / Ham(m)ersley Range (W.A.)

Lage: Im nordwestlichen Western Australia, Region West-Pilbara. Zufahrten: neue Teerstraße Nr. 95 von Newman am Great Northern Hwy oder von Port Hedland.
Versorgung: In Wittenoom, 41 km westlich dieser neuen Route. Einziger Ort am Nordrand der Hamersley Range. Tankstellen, Werkstatt, Store mit reichlich Tiefkühl-Lebensmitteln (ist der Hitze wegen von 13 bis 16 Uhr geschlossen).
Campgrounds: Im Ort Wittenoom sowie im Nationalpark nahe dem Circular Pool der *Dales Gorge*, ferner südlich der Yampire Gorge und bei der Weano Gorge (einfache Plätze). Freies Campen ist im Nationalpark nicht erlaubt.
Karte: Zwei gute Detailkarten *Wittenoom District* und *W.Gorge* auf der Shell Map. – Weitere Karten in Wittenoom oder bei den Park Rangern.

Wittenoom, Ausgangspunkt für Touren durch die *Ham(m)ersley Range,* hat in Australien keinen guten Namen: Am Süd-Ende der *Wittenoom Gorge* wurde von 1937 bis 1966 Asbest gefördert. Neuentdeckte Eisenerzlager und Tourismus scheinen die Zukunft des Dörfchen zu sichern.

Das langfaserige, feuerfeste Asbest-Mineral soll heute noch Lungenkrebs in der Region verursachen. Man hatte überlegt, die *condamned town* außerhalb des Asbeststaub-Bereichs neu anzusiedeln. Die Bewohner sehen die Gefahr nicht so schrecklich: Angeblich ist hier der Asbestgehalt der Luft geringer als in Großstädten, wo das Teufelszeug durch den Abrieb von Bremsbelägen freigesetzt wird.

Eine schmale, geteerte Straße führt von Wittenoom aus knapp 13 km nach Süden in die gleichnamige Schlucht und endet bei der alten Asbestmine. Neben der Straße Wasserbecken, aneinandergereiht wie Perlen einer Kette: Pyramid Pool, Garden Pool, Bridge Pool. Großartig *Cathedral Pool* unterhalb einer von der Wasserwucht höhlenartig ausgewaschenen Felswand.

Yampire & Dales Gorges

Wir verlassen Wittenoom auf mäßig guter Gravel Road nach Südsüdost in Richtung auf die neue Teerstraße. Der extrem feine, rote Staub der Pilbara-Region ist selbst für australische Begriffe einmalig: Der Puder dringt durch jede Ritze, setzt sich überall fest. Nach zwei Tagen mußten wir fast 100 (!) Gramm pro Quadratmeter aus unserem Camper fegen! Helle Kleidung wirkt durch den kakaopulverartigen *red dust* schon nach kurzer Fahrt wie Mousse au chocolat! Am besten verpackt man alles Empfindliche in Plastiktüten und klebt selbige zu...

Südlich der Straße die Nordflanke der Hamersley Range, nördlich das flache, wenig ausgeprägte Tal des selten wasserführenden Fortescue River. Dieser Fluß umrundet die Hamersley Range, von Osten kommend, in weitem Bogen. Sein Wasser, vorausgesetzt er führt welches, wird bei Newman zur Versorgung des Städtchens und der Eisenerzmine gestaut.

Km 24: Abzweig in den *Hamersley Range National Park* mit Information Bay über Park und Schluchten. Der Weg ist sehr rauh und wellblechig, wird offenbar selten „gehobelt". Aber robuste Pkws und Campervans haben bis zu den Fortescue Falls keine Probleme (38 km, eine Stunde Fahrzeit).

Bei km 9 beginnt die *Yampire Gorge*. Die Felsen sind jedoch nicht sonderlich beeindruckend. Drei Kilometer weiter *Fig tree soak*: Der ein Meter tiefe Brunnen wurde einst angelegt zur Wasserversorgung von *Camel Trains*. Später lebte hier ein Dutzend Arbeiter der nahen Yampire-Asbestmine.

Die Straße kreuzt mehrmals das steinige Flußtal mit seinen hellen, leuchtenden *Gum Tree*-Eukalypten.

Km 15 ab Hauptstraße: Im Buschwald ausrangierte Busse, Unterkunft für Geologen der 60er-Jahre, die nach Erzen suchten. Kurz darauf Rohre, Mauern, Fässer – spärliche Reste der Mine. In der Umgebung Quellen, drumherum giftgrüne Binsen und Blumen.

Sprengung in riesiger Eisenerzmine von Newman (Pilbara). – Fortescue-Wasserfall in der Hamersley Range bei Wittenoom.

Der ausgeschilderte *Doug Francis Scenic Drive* zweigt nach Westen ab (4WD). Happige Steigungen, 3 km lang. Dieser Track mündet kurz drauf wieder in den Hauptweg.
Km 23: Einfacher Yampire-Campground, ein großer Platz mit Plumpsklos – das war's. Das Tal weitet sich, verläßt die Yampire Gorge.
Zur Linken ein Wassertank: Hier wird ein Grundwasserstrom angezapft, der später am Fortescue Fall zutage tritt und somit – unabhängig von der Niederschlagsmenge – ganzjährig Wasserfall-Freuden beschert.
Km 27: Kreuzung. Nach Westen zur *Knocks Gorge* mit den Joffre Falls (35 km), zur *Weano Gorge* mit Lookout über die *Wittenoom Gorge.* – Nach Süden zu den Park Rangers (13 km) und auf rauhem Track (zeitweise nur 4WD möglich) weiter zum Mount Bruce (66 km), mit 1235 Metern die höchste Erhebung im Park. Für die Besteigung sind zwei Stunden anzusetzen. Infos über Routenzustand und Bergtour bei den Rangern, wo auch interessante Hamersley-Facts zu haben sind. So wurde z.B. ein den Ureinwohnern heiliger Berg nach einer japanischen Stadt benannt, was bei den Aboriginals verständliche Säuernis hervorrief.
Alternativer Rückweg von der Kreuzung nach Wittenoom: Sowohl von der Red Gorge aus als auch vom Mount Bruce ist Weiterfahrt möglich gen Westen. Vom Mount Bruce sind's 33 km bis zur Hauptstraße von Tom Price (ein wichtiger Pilbara-Minenort) nach Wittenoom. Diese Route führt durch die *Rio Tinto Gorge;* an deren Süd-Ende ein kurzer 4-km-Abstecher zu den Wasserfällen der Hamersley Gorge.
Von o.a. Kreuzung nach Osten: Ein beschilderter 200-m-Weg führt zu einem fast vier Meter hohen Termiten-Turm, der an die hundert Jahre alt sein soll. 10 km weiter ist dann die *Dales Gorge* erreicht; den Campground nahe des Lookouts hat man gut ausgeschildert (38 km von der Hauptstraße, 61 km von Wittenoom).
Fantastisch ist's, gegen Abend an der Schlucht-Kante zu sitzen und zuzusehen,

Durch Erosion geformtes Naturwunder: „London Bridge" bei Sandstone (südöstlich von Meekatharra).

wie sich die Schatten allmählich über die rosa bis rostfarben schimmernden Kliffs hinauftasten zum Hochplateau mit ebenfalls leuchtend-gelbem Spinifex. Von weitem wirkt dies Gras wie ein geschlossener „Rasen“, doch es sprießt nur in isolierten Ringen.
Ein warmes Lüftchen streicht herauf, trägt leises Wasserrauschen ebenso empor wie das Quaken der Frösche.

Ideal für eine Wanderung: Dales Gorge in der Hamersley Range. – Rechts: Scheinbar endlose, leere Strände der Eighty Mile Beach zwischen Port Hedland und Broome.

Wanderung Circular Pool – Fortescue Fall

Ohne Übertreibung: Die Dales Gorge ist ein Highlight des Hamersley Parks. Zwar sind von der 45 km langen Schlucht nur knapp zwei Kilometer zugänglich, aber die haben's in sich: Unter lotrechten, roten Felswänden jede Menge Pools und kühle Nischen, Lebensraum für Frösche, Fische, Vögel. Dazu üppige tropische Wasserpflanzen, Farne, Binsen, Moose – ein starker Kontrast zum heißen, ausgedörrten Hochplateau.
Vom Endpunkt der Straße können Sie via Kletterpfad hinabsteigen zum *Circular Pool* (15 Minuten). Herrliches Schwimmen im großen Naturbassin, dem „Tosbecken“ eines Wasserfalls, der allerdings im Gegensatz zum Fortescue Fall nur nach Regen „aktiv“ wird. Der Pool ist überraschend kühl, da er im Schatten der Felswand nur wenige Stunden täglich der Sonne ausgesetzt ist.
Für die Wanderung vom Circular Pool durch die Schlucht zum Fortescue Fall und wieder hinauf zum Parkplatz brauchen Sie zwei Stunden. Der Weg am Fuß der roten Steilwände ist streckenweise markiert, führt über glitschige Felsplatten, durch Dickicht, über Baumstämme und durch Wasser. Ein Abenteuer in überwältigender Umgebung.
Wer sucht, der findet *Aboriginal Paintings* an den Kliffs oder (mehr noch) auf der Höhe. Die Ranger halten sich mit Informationen darüber zurück, da die Zeichnungen häufig von Besuchern zerstört wurden.
Finale ist der Fortescue Fall, wo ein munterer Bach die Felsen hinabquirlt. Zu seinen Füßen ebenfalls ein großer Pool. Viel Spaß beim Baden in einer der heißesten und trockensten Zonen Australiens!

„Warning! R.A.C. definitely does not recommand the use of the Stock Route..."
(Automobilclub, 1989)

Die 4WD-Materialschlacht: Canning Stock Route (W.A.)

Name: nach Alfred Canning, der zwischen 1906 und 1910 den Viehtrieb-Weg mit seinen mehr als 50 Brunnen erforschte und anlegte. Abkürzung CSR.
Verbindung zwischen HALLS CREEK im nördlichen Western Australia (am Great Northern Highway) und WILUNA, 535 km nördlich der Goldfield-Metropole Kalgoorlie (südliches W.A.).
Der 4WD-Track von den Kimberley-Bergen durch die *Great Sandy* Desert und *Gibson Desert* wird der leichteren Erreichbarkeit wegen fast immer von Wiluna aus Richtung Nordosten nach Halls Creek befahren. Auch die *Wells* (Wasserstellen) sind in dieser Richtung numeriert.
Länge: Anfahrt Perth-Wiluna: 880 km. Wiluna bis Billiluna Aboriginal Community: 1575 km. Billiluna nach Halls Creek 180 km. CSR gesamt 1755 km ohne Abstecher. – Zeitbedarf ca. zwei bis drei Wochen.
Zustand: Schwierigste aller australischen Outback-Routen! Waschechte Piste, viele Hundert hohe Dünen (*Sand Ridges*) zu queren. Die Tour artet zur Materialschlacht aus, so daß der Automobilclub R.A.C. diese Strecke ausdrücklich nicht empfiehlt. Selbst supervorbereitete Teams hatten schon mit schweren Problemen zu kämpfen! Fahrer auf der CSR müssen mit allen Wassern der Gelände-Fahrtechnik gewaschen und in der Lage sein, ein bei *Bogging* tief im Schlamm versacktes Gefährt wieder auf die „Beine" zu bringen. Das lernt man nicht im Schnellverfahren.
Verkehr: in den Wintermonaten Mai bis September mäßig (ca. 10 bis 30 Teams pro Woche im Juli, sonst weniger), im Süd-Sommer null. Nur für Geländewagen. Keine Allrad-Camper wegen der reduzierten Zulademöglichkeit für Treibstoff und Wasser.
Funktion: CSR angelegt als *Stock Route* für *Drovers*, die Vieh aus der Kimberley-Region nách Süden trieben. Reaktiviert im 2. Weltkrieg als Evakuierungsstrekke für die Kimberley-Bevölkerung. Noch von Drovers benutzt bis 1958, danach verfallenes *thing of the past.* Vor einigen Jahren vom Automobilclub halbwegs hergerichtet und zur australischen 200-Jahrfeier ausgeschildert als *Heritage Trail*
Karten: Selbst nach Auskunft Erfahrener reicht die *Canning Stock Route*-Karte 1:500.000 mit ausführlichsten Hinweisen und detailliertem Roadlog aus. 15 $. – Die *Natmap*-Karten 1:1 Mio sind etwas weniger genau, zeigen aber ein breiteres Karten-Umfeld als die Strip Map. Benötigt werden die Blätter Wiluna, Oakover River, Lake Mackay und Halls Creek. Ergänzend ein 30seitiger Kurzführer des *W.A. Heritage Committee*, sehr guter historischer Background.
Preis ca. 5 $.
Orientierung: Braun-weiße C.S.R.-Schilder. Da der Track bisweilen schwer zu finden ist, sind Kompaß und gute Navigations-Kenntnisse unerläßlich!
Versorgung: Grundversorgung (Wasser, Lebensmittel, Treibstoff) in Halls Creek und Wiluna. Ausrüstung usw. muß zuvor in Perth besorgt oder ggf. von daheim mitgebracht werden. Treibstoff ist bei der *Carranya Homestead* zu bekommen, knapp 150 km von Halls Creek entfernt nahe des Wolfe Creek-Kraters.

Die „Canning Stock Route“ ist zwar neuerdings z.T. beschildert, aber außergewöhnlich schwierig!

Nicht völlig identisch mit der ursprünglichen *Canning Stock Route* ist der aktuelle Verlauf des 4WD-Tracks: Der Viehtrieb-Weg begann im alten Halls Creek, holte zunächst nach Südosten aus und schwenkte dann auf SW-Kurs, dem Sturt Creek in Richtung aufs heutige Billiluna folgend. Bei dieser Aboriginal Community kürzt der Track nach Norden ab: via Ruby Plains Hstd zum Hwy1.

Das tut der Tatsache keinen Abbruch, daß die CSR historisch interessant und abenteuerlich ist. Dennoch stellt sich die Frage, ob der extrem hohe Aufwand an Zeit, Geld und materieller Vorbereitung es nicht geraten sein läßt, sich auf anderen Routen Australiens intensiver umzusehen und dabei in gleicher Zeitspanne mehr und weit Unterschiedlicheres zu erleben.

Angesichts der extremen Belastung des Fahrzeugs werden es nur sehr wenige Vermieter erlauben, daß die CSR unter die Räder gecharterter Geländewagen genommen wird. Schäden sind ja nahezu vorprogrammiert – und müssen bezahlt werden.

Vorbereitung

Ideal für die CSR wäre folgende Vorgangsweise: Während einer ersten Australienreise macht man sich mit den klimatischen und regionalen Verhältnissen von Western Australia vertraut. Dafür bietet sich der *Gunbarrel Highway* an (siehe dort), eine selbst auf der rauhen Nordschleife Warburton/Carnegie/Wiluna verhältnismäßig unproblematisch zu befahrende Piste.

Voraussetzung ist ein Besuch beim Automobilclub in Perth (siehe Anhang) samt Gespräch mit einem CSR-Spezialisten. Zweite und ebenso wichtige Anlaufstelle wäre das *Capricorn Roadhouse* knapp südlich von Newman (am geteerten Great Northern Highway). Besitzer Bill Shepard kennt sich an der Stock Route genau aus – und er legt gegen entsprechende Bezahlung bei *Well 23* ein Treibstoffdepot an. Für Dieselfahrzeuge reicht ein 44-Gallon-Faß. Das entlastet den 4WD von vielen Zentnern, die die Überquerung hoher Dünen erschweren oder gar unmöglich machen.

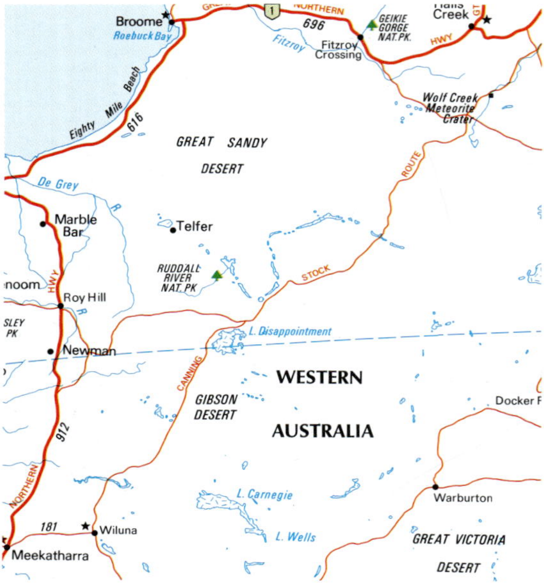

Einige Schachtbrunnen der Viehtrieb-Route blieben erhalten, doch das Wasser ist nicht immer sauber.

Unterwegs notwendige Reparaturen können durchgeführt werden: Bill hat mal ein defektes Getriebe ausgebaut, zur Roadhouse-Werkstatt gebracht, repariert und an der CSR wieder eingebaut. Klar, daß das Zeit und auch 'ne Menge Geld kostet.

Wer Konditionen und Kosten vorab klären will, kann es unter Fax-Nummer 752408 probieren, Vorwahl von Deutschland: 0061-91, von Australien 091.

Postadresse: Capricorn Roadhouse, Bill Shepard, Gt. Northern Hwy, Newman 6753.

RFDS-Funk

Im Gegensatz zu afrikanischen Staaten (nur ein Beispiel) mit ihrem permanenten Mißtrauen ist in Australien ein starkes Funkgerät im Auto legal. Gemeint sind nicht die *CB*-Geräte, die im Falle eines Falles immerhin Kontakt zu anderen Autos herstellen können, sondern die leistungsstarken HF-Radios des *Royal Flying Doctor Service RFDS*. Sie haben eine sichere Reichweite von mehreren hundert Kilometern, was jedoch von atmosphärischen Bedingungen abhängt (Wetter, Tageszeit).

Solch teure „Einseitenband"-Geräte für einmaligen Einsatz zu kaufen, ist völlig unwirtschaftlich. Man kann sie mieten (Adresse im Anhang). Die Sende-Frequenzen: z.B. 6880 für die wichtige Meekatharra-Base, 5300 für Derby.

Wie beim Geländewagen, so will auch beim RFDS-Funk der Umgang mit der Technik gelernt sein, damit man nicht im Notfall-Streß den falschen Knopf drückt oder oder...

Sprechfunk ist keine ganz leichte Sache. Bundeswehr-Funker üben das ein Vierteljahr lang – in Australien müssen Sie zudem die Terminologie in einer fremden Sprache beherrschen...

Wasser

Zwar wurde mit der Restaurierung des Brunnens *Well 26* für Wasserversorgung etwa in der Mitte der Strecke gesorgt, aber gesichert ist sie damit nicht. Es kann viel passieren in der Wüste!

Daher sollte für die gesamte Distanz Trinkwasser an Bord sein. Brauchwasser zum Waschen und Kochen, sachgerecht mit Micropur entkeimt, läßt sich an etwa 20 reaktivierten Schachtbrunnen heraufziehen und bunkern. Es kann als eiserne Reserve die-

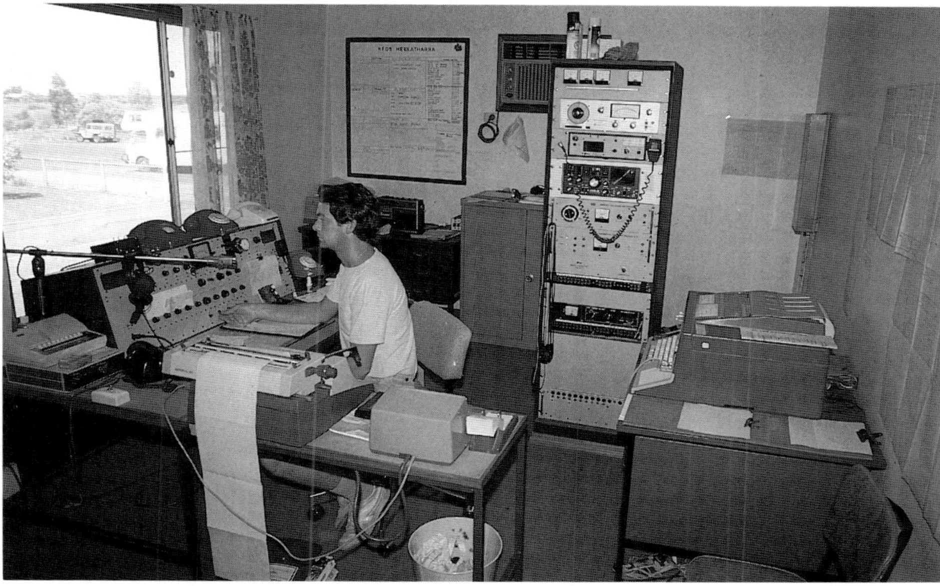

Hilfe in der Not: Funkstation Meekatharra des RFDS (Royal Flying Doctor Service).

nen. Diese Behälter sollten vorsichtshalber gekennzeichnet werden.
Da Micropur nur klares Wasser entkeimt, empfiehlt sich die Mitnahme eines Katadyn-Handfilters. Im übrigen ist auch Entkeimung des Standard-Trinkwassers kurz vor Genuß sehr sinnvoll, da es bei hoher Temperatur und langer Lagerung ungenießbar werden kann.

Reisezeit für die CSR

Der Süd-Sommer, unser Winter, ist für die harte Tour völlig ungeeignet. Zum einen sind die Temperaturen viel zu hoch (40 bis 50 Grad), was Fahrzeugen im schweren Einsatz unter Umständen noch mehr schadet als Fahrern und Passagieren.
Zum anderen bedeutet Sommer in den tropischen Nordregionen Australiens ja auch Regenzeit. Der Track kann je nach Ausmaß der *Wet* bis in den April unpassierbar sein, manchmal sogar noch im Mai. Das erfährt man erst vor Ort (evtl. telephonisch am Capricorn Roadhouse), was die langfristige Reiseplanung entsprechend erschwert.
Ideal ist der Winter (besonders der Juli) mit milden Tagestemperaturen, aber kalten Nächten. Es gibt dann zwar keine thermischen Probleme, aber die Tage sind verdammt kurz!

What to see ?

Außer der herben Landschaft mit zahlreichen Salzseen und niedrigen Bergketten, mit Termitenbauten und den typischen Wüsteneichen sind vor allem die historischen Brunnen interessant.
Well 1 (etwa 3,5 km nördlich von Wiluna, dann 3 km nach Westen) ist auch für Normaltouristen leicht erreichbar.
Die Schächte wurden meist mit dem harten Holz der Wüsteneichen, einer Kasuarinenart, verschalt. In vielen Fällen haben die Bohlen bis heute gehalten.
Das Wasser wurde über Umlenkrollen heraufgezogen und in Tränken gefüllt, die bisweilen noch sichtbar sind.
Auch Well No. 2 liegt nur drei Kilometer nördlich der Gravel Road von Wiluna via *Neds Creek* Homestead zum Great Northern Highway. Eine interessante Alternative also zur Schnell-Strecke von Wiluna nach Meekatharra.

Auf und nieder durchs Kimberley-Bergland:
Gibb River Road (W.A. 700 km)

Name: Nach Fluß und Station inmitten der *Kimberley*-Berge im nördlichsten Western Australia. Ehemals *Stock Route*, nun im westlichen Teil *Beef Road* zum Abtransport der Rinder per Lastwagen.
Verbindung zwischen DERBY am King Sound und WYNDHAM bzw. KUNUNURRA nahe des Cambridge Gulf.
Länge: ca. 700 km; mit kurzen Abstechern (ohne Mitchell Plateau) ca. 880 km. Angaben in spitzen Klammern sind Entfernung von Osten, vom Hwy 1.
Die *Gibb River Road* ist Alternative zum geteerten *Great Northern Highway 1* weiter südlich: Etwa 920 km ohne Abstecher zum Geikie Gorge National Park, Old Halls Creek etc.
Zustand: Bis Gibb River Station (ungefähr in der Mitte) 368 Gravel-km und ganz kurze Asphalt-Sektionen (besonders am Anfang). Bis Gibb River u.U. Pkw-tauglich, Ost-Teil bis Great Northern Highway nur für Geländewagen, besonders, wenn Regen zu erwarten oder zuvor gefallen ist.
In der *Wet* von Dezember bis März ist die Straße nicht befahrbar. Zustands-Info in Derby, beim Windjana-Ranger bzw. in Kununurra bei Anfahrt von Osten.
Verkehr: Im westlichen Teil mäßig, östlich von Gibb River sehr spärlich.
Zeitbedarf für die Gesamtstrecke: drei, besser vier Tage mit Besuch von Tunnel Creek und mehrerer Schluchten.
Furten: Schlüsselstellen sind Barnett River (harmlos in Trockenzeit), Durrack River, nach Regen tief! – Pentecost River (lang, aber relativ harmlos). Ansonsten kleinere Creek Crossings, bisweilen mühsam.
Versorgung: in Derby und Kununurra alles erhältlich.
Mt. Barnett Station: Tanken vom Faß (neuerdings nur 9h30-10h30 und 16h30-17h30!). Sicherer: Durrack Station/Jacks Waterhole: Shop, magere Versorgung, Fässer tagsüber „durchgehend geöffnet“.
Karten: „Travellers Guide“ samt Skizze, für 1 A$ in Derby, mit Kurz-Roadlog. Bei der Derby Tourist Info wahlweise auch besorgen: 2 Karten KIMERLEY EAST und K.WEST, 1:800T, je 4 A$, gut! – Oder Topogr. Karten 1: 250T; sehr gut, allerdings viele Blätter notwendig:
SE 51-7 DERBY (evtl);
SE 51-8 LENNARD RIVER mit Windjana/Tunnel und Leopold Ranges, sehr gut;
SE 51-4 nicht unbedingt notwendig, nur kurze Sektion;
SE 52-1 Barnett River Gorge bis Gibb River;
SE 52-13 nicht notwendig;
SE 52-14 Östlicher Teil der Gibb mit Raum Kununurra, gut.
SE 52-6 für Bungle Bungle-Tour oder Rundflug
Campen: Derby, Kununurra, Windjana Gorge, Mt. Barnett Hstd, Jacks Waterhole und andere Homesteads. Ansonsten Bushcamps im Gelände möglich.
Permit: Nur für die Kalumburu Mission & Aboriginal Community. Wird unter Telefon (091) 61 4300 formlos erteilt.

Westlicher Ausgangspunkt ist Derby; das Kimberley-Verwaltungszentrum liegt wie auf einer Halbinsel im Wattenmeer (*mud flats*). Sie finden einen guten Campground, Stores und neue Shopping Area. Die erste Jetty (Landesteg) ist von 1885, ein Spaziergang bietet Ausblick auf den King Sound.
Mit Baden ist hier nichts: ein riesiger Salzsee liegt um die Stadt. Weisse Salzküste und Gefahr von Salzwasser-Krokodilen. Wer sich im Indischen Ozean tummeln will, muß nach BROOME oder PORT SMITH (neue ausgeschilderte Zufahrt am Gt. Northern Hwy; Caravan Park und Bird Park in tropischem Garten mit 140 Palmenarten. Brandungsgeschütztes Baden in einer Lagune der 80Mile Beach).
km 0 <667 in Gegenrichtung> Abzweig von Derby-Zufahrt nach Osten, Beginn der Gibb River Road 7 km südlich des Stadt. In der Nähe der *Boab Prison Tree*, ein gewaltiger, hohler Affenbrotbaum.

Gewaltige Boab-Bäume an der Gibb River Road. Dies Prachtexemplar südlich von Derby fungierte einst bei Gefangenentransporten als „Zwischenlager".

Km 9,4 Nach den *Tidal Flats:* Abzweig nach Home Bore. Das sehr schmale Teerband steigt sanft auf ein 50-m-Plateau.

Viele Boabs, die australische Version des afrikanischen Baobab. Sie wirken zwar von weitem wie Schattenspender, aber da sie selten Blätter tragen, werfen sie fast keinen Schatten (abgesehen vom dicken Stamm). Die Rinde wirkt wie Elefantenhaut, manchmal wie grauer Stein.

Km 36 <631> Abzweig zur *Meda* Station 6 km nördlich. Km 48 Abzweig zu einem Yard nach Norden. Dort auch alte Öl-Probe-Bohrstellen, die in den Swamps angelegt worden sind.

Km 62 Abzweig Piste nach Süden, dann Ende des Teerbelags. Weit südlich: Sanddünen, Durchschnittshöhe 6 m, alle West-Ost-verlaufend. Lichter Wald mit schmalen Termitenhügeln.

Grenze zwischen Meda Downs und Kimberley Downs Station. *Beware Straying Stock:* „Vieh auf den nächsten 80 km", aber eigentlich auf ganzer Strecke zu erwarten.

Km 74 Abzweig Kimberley Downs Station; südlich der Straße *Telegraph Dam*, in der Karte zu *Telefone Dam* modernisiert.

Km 90: Die meist vegetationsarmen *Flats* der Küstenregion enden; nun Busch mit ca. vier Meter hohen Bäumchen. Die Straße fällt gen Nordosten ab Richtung Lennard River. Dahinter die schroffe Kette der *Napier Range*: ein fossiles Korallenriff aus dem Ozean der Devon-Ära, heute auf dem Trockenen liegend. Am *Police Camp* mit Bore und Windrad 123 <544> Abzweig nach S-Osten zur *Windjana Gorge*, 23 km. – Zum grandiosen *Tunnel Creek* 58 km (siehe unten). Bis hinab nach Fitzroy Crossing am Great Northern Highway 167 km; von dort zum *Geikie Gorge National Park* noch 20 km.

Windjana Gorge & Tunnel Creek

Bei der Lennard River Bridge ein paar Billabong-Pools, Bademöglichkeit zwischen Sandsteinfelsen. Es ist immer wieder erstaunlich, wie süchtig man wird nach Wasser bei stocktrockener Hitze.

Die Gravel Road zur Windjana Gorge ist breit, führt durch offenes Grasland mit ein paar Bäumchen nach Osten. Der Lennard River liegt nördlich, doch außer Sichtweite. Hier ist die Straße partiell sehr staubig, aber gut „gepflegt" und führt aufs Riff zu: Steil abfallende, hellgraue Kalkstein-Klippen, aus-erodiert, wie skulptiert, lotrecht über heller Savanne.

Km 20,2 km nach links zur *Windjana Gorge*. Km 22 Campingplatz und Day Use Area. Wunderschönes Panorama auf die Steilwände. Die 3,5 km -Schlucht wurde im Laufe von Jahrzigtausenden vom Lennard River ins Riff

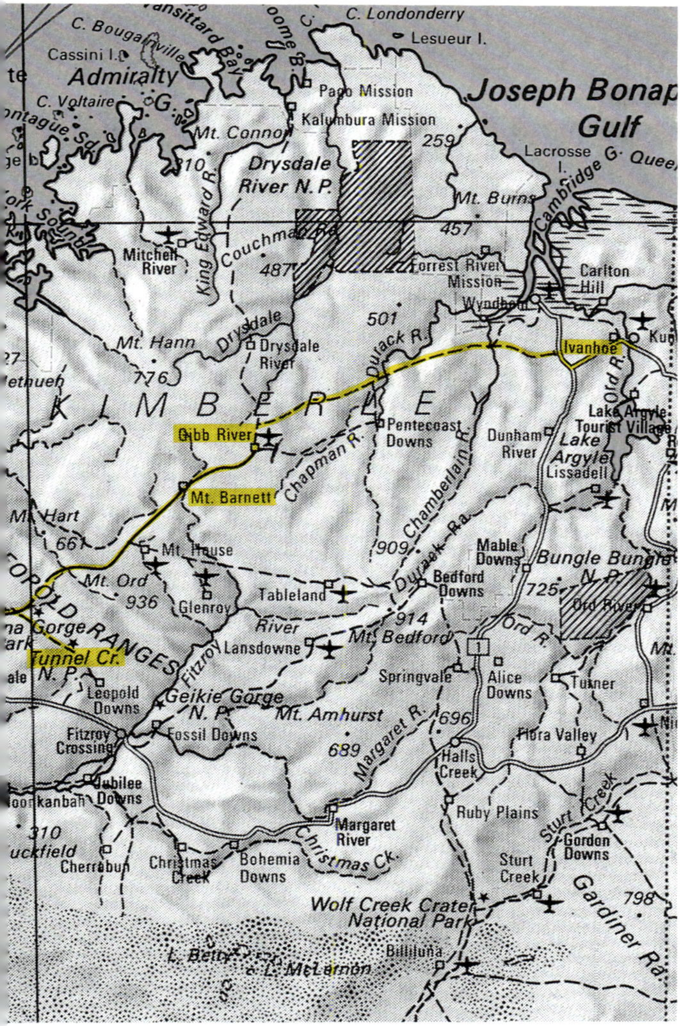

K+F „Australien"

Abenteuer-Route: Die Gibb River Road ist eine zwar kürzere, aber zeitaufwendigere 4WD-Alternative zur durchgehend geteerten Nationalstraße 1 („Great Northern Highway"). Beide verbinden Derby im Westen und Wyndham/ Kununurra im Osten. Rechts unten auf der Karte: Abzweig der Tanami Road nach Alice Springs und des „Big Run" nach Katherine am Stuart Highway.

gefräst. Schroffe, helle Felswände mit Galeriewäldern zu ihren Füßen (Fluß-Eukalypten, Gum Trees, Paperbark Trees).

Viele permanente Pools. Hier leben Süßwasser-Krokodile mit ihrer charakteristischen schmalen Schnauze; sie werden etwa drei Meter lang, sind nahezu ungefährlich.

Nun der lohnende Abstecher zum *Tunnel Creek.* Die Piste ist teils mittelschwer befahrbar, teils im Ausbau. Zur Linken ragt weiterhin das Riff auf.

Km 3,5 kleiner Creek, Abzweig zum *Lillimilura Historic Site*, eine alte Polizeistation. Recht unscheinbare Ruinen nahe der Straße. Hier ermordete der legendäre Ureinwohner Pigeon sein erstes Opfer, den Polizei-Konstabler Richardson.

Das Riff erscheint allmählich stärker erodiert, flacht ab bei km 7 und wird zeitweilig von Konglomerat abgelöst. Einige Felsen im flachen Vorland stehen wie Hütchen übereinander. Das Sträßchen wird schmaler, führt einspurig durch die Savanne.

Km 15: kiesiges Bachbett. Sehr viele *Galahs* (Rosa Kakadus).
Km 16,5 Gate. Danach ausgewaschene Straßenabschnitte, partiell rotsandig.
Km 25 Homestead der Fairfield-Station mit Funkantenne. Die Straße knickt hier nach NO ab zur kurzen *McSherrys-Gap*, ein Einschnitt durchs Riff. Danach dicht an der Ostseite des Riffs entlang. Es ist etwa 30 m hoch; Boabs wachsen an den Flanken.
Km 36 *Tunnel Creek*, die wohl größte Attraktion des Kimberley-Berglands und eins der Highlights von Australien. Campen ist hier nicht, sondern nur auf dem Windjana-Campground erlaubt.
Die Tunnel-Höhle ist etwa 750 m lang und völlig naturbelassen, ohne Wege und Markierungen. In ihrer Mitte ein Fels-Einbruch, der etwas Licht ins bizarre Dunkel läßt. Man nimmt an, daß das Flüßchen einst übers Riff floß, als das umliegende Land höher lag. Erst später hat es sich den Weg in und durch den Fels gebahnt. Das einstige Flußtal ist auf der Höhe des Riffs noch erkennbar.
Zum Durchwandern der „Hallen" im Korallen-Kalkstein müssen Sie eine Lampe mitnehmen; Gas-Leuchten sind ziemlich unbrauchbar, wenn die Pools tief gefüllt sind und durchschwommen werden müssen. Dann helfen nur wasserdichte Taschenlampen.
Wer sich Zeit läßt für die Biotope, sollte für Hin- und Rückweg 3 bis 4 Stunden ansetzen. Bademöglichkeiten am Südwest-Ende sowie im Tunnel selbst. Der östliche Eingang ist stark blockiert von großen Brocken – die schwierigste Stelle der Tunnel-Wanderung.
Lese-Tip: *Geology of Windjana Gorge, Geikie Gorge and Tunnel Creek Nat.Parks,* herausgegeben von: Geological Survey of W.A. Ist in Derby oder bei den National Park-Rangern zu bekommen.

Lennard River – Adcock Gorge

Dieser Teil ist der grandiose Abschnitt der „Gibb": Die Straße kurvt hier durch teilweise recht schroffes Bergland (ansonsten wirken die Kimberleys eher wie ein Hochplateau). Nach der Lennard-River-Brücke passiert die gute Gravel Road das Riff, die Napier Range, einer künstlichen, leicht erodierten Mauer ähnelnd.
Die Schlucht *Yammera Gap* ist nur bescheidene 300m lang! Ein markanter Fels wird „Queen Victoria Head" genannt – die Ähnlichkeit bleibt der Phantasie überlassen...

Es folgt die *Napier Downs* Homestead, dann weiter durch Flachland. Sehr hohes, leuchtendes Speer-Gras mit dicken Halmen.
Bei km 22, gesamt 145 <521> Beginn der *King Leopold Ranges*, d.h. erst einmal gewaltige Blockhalden, abgestürztes Granit-

Laßt uns mal ein Gebirge unterlaufen:"Tunnel Creek", Durchbruch durch ein fossiles Korallen-Riff. Die 750-m-Höhle und damit die *Napier Range* läßt sich binnen zwei Stunden durchwandern.

Schwierigster Teil der Tunnel-Höhle: ihr verblockter Einstieg.

Fossiles Korallen-Riff der Napier Range (Windjana Gorge).

gestein. Sie wirken beeindruckend, weil sie so abrupt aus der Ebene aufragen. Im Süden ein Rundrücken wie Ayers Rock en miniature. Die Straße ist gut trassiert am Aufstieg in die Berge (*Stumpy's Jump-Up*). Bei km 34 ist ein Sattel erreicht. An den Hügeln spitze Fels-Pinaccles wie Zipfelmützen.

Km 35 Mac Creek mit asphaltierter Furt, danach ein weiterer Jump up.

Km 43 Fletcher River mit Billabongs, etwas entfernt von der Straße. Der Fluß fließt nach Norden – wenn er in der Wet Wasser führt.

Km 50 „12 km Winding Road": Kurvig geht's weiter bergauf.

km 64, gesamt 189 <479> *Inglis Gap*: Weites Panorama vom Pass nach Südosten, über die Region des Lennard River. Die Gap ist ein kühner, offenbar künstlicher Einschnitt im Berg-Sattel.

Km 66 Apex Creek und danach eine T-Kreuzung: Nach links (Nordwesten) zur Mt.Hart Station, 50 km entfernt, nach rechts weiter auf der *„Gibb"*.

Kurz drauf bei Gesamt-Kilometer 196 <470 aus Ost-Richtung> Abzweig zur *Lennard River Gorge*, 8 km südwestlich der „Gibb". Die Schlucht ist fünf Kilometer lang; Wasserfall und Bademöglichkeit.

Ab km 72 kurvt die Straße durch die Haupt-Kette der *King Leopold Ranges*; zur Linken der Mt. Bell (744 m hoch). Phantastische Berg-Szenerie, recht ungewöhnlich in Australien. Es folgt ein enges Tal mit steilen rostbraunen bis ockerfarbenen Wänden. Fächer- und Schrauben-Palmen an Pools.

Km 86 , gesamt 214 <452> *Kookaburra Rock* unmittelbar nördlich der Straße; der Felsen ähnelt frappierend dem „Lachenden Hans", dem berühmten Vogel.

Die „Gibb" überschreitet einen Sattel, senkt sich (3km nach dem Kookaburra Rock) steil und gut ausgebaut ins nächste Tal. Auf der Gegenseite die *Isdell Range*, im Südosten der *Mount Ord,* 937 Meter hoch und damit höchster Kimberley-Berg.

In der Folge viele Pools nahe der Straße. Beste Badegelegenheit von April bis Juni, danach trocknen die Becken meist aus. Die King Leopold Ranges enden; nun flachwelliges, offenes Buschland mit teilweise hohem Gras.

Häufig in den Kimberley-Tälern: Kleine, palmenumstandene Lagunen mit Teichrosen.

254 <412> Abzweig zur Mt. House Station. Nach 21 km, gesamt 275 <391> Abzweig zur herrlichen *Adcock Gorge*, 5 km entfernt. Hier beginnt die Phillips Range. Bei km 4 der Adcock-Zufahrtspiste geht's ziemlich ruppig über sehr grobes Gestein. Gegen Ende waschechte L4-Strecke (Untersetzung), weil man hier sehr langsam kriechen muß, damit der Wagen bei zu hoher Geschwindigkeit nicht durchfedert und beschädigt wird.

In der Adcock Gorge Teiche und gluckernde Mini-Wasserfälle zwischen Felsen. Ein Biotop mit Seerosen, Fröschen, Grashüpfern, Wasserlilien, Libellen und Fischen. Wenige Schritte weiter geht dies Paradies über in verdorrte Buschlandschaft.

Adcock Gorge – Gibb River Station

Auf der Hauptstraße wechseln nun gute Abschnitte mit Stellen, wo Regen die Erde zwischen dem Gestein herausgeschwemmt hat: da geht's nur im Schrittempo rüber.

Landschaftlich dominiert niedriger, heller Buschwald; er wirkt freundlich durch die weissen Stämme: Mal schmale, spargelähnliche Bäume, dann mehrstämmige kleine *Mallee*-Eukalypten.
19 km nach dem Adcock-Abzweig ausgeschilderte Zufahrt zur *Galvans* Gorge, leicht zugänglich und nur rund 500 m nördlich der Straße. Diese kaum ausgeprägte Schlucht hat in puncto Flora und Fauna weniger zu bieten als die Adcock Gorge. Kleine Pools, gut zum Erfrischen.
Die *Gibb* wird ziemlich schmal: eine Schneise durch mannshohes Gras. Voraus taucht die *Barnett Range* auf; zuvor ist der Barnett River zu furten, eine normalerweise problemlose Angelegenheit. Das Wasser war im April ca. 40 cm tief, im Südwinter dürfte der Wasserspiegel weiter absinken.
Km 315 <351> *Mount Barnett* Homestead, von Aborigines betrieben. Eine neue Homestead ist im Bau. Camp-Möglichkeit auf alten Sites am nahen Manning River, super! Es gibt Leute, die trauen sich, mit den Süßwasser-Crocs zu baden. In der Nähe ein kleiner Wasserfall.
Tankstelle & Store von Mt. Barnett sind neuerdings nur von 9h30 bis 10h30 und 16h30 bis 17h30 geöffnet, sonntags closed. Wer sicher gehen will, ob's mit dem Service klappt: Tel (091)914652 oder beim Windjana-Gorge-Ranger nachfragen! – Nächste Tankstelle ist nicht in Wyndham, wie es fälschlich auf einem Schild geschrieben steht (über 400 km entfernt), sondern bei Jacks Waterhole, 225 km nordöstlich.
Die rote Barnett Range verläuft Bumerangförmig neben der Gibb River Road nach Osten. Km 7: Beginn der *Shire of Wyndham and East Kimberley.* Ab hier ist die Straße sichtlich weniger gepflegt.
Km 22: Ein 5-km-Abzweig zur wenig spektakulären *Barnett Gorge* mit idyllischen Campsites an einem Bächlein. Die Wegführung dorthin ist nicht ganz eindeutig, man muß ziemlich suchen.
Links haltend erreichen Sie bei km 3 der Zufahrt den *Wire Yard*, danach ein riesiger Boab mit Grillplatz. Am Bach Padanus-Schraubenpalmen und Eukalypten.
Die Gibb River Road verläuft weiterhin gradlinig durch lichten Wald. Hohes gelbes Gras. Km 19 ab Barnett Gorge, ges. 347 <319>: Abzweig zur *Mt. Elizabeth* Homestead, 30 km nördlich. Camps, Duschen und geführte 4WD-Touren.
Der Hann River wird gekreuzt, dann Abzweig zur *Gibb River* Station, die gar nicht unmittelbar am Gibb River liegt. Kein Treibstoff erhältlich. – Eine alte Straße, die von hier Kurs Ost zur Karunjie/Pentecost Homestead führte und in einigen Karten noch eingezeichnet ist, wird heute nicht mehr benutzt.

Gibb River Station – Kununurra

Nun beginnt der rauhe Teil der dirt road: Partiell sind zwar noch 40 bis 50 km/h möglich, oft aber nur 20 km/h. Nach Regen bilden sich große, tiefgründige Schlammlöcher, die z.Zt. auf Ausweichen durch den Busch zu umgehen sind. Der Track ist bisweilen tief zerfahren. Wellblechabschnitte wechseln mit weichen Gravel-Partien.
Km 419 <248> Gabelung 40 km nördlich der Gibb River Station. Gen Norden geht's zur *Kalumburu Mission* (276 km) und zum hochinteressanten *Mitchell-Plateau* mit den *Mitchell Falls,* die noch beeindruckender sein sollen als die Schluchten und Wasserfälle bei Wittenoom! Viele der Attraktionen sind nur zu Fuß erreichbar. Das Gebiet, eine der entlegensten Ecken Australiens, ist für Fauna-Fans von Bedeutung, besonders durch eine seltene Palmenart.
Bei km 8 ab der Gabelung geht's steinig hinab in ein Tal, zum Ostarm des Gibb River. Später folgen Seitenarme des Russ Creek. Begleitet wird der löchrige Track von Ausläufern der Gibb Range, auf deren Plateau sich der Track einige Kilometer dahinschlängelt.
Km 38 Kursänderung nach Nord nahe eines alten, nicht mehr benutzten Airstrips.
Km 42, ges. 463 <204> Campbell Creek: Natur-Pool unter großen Eukalypten – wieder mal ein kleines Paradies.
Der Track nimmt Autos in die Mangel, Vibrationen killen das rollende Material. Zurückgelassener Schrott am Wegrand zeugt von den Belastungen durch die rauhe Piste: Dachträger, Anhänger, Container... Auch Über-

ladung würde sich sehr negativ bemerkbar machen.

Km 53 Kuppe mit weitem Blick nach Osten auf niedrige Bergketten. Der Track verläuft in halber Höhe der Hügel und taucht dann ab in ein Tiefland.

Km 67 *Dawn Creek,* Pool mit Teichrosen. Camp-Möglichkeit. Kurz drauf Zufahrt zur *Ellanbrae* Homestead (keine Versorgungsmöglichkeit). Die Gibb River Road macht hier teilweise den Eindruck eines Feldwegs, ist grade mal eine Fahrspur breit.

Km 90, gesamt 511 <155> **Durack River.** Die Furt läßt sich zügig-kraftvoll mit Untersetzung L4 im zweiten Gang am besten durchfahren. Das Wasser gurgelt zwar bis in die Radkästen, aber kaum über die Motorhaube. 50 bis 100 m Furt-Länge je nach Wasserstand. Kaum Hindernisse. Am Ostufer ein Siesta-Plätzchen, auf dem sich die aufregende Aktion gehörig begießen läßt.

Km 95 Abzweig nach *Karunjie (*früher Pentecost Downs genannt), 48 km nach Süden. Danach Ranch-Grenze der riesigen *Durack* Station (12.500 Rinder).

Km 106, ges. 529 <138> *Rollies Jump Up*, eine ziemlich steile Abfahrt zum Durack-Tal. Bei km 116, ges. 540 <127> Abzweig zu *Jacks* oder *Joes Waterhole*, beide Namen werden verwendet für den großartigen Bade-Pool. Die Zufahrt zum Store (wo Eintritt berappt werden muß) ist nur einen Kilometer kurz. Diesel, Bleifrei und Super kann den ganzen Tag über aus Fässern gezapft werden. Wasserstelle samt Camp lassen gleich hinterm Store nicht lange auf sich warten.

Die Straße verläuft nun auf neuer Trasse nördlich des Mt. Edith, wo sie sich vermutlich besser instand halten läßt als die bisherige Route nahe des Bindoola Creek. Der aktuelle Verlauf ist nicht zu verfehlen.

580 <87> Bindoola Creek mit befestigter Furt *Bluey O'Malleys Crossing;* leider nur ziemlich trübes Wasser.

Sechs Kilometer weiter zweigt links ein unscheinbarer Weg ab zum Bindoola-Billa-

Finale der Gibb River Road vorm schroffen Mount Cockburn. – Folgende Seite: Schlüsselstelle der Route ist die Furt durch den Durack River.

bong, das still im Tal auf Besucher wartet. Der letzte, steile Gefälle-Abschnitt zum Ufer ist weich, ausgewaschen und in Gegenrichtung nur mit Mühe zu bewältigen. Nördlich des Creek eine Aboriginal-Reserve.

Es naht eine Kuppe. Besonders bei bei km 56 ges. 596 <70> am *Pentecost Lookout* weites Panorama: Auf den Pentecost River, der bald darauf überschritten werden muß, auf zwei Tafelbergmassive im Hintergrund, die festungsähnlichen Cockburn Berge östlich des Pentecost River.

Halblinks in der Ebene Wyndham mit seinen beiden „Bastionen“, den Hausbergen des kleinen Orts am Ende des Great Northern Highway. Wyndham lebte einst hauptsächlich von einer kürzlich geschlossenen Fleischverarbeitungsfabrik und verlegt sich nun auf Prawns-Fang .

Km 600 <67> Abzweig zur *Home Valley Homestead*, 1 km nach Norden. Camp-Möglichkeit, Reparaturen.

Die Straße verläuft auf dem Westufer des Pentecost River nach Süden, durch einen schmalen Auwaldgürtel vom Fluß getrennt. Sie ist ab hier leidlich in Ordnung, obwohl auch weiterhin aufmerksam auf tiefe Rinnen zu achten ist.

Letztes Gibb-Hindernis: Die *Pentecost*-Furt bei km 67, ges. 608 <58>. Sie ist mit Steinen markiert, nicht zu tief und in der Regel einfacher zu passieren als der Durack River.

Es geht auf die schroffen Felswände der Cockburn Range zu und später neben den „Festungsmauern“ nach Südosten.

Bei km 13 Nahtstelle zwischen den beiden Cockburns: eine V-förmige Schlucht.

Bei km 24, gesamt 633 <34> Abzweig zur *El Questro* Homestead mit Campground. Nahe der Ranch Wasserfälle und die Chamberlain Gorge: „4WD advised!“ (16 km).

Km 38: äußerster SO-Pfeiler des Inselberges. *King River*-Furt bei km 40, ges. 650 <17>, meist leer und trocken wie die Creeks kurz zuvor. Rückblick auf die gewaltige Ostwand des Mt. Cockburn: 540 m hoch ragt sie auf, ungefähr 400 m überm Niveau.

Es folgt der ebenfalls festungsähnliche, aber recht wellig gefaltete *Mt. Rob* (324 m), dann geht's zwischen der *Tier Range* und dem *Mt.Harrison* hinüber zum geteerten Great Northern Highway.

Ein Schild am Ost-Einstieg der Gibb River Road warnt: „Die Straße ist nicht befahrbar für konventionelle Fahrzeuge!“ Jemand hat hinzugefügt: „Take notice of this, dont go in!“ und dies dreimal unterstrichen. Er wird seine Erfahrungen gemacht haben...

Bei km 667 <km 0 aus Ostrichtung>: Einmündung in den *Great Northern Highway*. Endlich wieder Teer unter den Rädern! Acht Kilometer südlich Abzweigung des Hwy 1 nach Süden Richtung Port Hedland/ Perth.

Geradeaus über den Victoria Hwy nach Kununurra, der großen Touristenstation des nördlichen Western Australia am Ord River, der hier zweimal gestaut ist. Kununurra ist ein kleines Städtchen mit allen Versorgungsmöglichkeiten. Guter Caravan Park: *Kona Park* etwas westlich des Orts. Der Mücken wegen Repellent benutzen.

Exkursionen von Kununurra aus: Zum Lake Argyle mit hierher verpflanzter Homestead

Ungewöhnlich, aber sicher: Tanken aus dem Faß (Jacks Waterhole bei der Durack Station).

der Durrack Station. – *Keep River National Park* jenseits der Grenze zum Northern Territory, mit einer *Aboriginal Art Gallery* an einer Felswand. Wenn danach Rückfahrt nach Kununurra geplant ist: Mit den Leuten vom Quarantäne-Posten an der Grenze klären, ob Obst/Gemüse im Camper mit zurückgebracht werden kann. – Flug oder Überland-Tour nach *Bungle Bungle* (s.u.).

Gibb River Road: Im Ostteil kaum mehr als eine primitive „Narbe“ durch faszinierendes, leuchtend gelbes Grasland. Rechts: Warntafel am Ost-Ende der Straße: „Don’t go in!“. Ein Pkw-Fahrer kam, sah’s sich an und kehrte flugs an der Furt des Pentecost River um...

Ein Land, wie's im Buche steht
für die Dreamtime der Aborigines.
Es sollte so bleiben wie bisher.
(tours, 1986)

Purnululu National Park
Bungle Bungle

Name: Bungle Bungle soll englische Übersetzung des Aboriginal-Namens *Purnululu* sein, doch läßt sich angeblich keine Bedeutung ableiten. Seit 1930 wurde eine Rinder-Station *Bungle Bungle* genannt.
Lage: etwa 200 km Luftlinie (250 km auf der Straße) südlich von Kununurra, 109 km nördlich von Halls Creek, östlich des Highway 1 nahe des Ord River.
Das **Bergmassiv** ist 350 Millionen Jahre alt; tropische Regenfälle haben großartige, bienenkorbähnliche „Dome“ und tiefe, enge Schluchten geschaffen.
Orange-farbene Gesteinsschichten und dunklere Flechten-Streifen geben den Bungles ihren typischen Tigerfell-Look. Der Sandstein ist äußerst fragil und nur durch dünne Kieselsäure-Schicht geschützt. Er bricht leicht unter Händen und Füßen, darf deshalb keinesfalls betreten werden. Zugang zu den Schluchten über die Flußbetten, daher nur außerhalb der *wet season*.
Erst 1987 wurde der 3000 qkm große Nationalpark *Purnululu* eingerichtet, die neue Bezeichnung hat sich kaum durchgesetzt.
Info: bei den Visitor Centres in Kununurra oder Halls Creek.
Zufahrt zu BB derzeit mühsam und nur für Geländewagen. Was den Massentourismus fernhält, den die Landschaft kaum verkraften dürfte. Mit dem Ausbau der Strecke ist zu rechnen, sogar ein Airport ist geplant.
Da die „Bienenkorb“-Berge aus der Luft am besten wirken, sollte man aus Rücksicht aufs empfindliche Gleichgewicht der Natur auf einen Überland-Besuch verzichten und stattdessen den preiswerten **Panoramaflug** wählen (zwei Stunden Flug derzeit 90 bis 120 Dollar/Person). Start möglichst frühmorgens oder abends, da dann bestes Licht über die Mondlandschaft. Flüge von Kununurra oder (näher und billiger) von Halls Creek möglich. Von Halls Creek aus kann gegen Aufpreis auch der Wolfe Creek Crater aus der Luft besichtigt werden.
Scenic Flights ex Kununurra am interessantesten: Sie überfliegen den Ord River und den gewaltigen Stausee *Lake Argyle* mit Dutzenden von Inseln, dann die neue *Bow River*-Diamantenmine und das Ranchland der Station Texas Downs mit schräg aufgefalteter Osmond Range. Der Rückflug führt über die *Argyle*-Diamantenmine, eine der Weltgrößten (*open cut*-Methode ohne Stollen; mit hohem Aufwand wird der Berg buchstäblich zerlegt).
Vom *Heliport* beim Kurrajong Camp im Park Helikopterflüge für 100 $; Hubschrauber bieten näheren Einblick in die Schluchten als Propellerflugzeuge. Außerdem kann auf Wunsch ohne Türen geflogen werden, was das Schauen und Fotografieren erleichtert. Der Lärmpegel ist jedoch ziemlich gewaltig – für Passagiere und Wanderer am Boden...

Bungle Bungle: Himmelhohe Felskuppeln, enge Schluchten, leuchtende Felsmauern, Palmen. Fragt sich, ob die so grandiose wie empfindliche Natur den Touristenansturm nach Ausbau der Zufahrtsstraße verkraften kann.

An der Abzweigung vom Highway 1 nach Osten zum *Bungle Bungle National Park* derzeit nur ein kleiner, unscheinbarer Wegweiser; man könnte die Zufahrt mit einer Abzweigung zu einer Rinder-Station verwechseln. Kurz drauf eine Tafel mit Informationen über den Park (Prospekte sind auch in Halls Creek oder Kununurra zu bekommen). Eintritt 20 $, das Permit bekommen Sie beim Ranger, Gültigkeitsdauer sieben Tage.

Mühsame Fahrt auf dem *Spring Creek Track*: Für die 55 km zur *Three-Ways Intersection* muß man (noch) drei Stunden rechnen.

Der Track schlängelt sich durch Hügelland, anfangs durch die Mabel Downs Station. Häufig sind Bachbetten zu kreuzen. Alle Tracks dürfen nicht verlassen werden, um weitere Erosionsschäden zu vermeiden.

Von genannter Kreuzung sind's nach rechts, nach Süden, 15 km zum *Bellburn Campsite* (45 Minuten; Trinkwasser) oder nach Norden 5 km zum *Kurrajong Camp.* Beide liegen an der Westflanke des erodierten Bungle-Massivs, haben Toiletten, aber keine Mülltonnen – was man reinbringt, nimmt der Besucher auch wieder mit raus. Nur Gaskocher benutzen, offenes Feuer ist nicht erlaubt.

Die Nord-Tour: Von Kurrajong aus 15 km Piste bis zu einem Parkplatz, dann zwanzig Minuten per pedes zur *Echidna Chasm*. Am Eingang sprießen Palmen, die Schlucht ist extrem eng, stellenweise kaum einen Meter breit! Felswände wachsen hoch in den Himmel, den man allerdings kaum noch zu sehen bekommt. Nach halbstündiger Wanderung endet die Chasm vor einem lotrechtem 300-Meter-Kliff.

Routen, die weiter nach Osten führen, dürfen nicht von Touristen benutzt werden; sie führen in ein 110.000 Hektar großes Schutzgebiet.

Süd-Tour (Exkursionen vom Bellburn Camp): Es geht 15 km nach Osten bis zum Parking, dann eine Stunde zu Fuß in die *Cathedral Gorge*.

Weitaus anstrengender ist die Wanderung zur großartigen *Piccaninny Gorge* (gut zehn Stunden hin und zurück). Schon morgens um acht kann die Temperatur im Schatten über die 30-Grad-Marke steigen! Allerdings spenden unterwegs mehrere Wasserlöcher Erfrischung.

In der Schlucht selbst gibt's erst ab etwa 15 Uhr Schatten, verläuft sie doch in Nord-Süd-Richtung. Nahe der Gorge sind die gestreiften „Bienenkörbe“ besonders eindrucksvoll. Über Piccaninny ruht tiefe, fast unheimliche Stille. Mit Schlangen ist jederzeit zu rechnen – sie haben „Vorfahrt“! Sehr lohnend auch die Wanderung in einen der *Five Fingers*, Seitenschluchten der Gorge.

In diesen Hochtälern hie und da fremdartig wirkende Palmen, aber auch pieksendes Spinifex-Gras, das die Haut zersticht.

Die Bungle Bungle-Flora ist so einmalig, daß einige Arten noch gar keine Namen tragen.

Bungle Bungle präsentiert sich am besten vom Flugzeug aus, weniger aus der Pisten-Perspektive: Felsendome wie „Bienenkörbe“, in markantem Tigerfell-Look. Dazwischen die Piste in den Ostteil des Purnululu-Nationalparks.

Leichte Tour durch Weide + Weite

The Big Run (N.T., 1260 km)

Der **Name** steht für ein Ensemble alter Viehtrieb-*Stock Routes* im nördlichen Northern Territory (heute Beef Roads für Road Trains); die zur Station *Victoria River Downs (VRD)* gehörten. Sie galt einst als größte Vieh-Ranch des Britischen Empire.
Verbindung zwischen KATHERINE (N.T., am Stuart Hwy, 320 km südlich von Darwin) und HALLS CREEK (nördliches W.A.).
Länge: Das große "S" zwischen Katherine, Timber Creek, Top Springs und Halls Creek kommt auf 1260 km. Fahrzeit 3 bis 4 Tage.
Zustand: Teils Teer (Victoria Hwy und Buchanan Hwy zwischen Top Springs und Kalkaringi), teils gute bis mäßige Gravel Roads. Allrad so gut wie nie notwendig, Pkw- und Camper-tauglich.
Verkehr: Normal bis mäßig. Auf der etwas einsameren Verbindung von Victoria R.D. zum Buchanan Hwy rund 10 Fahrzeuge pro Tag.
Funktion: Einerseits Verbindung zwischen N.T. und W.A., andererseits wichtige *Beef Road* zum Viehtransport. Einige Karten zeigen in diesem Bereich um den Victoria River eine Menge ungeteerter alter Stock Routes, Alternativen zum Big Run (z.B. *Muranji Track* zwischen Top Springs und Newcastle Waters am Stuart Highway).
Die Zone bei Newcastle Waters/ Lake Woods ist großartig!)
Touristisches: The Big Run bringt Spitzen-Eindruck vom Ranchland des nördlichen N.T., hält aber wenig Spektakuläres in petto. Eventuell nur aufs Kernstück Top Springs Roadhouse – VRD – Jasper Gorge – Timber Creek konzentrieren.
Karten: Übliche Straßenkarten reichen völlig aus.
Camping: Buschcamps oder an Roadhouses. Recht idyllisch: *Jasper Gorge,* 60 km südlich des Abzweigs am Victoria Hwy.
Versorgung: Katherine, Timber Creek, Halls Creek, Kalkaringi, ansonsten in den beiden Roadhouses Victoria River Inn oder Top Springs.

Ausgangspunkt ist Katherine am *Stuart Highway*, die drittgrößte Stadt des N.T. (nach Darwin und Alice). 30 km östlich liegt der *Katherine Gorge National Park*, eine grandiose Schlucht im Sandstein des Arnhemland-Plateaus. Viele Vögel (Kookaburras, Wasservögel, Flying Foxes, eine Fledermausart), seltener mal Süßwasser-Crocs.

Ideales Revier für einfache Bootstouren per (Miet-)Kajak oder Tour mit Nat.Park-Schiffchen. Außerhalb der Regenzeit besteht der Katherine River lediglich aus einer Kette großer *Billabong*-Becken.

Sehr schön und auch ideal zum Campen und Schwimmen: die *Edith* Falls 62 km nördlich von Katherine! Die Wasserfälle stürzen das ganze Jahr über von den Felsen herab – ein Bade-Traum in der Trockenzone. Bisweilen wurden auch hier relativ harmlose Süßwasser-Krokodile gesichtet.

Von Katherine startet der *Victoria Highway* gen Südwesten, ein Teil des *National Highway 1.* Nach 125 km zweigt nach Süden die *Delamere Road* ab, auf der sich das Roadhouse Top Springs nach weiteren 164 Gravel-Kilometern erreichen ließe – doch den Höhepunkt dieser Tour verpaßt man damit. Der beginnt erst nach dem Roadhouse *Victoria River Inn* und dem Ort *Timber Creek* (285 km ab Katherine; überwiegend schmales, erst teilweise verbreitertes Teerband).

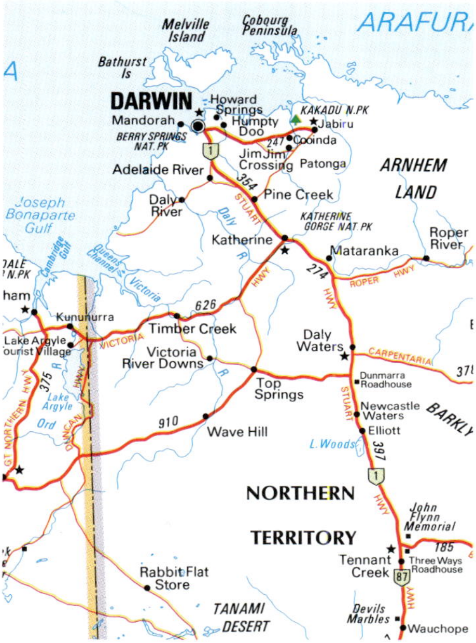

Der Big Run kurvt von Katherine am Stuart Highway über Timber Creek und Top Springs nach Halls Creek in W.A.

Atemberaubender Start des „Big Run“: die Katherine Gorge. Bootstouren auf dem stillen Wasser sind etappenweise möglich.

Vom berühmten Baum des Forschers Gregory zeugt nur noch eine Erinnerungs-Platte, doch malerische Boab Trees und Flaschenbäume gibt's rund um den Victoria River zur Genüge.

Etwas westlich des winzigen Timber Creek eine Gedenktafel für Gregorys Nord-Australien-Expedition, die dies Gebiet um den breiten Victoria River für Besiedlung und Viehzucht erschloß. Der ursprüngliche *Gregory Tree* mit den Initialen des Forschers hat offenbar das Zeitliche gesegnet.

Zum Abzweig zur Riesen-Ranch *Victoria River Downs* und weiter nach *Top Springs* geht's 30 km nach Osten zurück, dann bei einer gut beschilderten T-Kreuzung nach Süden. Die Gravel Road windet sich staubig, aber gut ausgebaut in die *Stokes Range*. Vorsicht vor allem in Kurven und im Gefälle. Lockerer Belag wirkt wie ein Kugellager unter den Reifen...

Bei km 14 der Skull Creek mit guten Camps, danach wird das Tal enger. Vor allem auf den hellen Straßenabschnitten haben sich Bulldust-Löcher gebildet, die aber recht einfach zu nehmen sind.

Betonierte Rampen und Furten zeigen, daß die Straße gewisse Bedeutung hat: Sie wird mit solchen Bauten allwettertauglich.

Bei km 58 ist die Paßhöhe erreicht: niedrig und kaum alpin wirkend, aber für Australien-Begriffe doch beachtlich. Kurz drauf links Zufahrt zum Camp an der *Jasper Gorge*. Vielleicht haben Sie Glück und können mit Aussies per Boot ein Stück durch die Schlucht schippern. Nur so kommen rote

Felswände und Palmen am Ufer richtig „raus". Der kilometerlange Riesen-Pool des Jasper Creek ist erstklassiges Angel-Revier – wo rundum alles vertrocknet wirkt!

Von der Gorge geht's allmählich hinab in die Ebene, vorbei an einer Experimentier-Farm und schließlich zur *Victoria River Downs-Station (VRD),* einst ein gewaltiges Viehzucht-Imperium. Die Ranch hat einen „echten" Flughafen, nicht nur einen der üblichen Airstrips. Große Flugzeuge sind geparkt, daneben ein Dutzend Helikopter, mit dem man hier die Rinder zum *Mustering* zusammentreibt. Das ist eine brutale, zwar wenig sympathische, aber in der gewaltigen Weite rationelle und erfolgreiche Methode. Das Vieh wird dann an *Helitraps* gesammelt und von *Stockmen*, australischen Cowboys, auf die Vieh-Trucks verladen.

Ein Dutzend Kilometer östlich der Ranch nochmal der Victoria River, hier am Oberlauf während der *Dry* eher Rinnsal als Fluß. Aber er präsentiert sich als schlagendes Herz des Rinder-Landes. Man überquert ihn auf betonierter Furt. Die Rohre darunter: eine Art Whirl Pool, Genuß bei trockener Hitze – auch wenn das Wasser etwas trüb gurgelt...

Die Schotterstraße gewinnt z.T. recht rauh, aber problemlos Höhe, erklimmt die Ostufer des enorm breiten Victoria-Tals. In Bäumen Kakadus, über der Ebene bisweilen leuchtend-bunte Sittich-Schwärme. Selten mal Känguruhs, dafür viele Rinder zwischen niedrigen Termitentürmen, beide dunkelbraun. „Viel" ist wieder mal relativ: die Herden verlaufen sich in der Weite.

Einige Creeks werden gekreuzt. Die Prärien zeigen sich nahezu ohne Baum und Busch. Dann das Roadhouse *Top Spring*, einsame Lebens-Keimzelle in der Einöde. Nach Westen geht's auf dem ungeteerten Buchanan Hwy zum *Dunmarra* Roadhouse am Stuart Highway, oder abenteuerlicher via Murranji Track nach *Newcastle Waters* (siehe Vorspann).

Begegnung mit einer unheimlichen Art: Die Länge solcher „Road Train"-Kolosse ist neuerdings begrenzt auf „nur" noch etwa 50 Meter bzw. Auflieger plus zwei Anhänger. Solche Trucks sichern die Ver- und Entsorgung weit verstreut liegender Rinderzucht-"Stations".
Überholen ist unmöglich; man weicht den Monstern am besten zum Straßengraben hin aus.
Mit etwas Glück kann man mal ein Stück mitfahren – ein Outback-Erlebnis für sich...

Der *Buchanan Highway* ist nun bis Kalkaringi geteert, schmal zwar nur, aber somit im Netz der Victoria-Nebenflüßchen gut befahrbar. Die Straße kurvt enorm, ist daher (vor allem wegen des *wandering stock*, herumvagabundierender Rinder) nicht ungefährlich. Warnende Schrottkarren gibt's zur Genüge am Straßenrand.

Der *Buchanan* ist eine wichtige West-Ost-Verbindung. Sieht man mal vom ungeteerten *Gunbarrel* Track ab, dann gibt's keine weitere Straße bis hinab zum Eyre-Highway durch die Nullarbor Plain! Der verläuft entlang der Südküste, über 1600 km entfernt.

Das muß man mal auf Europa übertragen: Keine einzige West-Ost-Route zwischen Hamburg und Neapel...

Kalkaringi, etwas westlich der *Wave Hill* Station ist nur ein Kaff, hat aber Tankstelle und kleinen Store. 7 Kilometer östlich zweigt die *Lajamanu Road* nach Süden ab, mit Anschluß zur *Tanamai Road* (siehe dort).

Der Buchanan wird wieder zur Gravel Road, erreicht nach 290 km jenseits der N.T./W.A.-Grenze den *Nicholson Turnoff* (kein Treibstoff).

Vom Abzweig können Sie auf dem Schotter der interessanten *Duncan Road* nach Norden brettern zum neuen *Keep River National Park* an der N.T.-Grenze. Von dort weiter nach Kununurra in Western Australia, mit dem Lake Argyle und den Bungles (siehe Abschnitt 4.8).

Geteerte Alternative zur Duncan Road: Der *Great Northern Highway* von Halls Creek nach Wyndham bzw. Kununurra.

Auch der letzte 185-km-Abschnitt des Big Run heißt nun Duncan Road. Allmählich geht das zuvor meist flache Terrain über in Hügelland mit Gorges wie bei *Palm Springs*. Finale des *Big Run* ist schließlich Halls Creek, Ausgangspunkt für Bungle Bungle, Kimberley, den Wolfe Creek Crater und die Tanami Desert.

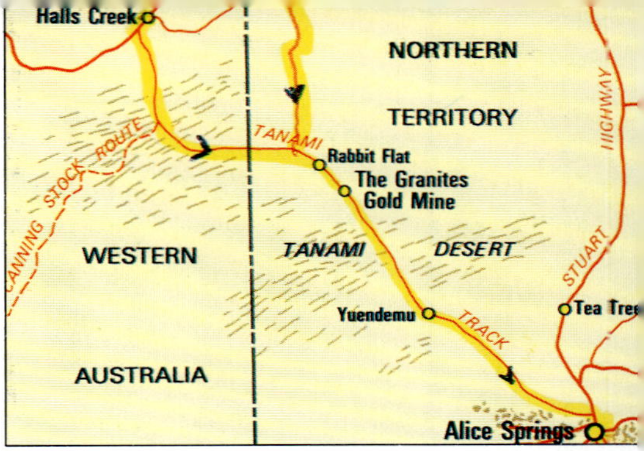

Über 1000 km durch die „grüne Wüste"
Tanami Track/Road (W.A./N.T.)

Name: nach der *Tanami Desert*, einem großen Sandmeer ohne „Bilderbuchdünen-Charakter". Die Wüste liegt nordöstlich des Tracks (ténemei gesprochen). Aus dem einstigen *Tanami Track* wurde eine weitgehend gut ausgebaute *Road*; die 4WD-Empfehlung gilt nur für seltene Regen-Perioden.
Verbindung zwischen dem Kimberley-Bergland (HALLS CREEK, W.A.) und ALICE SPRINGS (N.T.) N.T.-Straße Nr. 5.
Der originale *Tanami Track* verlief westlich der zeitweise reaktivierten Tanami Gold-Mine auf Nordwestkurs hinauf zur *Duncan Road.* Statt dieser direkten Trasse wird heute vorwiegend die touristisch interessantere Variante über den Wolf(e) Creek Crater benutzt, die nach Westen ausschwenkt und 16 km westlich von Halls Creek auf den geteerten *Great Northern Highway 1* stößt.
Recht populär wurde in letzter Zeit die *Lajamanu Road* (N.T.-Straße Nr. 9). Sie bindet die Tanami Road direkt an das nördliche N.T. an.
Länge: Halls Creek – Rabbit Flat Roadhouse ca. 460 km.
Rabbit Flat – Alice rund 600 km.
T.R. gesamt ca. 1.060 km. – Lajamanu Road: Kalkaringi/Wave Hill – Tanami Gold Mine 330 km.
Zeitbedarf: drei Tage, bei Regen deutlich mehr (Sperrung möglich). Nicht in den Hochsommer-Monaten unter die Räder nehmen.
Zustand: Abgesehen von einigen Sandpassagen und Creek Crossings (teilweise schon ausgebaut) gute bis sehr gute Gravel Road oder „Naturstraße" auf festem Sand. Für Campervans und robuste Pkw u.U. geeignet. Vor Befahrung an mehreren Stellen über aktuellen Zustand erkundigen (an Tankstellen, Road Department, auch im Gespräch mit entgegenkommenden Fahrern).
Verkehr: Auf dem östlichen Teil der T.R. relativ dicht (um 20 Fahrzeuge pro Tag), westlicher Teil sowie Lajamanu Road deutlich weniger.
Funktion: Einzige Verbindung von Alice Springs zum nördlichen W.A.; Straße zur Versorgung der Aboriginal Communities und der 1990 aktiven Gold-Mine The Granites und Tanami.
Karten: Angesichts gewisser Gleichförmigkeit der Landschaft (kaum markante Punkte) reichen die üblichen Straßen-Atlanten sowie N.T. und W.A.-Karten. Mehrere Blätter nebeneinander benutzen. – Vom RAA gibt's eine *Strip Map* und vom N.T. Government Tourist Bureau ein Tanami-Roadlog.
Permits: Bei Benutzung der Hauptstrecke samt 50-m-Streifen daneben keine Permits notwendig. Auch die *Yuendumu Aboriginal Community* kann zum Tanken angesteuert werden (vorsichtshalber Permit besorgen).
Tankstellen: Halls Creek, Kalkaringi (am Buchanan Highway), Carranya Homestead (beim Wolfe Creek Crater), Rabbit Flat Roadhouse (nur Freitag bis Montag inclusive), Yuendumu, Alice Springs.
Versorgung: Halls Creek, Rabbit Flat, Yuendumu, Alice.
Die beiden Goldminen am Weg dürfen nur bei echten Notfällen aufgesucht werden.
Camping: Campgrounds an der Tanami Road bei der Carranya Homestead und bei Rabbit Flat. Ansonsten Buschcamps.

Steile Flanke des Wolf(e) Creek Crater. Er ist größter Meteoritenkrater der südlichen Hemisphäre, insgesamt zweitgrößter nach einem Einschlagloch in Arizona.

Halls Creek - Tanami Gold Mine

Das neue Halls Creek am Great Northern Highway (555 km östlich von Derby, 365 km südlich von Kununurra) ist westlicher Startpunkt der Tanami Road. Der alte Ort mit Old Post Office und Ruinen liegt 15 Kilometer östlich: Eine Ghost Town des Gold Rushs der 80er Jahre des 19. Jahrhunderts – der erste in Western Australia und ein sehr kurzlebiger (nur 1885-87). Er soll 10.000 Prospektoren angelockt haben – kaum vorstellbar angesichts der 1.200 Seelen, die Halls Creek heute mehr oder weniger beleben.

Halls Creeks Wirtschaft basiert auf der Versorgung umliegender Kimberley-Stations; Zukunfts-Chancen scheint´s im Tourismus und – wieder mal – rund um den Bergbau zu geben.

Beispiele für alten Goldabbau: *Mount Bradley Mine*, eins der ältesten Bergwerke mit offenen Schächten. Die *Ruby Queen Mine* wurde erst vor wenigen Jahren geschlossen; zurückgelassenes und rostiges Gerät zeugt vom Goldrausch.

Während der Fahrt auf der *Duncan Road* nach Old Halls Creek passieren Sie die/den *China Wall*, eine der vielen „Chinesischen Mauern" Australiens: ein beeindruckendes Quarz-Riff. Beim alten Ort lohnt – der Erfrischung wegen – der *Caroline Pool*, ein fast permanentes Waterhole. Gleiches gilt für die *Sawpit Gorge* (Auskünfte im neuen Info-Centre in Halls Creek).

16 Teer-Kilometer geht´s auf dem *Great Northern* nach Südwesten, dann zweigt der *Tanami Track* nach Süden ab. Man passiert die *Ruby Plains Homestead*. Allmählich endet das Viehzuchtgebiet, die Bäume werden mickriger.

Größtes Highlight der Tanami Road: der gut ausgeschilderte *Wolf(e) Creek Meteorite Crater*, ein National Park. Am 23-km-Abzweig von der T.R. die *Carranya Hstd* (km 16) mit Sprit & Store (Eis!). Ihr Zeltplatz mit Gras und Blumen wirkt wie eine Oase, wenn man aus der Tanami Desert kommt.

Der 7 km nahe *Wolfe Creek*-Krater (150 km ab Halls Creek) ist der zweitgrößte des Globus (nach dem Meteoritenkrater in Arizona): sein Durchmesser liegt bei 900 m. Innen geht er 50 bis 90 m in die Tiefe, außen ist der Spinifex-bewachsene Wall rund 30 m hoch und sehr steil: der Winkel mißt 40 Grad! Man muß sich plastisch vorstellen, welche Kräfte der Himmelskörper beim Einschlag vor vielen tausend Jahren freigesetzt hat...

Am Kraterboden wachsen Bäume in windgeschützter Lage; auch die Wasserversorgung dürfte dort für die Flora etwas günstiger sein als „draußen". Rundgänge auf dem Kraterwall sind möglich, wegen der Hitze am besten frühmorgens.

Die Tanami Road ist bis zur Billiuna Community noch gut gepflegt, befahrbar wie eine Teerstraße. Viehweiden sind hier noch umzäunt. Im meist trockenen Flußtal Gum Trees. Wenn der Sturt Creek Wasser führt, kann die Straße unterbrochen sein.

Die Balgo Community & Mission liegt rund 30 km abseits der heutigen T.R.; sie sollte nach

Foto: VISUM / Rudi Meise

Möglichkeit nicht besucht werden (auf einigen Karten ist die Tanami Road durch Balgo hindurch eingezeichnet).

Nun wird die Straße einsam, verläuft meist schnurgerade und ist stellenweise rauh (mit Schotter) oder sandig. Die Sand-Partien sind nicht schwierig: Ein Geländewagen nimmt sie auch mit Heckantrieb H2. Auch robuste Pkws kommen hier bei geschickter Fahrweise durch. Eine Umgehung entschärft die einzige wirklich kritische Sektion.

Dann die Grenze zwischen Western Australia und dem Northern Territory, wohl einer der abgelegensten „Übergänge“ des Globus (718 km von Alice, ca. 340 km von Halls Creek entfernt).

Ein paar von Gewehrkugeln durchlöcherte Schilder (worauf könnte man hier sonst auch schießen?) – das ist alles. Wer's genau nimmt, kann die Uhren um eineinhalb Stunden vorstellen. Ein happiger Zeitverlust bei der „Fahrt gegen die Sonne". In Gegenrichtung Ost-West müssen die Zeiger entsprechend 90 Minuten zurück.

Einsamer Grenzübergang zwischen Western Australia und Northern Territory: Zeitzonenwechsel, keinerlei Formalitäten.

Der Landschafts-Charakter bleibt weiterhin offen. Brettebene Weite mit wenigen Büschen. Ganz selten mal eine Wüsteneiche. Westlich der *Tanami Gold Mine* ist die T.R. kurviger und wenig gepflegt: Ausgeprägtes Wellblech, tiefe Querrinnen, die sachte angegangen sein wollen. Ein Fahrwerksschaden in dieser Einsamkeit ist nicht gerade das Gelbe vom Ei. Ähnlich gibt sich auch der Track Kurs Nordwest hinauf zur Duncan Road, sprich der ursprüngliche, kaum noch befahrene Tanami Track.

75 km östlich der Grenze (etwa bei km 420 ab Halls Creek, 638 km ab Alice Springs) mündet von Norden die Straße Nr. 9 von Kalkaringi/Wave Hill ein (siehe *Lajamanu Road*).

Kurz drauf die *Tanami*-Goldmine, deren Abraumhalden sich schon zuvor am Horizont abgezeichnet haben. Trotz häufiger *abandoned*-Einträgen in den Landkarten ist dieses Bergwerk mitten im „Nichts" derzeit reaktiviert und voll in Produktion.

Tanami Mine – Rabbit Flat (47 km)

Die Tanami Road passiert die gleichnamige Goldmine, deren Existenz mit dem Auf und Ab des Goldpreises steht und fällt.

Eine der einsamsten Straßen von Australien ist die T.R., aber dank ihrer Funktion als Versorgungsader der Minen und Aboriginal Communities im Westteil wurde sie bestens ausgebaut. Der Unterschied zum früheren *Track* springt ins Auge, wenn Sie die alte Trasse, die oft parallel zur neuen verläuft,

Kalkaringi – Tanami Mine: Lajamanu Road (N.T.)

Die Nebenstraße ist in erstaunlich gutem Zustand. Sie schließt das nördliche Northern Territory mit der Victoria-River-Region und damit den *Big Run* (siehe dort) an die *Tanami Road* an, eine Alternative zum geteerten *Stuart Highway* weiter im Osten. Ein Permit für Durchquerung des Aboriginal Land ist nicht nötig.
Die Schotterstraße beginnt gut ausgeschildert sieben Kilometer östlich von *Kalkaringi.* Dieser kleine Ort (ehemals *Wave Hill*-Police Station) ist Verwaltungszentrale des Daguragu Land Trusts. Tankstelle und spärliche Versorgung.
Die Road überquert die kaum ausgeprägte Wasserscheide zwischen dem Einzugsbereich des Victoria River und der Tanami-Wüste, wo die folgenden Creeks versickern, wenn sie mal Wasser führen. Ein Schild verbietet das Mitführen alkoholischer Getränke im Aboriginal Land.
Lajamanu, früher Hooker Creek, ist ein typischer Ort der Ureinwohner: Ein paar hübsche Bauten mit Blumen und Bäumen davor, eine Landebahn, Baracken, Häuschen, Wassertürme.
Die Straße verläßt Lajamanu auf neuer Brücke über den Hooker Creek, verläuft schnurgerade Kurs West und stößt rechtwinklig auf die alte Straße, die den Hooker Creek nördlich umging (der alte Verlauf ist in nahezu allen Karten noch eingezeichnet).
Fast wellblechfrei, gut trassiert geht's dann auf schierem, grobem Sand und ohne lästigen Staub nach Süden, auf die Winnecke-Bergkette zu. Einige Passagen wurden durch Schotterbelag entschärft. Die „Schlüsselstelle": der Winnecke Creek zu Füßen der Range. Die erste Furt ist felsig und holprig. Hier werden Sie nach Regen möglicherweise warten müssen, bis sich das Wasser verlaufen hat. Kurz drauf Furt Nr. 2: sandig, aber fest. Beide sind bei Trockenheit von hochbeinigen Pkws passierbar.
Die niedrige Bergkette ist schnell überquert und öffnet weites Panorama über das nördlich vorgelagerte Tiefland. Lange Strecken mit niedrigem Busch und Spinifex-Gräsern, dann etwas tiefer liegende Bereiche mit Bäumen. Creek Crossings lassen sich gut nehmen, sind bisweilen gar betoniert. In der Regel ist eine Spitze von 50 bis 80 km/h möglich. Die Straße ist breit und bestens gegradert. Regenwasser wird über Drainage-Kanäle in die sandige Weite abgeleitet.
Bei km 132 ab Lajamanu ein *Cairn* westlich der Straße; der Stein markiert die Grenze zwischen Katherine (im Nordosten) und Alice Springs (Südosten), eine alte Verwaltungsgrenze.
Hier wird die Straße kurzzeitig schlechter. Weiches Gestein ist zu *Bulldust* zerfahren, puderfeiner Staub hängt sich wie eine Schleppe ans Gefährt, dringt durch alle Ritzen ins Auto und kriecht sogar ins Gepäck.
Unbeschilderte Wege führen zur *Supplejack Station* im Westen, eine einsame Ranch, die (noch?) nicht ins Aboriginal Land eingegliedert wurde. In diesem Bereich auch mal Rinder im Busch. Die Straße senkt sich in ein Tiefland, verläuft meist auf einem niedrigen Damm und ist damit nahezu allwettertauglich im Gegensatz zum alten Track, der mehrmals gekreuzt wird. Er ist ins Land eingeschrappt, liegt unterm Niveau der Umgebung und entpuppt sich bei Regen als Wasserkanal.
Nahe der Lajamanu Road einige Mini-Siedlungen der Ureinwohner. Der Verkehr wird dichter und Schilder warnen vor *Dips* (Querrinnen) und vor *Soft Edges* (weiche Straßenränder). Die Tafeln sind Zeichen für eine „echte" Straße; auf Tracks sind solche Hinweise völlig unüblich.
Bei km 230 mündet die Straße Nr. 9 in die Tanami Road.

Wo die Lajamanu Road in den Tanami Track mündet: Die Tanami Gold Mine in unwirtlicher Halbwüste. Das Bergwerk war schon aufgegeben, produzierte jedoch Anfang der 90er Jahre auf Hochtouren.
Rechte Seite: Anders als in der Sahara ist der Outback-Sand meist fest, tragfähig und somit ideal für den Wegebau. Südlich von Lajamanu ist der Track mit 80 km/h befahrbar, hohe Konzentration vorausgesetzt.

mal ein Stück Wegs unter die Räder nehmen. Schwer vorhersehbar sind einige *Washouts*, tiefe Rinnen in Senken. Hin und wieder wird mit *Dip* gewarnt, doch generell müssen vor Creek-Tälern automatisch die Alarmglocken klingeln.

Im Süden der Straße eine flache Bergkette, ansonsten niedriger Busch. Bei km 43 zweigt nach Süden die Zufahrt zur *Tanami Downs* Homestead ab; einst hieß die 53 km entfernte Station *Mongrel Downs.* Die Zufahrt ist eine Sackgasse. Obwohl ein Track nach Westen weiterführt, ist die Fahrt zur Balgo Mission nicht mehr erlaubt.

Kurz drauf geht's gen Norden zum *Rabbit Flat Roadhouse*. Die 2 km kurze Piste ist derzeit sehr rauh. Wäre die gesamte Tanami Road in solchem Zustand, könnte man einen vollen Fahrtag zusätzlich ansetzen.

Da das Roadhouse sehr isoliert liegt, sind die Treibstoffpreise entsprechend hoch, etwa doppelt so hoch wie an der Südküste. Der Store ist gut sortiert, doch wie die Tankstelle nur Freitag bis Montag inclusive geöffnet; an den übrigen Tagen müssen Sprit & Proviant nahezu für die gesamte Tanami Road reichen! Angeschlossen ist ein Motel; Campieren ist möglich, wenn man des Bushcamps überdrüssig wurde. Die Roadhouse-Besitzer sind überaus freundlich – en passant erfahren Sie viel über die Region.

Tanami Road: ein Band durch „grüne Wüste“. Bäume und damit Schatten machen sich rar. – Busch-Camps sind ein unvergeßliches Erlebnis.

Eiskaltes Bier gibt's am Tresen, aber auch Blockeis, so daß die Kühlung des *Eski*, der Ice-Box, bis Alice Springs gesichert ist. Den Oasencharakter von Rabbit Flat sollten Sie ebenso auskosten wie die gratis-Duschen, denn bis Alice Springs (und das liegt noch knapp 600 km entfernt) kommt sowas nicht wieder...

Spiel mir das Lied vom Schrott: Rabbit Flat – Alice Springs

Das sandige Tanami-Tafelland schmückt sich westlich des Rabbit Flat Roadhouse mit gewaltigen Termitenbauten. Sie sind etwa drei Meter hoch und wirken wie große Lehmklumpen. Wo die Umwandung beschädigt wurde, ist die Zellenstruktur des Termitenstaats erkennbar. An einigen Stellen stehen um die Türme kleinere Bauten wie Termiten-„Kindergärten“.

Die Wüste ist weiterhin flach, es gibt nach wie vor keine Dünen. Die Landschaft wirkt ein wenig monoton, ist aber typisch für australische Weite. Der grandiose Eindruck wird noch gesteigert von der Spitze des *Rock Survey* bei km 40 ab Rabbit Flat (555 km von Alice). Ein Track führt hinauf zum Vermessungspunkt. 7 km östlich die Abraumhalden der *Granites* Goldmine, die wie Tanami derzeit aktiv ist.

Etwa 8 km weiter die Ruinen von *The Granites* auf niedriger Felsrippe nahe der Tanami

Rd. Rund um die Windpumpe Reste eines alten Bergwerks. Das Terrain mit seinen offenen Schächten ist übersät mit Schrott, Motoren und Maschinenteilen aus alter, gar nicht mal lange zurückliegender Zeit. Ein Freilichtmuseum! Die Windmill spielt über der Nostalgie-geladenen Szene ihre melancholisch-monotone Begleitmusik.

Während Sie *The Granites* frei durchstreifen können, ist der Zugang zu den nahen „Teufelskugeln" wegen ihrer Bedeutung für die Ureinwohner gesperrt. Das Blockmeer ähnelt den berühmten *Devil Marbles* am Stuart Highway und wurde durch die Erosion von Wind und Wasser geformt.

Der Straßenzustand wechselt von erstklassig bis rauh – die Qualität hängt immer davon ab, wann die Caterpillar-*Grader* zum letzten Mal drübergegangen sind.

Regen schädigt den Belag – andererseits blüht die Wüste förmlich auf. Die vielen Mulga-Büsche, sonst meist olivgrün bis vertrocknet-grau, wirken danach saftig, Wildblumenteppiche machen sich breit, Morcheln stoßen durch die Sandkruste. Große Sittich-Schwärme flattern bunt schillernd übers Land, ändern wie auf Kommando Flug-Lage und Richtung. Wer die flinken Vögel mal in Natura erlebt hat, wird wohl nie einen im Käfig halten können.

35 km südwestlich von *The Granites* zweigt nach Westen eine weitere Zufahrt zu *Tanami Downs* ab, bei km 70 lockt eine *Refrigerator Bore* links der Straße. Doch Fehlanzeige in puncto Kühlung: Die Windpumpe ist defekt, das Bassin leer. Gleiches gilt oft für *Water Tanks* am Straßenrand. Einige Passanten scheinen Spaß dran zu finden, die Hähne geöffnet zu lassen, das Wasser rinnt in den Sand. Wenn's mal Wasser gibt, ist es hygienisch nicht unbedingt einwandfrei und sollte abgekocht oder entkeimt werden.

Es folgt die kurze Zufahrt zum *Chilla Well* (130 km südöstlich von *The Granites,* 418 km von Alice entfernt). Dann tauchen im Südosten Berge auf. Das weite, durch viele Büsche grüne Sandmeer endet allmählich.

Ein erstes *Grid* zeigt an, daß nun wieder Viehzuchtland erreicht ist. Besser gesagt: ehemaliges Ranchland, denn die erste Station *Mount Doreen* existiert nicht mehr. Der unbeschilderte Abzweig (73 km östlich von Chilla Well) führt nach etwa einem Kilometer zu Ruinen mit Wellblechhallen.

Auch hier jede Menge angerostetes Gerät, Oldtime-Lastwagen, undefinierbare Maschinen mit urigen Holz-Fahrgestellen und Ketten-Antrieb. Welche Geschichten vermag Alteisen doch zu erzählen! Vieles hat den Anschein, als würden ein paar Tropfen Öl genügen, die Fahrzeuge wieder betreiben zu können: Arides Klima verzögert den Korrosionsprozeß.

Wind und Wasser formten Felsrippen zu skurrilen Gebilden (hier die „Devil Marbles“ am Stuart Highway).

An der Tanami Road nun zunehmend höhere Mulga-Büsche. Die „Kugeln“ erreichen eine Höhe von vier Metern und nehmen damit die Aussicht. Totaler Kontrast zur scheinbar grenzenlosen Weite drüben im Westen.

Ab Yuendumu verbreitert sich die rote Road auf drei Spuren, wirkt wie ein überdimensionaler Airstrip im Mulga-Wald. Nahe der Straße mehrere Bores, doch die Anlagen sind im Aboriginal Land meist defekt, ebenso die Weidezäune.

Bergige Abschnitte wechseln mit flachem Land. Besonders markant ist der Paß durch die schräg aufgefaltete *Above Range*: Sie steigt von Norden nach Süden im halbierten rechten Winkel an, fällt dann fast lotrecht ab, als hätten Riesen hier mit Felsplatten gespielt. Diese Bergform ist rund um Alice häufig zu finden.

Die Furt durch den Napperby Creek, nur noch 186 km von Alice entfernt, haben die Straßenbauer inzwischen betoniert. Im sandigen Flußbett große Gum Trees. Ein Kilome-

Wurden Minen oder Ranches aufgegeben, blieb Schrott zurück. Dank ariden Klimas nur leicht angerostete Mischung zwischen Umweltverschmutzung und Freilichtmuseum (The Granites).

ter weiter eine Rest Area – auch hier fanden wir nur entleerte Wassertanks. Die Versorgung ist also völlig unsicher, es muß genügend Wasser an Bord sein!

Die Tanami Road zeigt sich noch einmal von ihrer rauhen Seite, mit sehr hohem Wellblech, das man jedoch nicht spürt, wenn's mit 70 oder 80 km/h quasi „überflogen" wird. Allerdings erfordert diese körper- und nervenschonende Fahrweise höchste Konzentration am Steuer. Straßenarbeiten zeigen an, daß mit dem Ausbau der T.R. in den kommenden Jahren zu rechnen ist.

138 km vor Alice beginnt dann das schmale Teerband – eine Erholung. Man passiert den Mount Hay (1252 m). Vor dem Berg ein Salzsee, eine weite, vergetationslose Fläche. Danach Weideland der Stations *Milton Park* und *Hamilton Downs*.

Nun wird der Wendekreis des Steinbocks überschritten, der leider – anders als am nicht mehr weiten Stuart Highway – nicht markiert ist. Hier beginnen die Tropen, hier steht die Sonne am 21. Dezember mittags exakt im Zenit und wandert dann wieder über den Äquator nach Norden, bis sie im Juni den nördlichen Wendekreis erreicht.

In der nun folgenden subtropischen Zone (die sich, wie könnte es anders sein, nicht vom zuvor durchfahrenen Tropen-Land unterscheidet) noch einige Windräder. Dann mündet die Tanami Road in den breiten Stuart Highway.

Nur noch 20 km bis Alice Springs, dieser bezaubernden, künstlichen Oasenstadt zu Füßen der *Macdonnell Range* und am Ufer des Todd River. Nach Tagen im Outback wirkt der Ort fast wie eine quirlige Großstadt, obwohl alles eigentlich recht gemächlich zugeht und die Oase mit ihren 25.000 Einwohnern eher eine Kleinstadt ist. Ein Außenposten der Zivilisation im Outback – es mangelt an nichts!

Von den vielen Sehenswürdigkeiten der Stadt bieten sich vor allem zwei an zur Reise

Outback-Oase Alice Springs, fast im Herzen des Kontinents. Hier gibt's alles, was das Herz begehrt – und rundum viel zu erleben. Im Hintergrund die Heavitree-Gap mit dem Todd River.

Unten der Lookout "Anzac Hill"

in die Vergangenheit. Ein ganz starkes Erlebnis ist der Besuch der *Old Telegraph Station*, 3 km nördlich am Stuart Highway. Hier wird nicht nur die Entwicklung von Alice Springs und deren Region lebendig, sondern auch die Bedeutung der ersten *Overland Telegraph Line* von Adelaide nach Darwin (ab 1870). Die Station als Keimzelle der Stadt ist sehr liebevoll restauriert und lohnt einen längeren Besuch.

Die *Ghan*-Bahnlinie erreichte Alice Springs anno 1929 (siehe *Oodnadatta Track*). Nach Fertigstellung der neuen Strecke, die bei Tarcoola/S.A. die Transaustralische Linie erreicht, wurde die alte Trasse ab 1981 aufgegeben. Inzwischen hat die *Ghan Preservation Society* Teile der Old Ghan-Gleisanlagen sowie rollendes Material restauriert. Im Süden von Alice können beim *MacDonnell Siding* hergerichtete Lokomotiven und Zug-Garnituren besichtigt werden – Atmosphäre der Alten Zeit.

Mittwochs, donnerstags, freitags und sonntags steht die Lok für Ausflugsfahrten unter Dampf (Buchung beim N.T. Tourist Bureau, Tel. 52 1299).

„The Alice" liegt fast im Zentrum des Kontinents. Das physikalische Zentrum des Kontinents liegt südlich von Alice, nahe der Finke-Station am gleichnamigen Fluß. Als *Geographical Centre of Australia* wird der *Central Mount Stuart* angesehen, ein 849 m hoher Berg westlich des Stuart Highway, etwa 215 km nördlich von Alice. Der Berg ist nicht zugänglich und ohnehin recht unscheinbar.

Nicht viel höher, aber markanter und bekannter ist da der *Ayers Rock,* das Wahrzeichen des Roten Zentrums und ganz Australiens (siehe *Gunbarrel Highway*). Die 450 km zum Ayers Rock/Uluru sind für australische Verhältnisse nur ein Klacks...

ROSS RIVER (leicht) & RUBY GORGE (schwieriger)
Allrad-Touren rund um Alice

Östlich und westlich von Alice Springs gibt`s jede Menge Sehenswürdigkeiten; die meisten *Gorges* und *Gaps* in der Macdonnell Range sind auf guten Straßen leicht erreichbar, siehe z.B. im Vistapoint-Reiseführer *Australien* S. 120 ff.

Drei Touren stellen höhere Ansprüche ans Gefährt und an den Fahrer. Kostprobe für 4WD-Anfänger: die kurze und relativ harmlose Fahrt durchs Tal des *ROSS RIVER* östlich von Alice.

Sie verlassen die Stadt auf geteerter *Ross River Road.* Nach 30 km eine Gabelung; wählen Sie den rechten, südlichen Ast. Die gute Schotterstraße führt in geringer Entfernung zum Todd River nach Osten und entfernt sich dabei zusehends von der Macdonnell-Kette.

Nach 65 km ist die Furt durch den Ross River erreicht: Auf dem Ostufer führt die anfangs völlig problemlose Piste parallel zum Gum-Tree-bestandenen Flußbett nach Norden. Später sind einige sandige Furten und Wasserlöcher zu bewältigen. Die Landschaft ist besonders im nördlichen, bergigen Bereich großartig.

Ein Abstecher führt in die *N'Dahla Gorge* mit spärlichen Felsgravuren der Aboriginals. Beim *Ross River Camp* stoßen Sie wieder auf die Ross River Road, die anfangs bestens geschottert, später geteert zurückführt nach Alice Springs. Nördlich der Straße liegen die *Trephina Gorge* (per pedes zugänglich) und der *Corroboree Rock*, eine heilige Stätte der Aboriginals.

Sehr viel schwieriger ist die Piste zur *RUBY GORGE.* Dazu wird zunächst Arltunga mit seinem historischen Goldfeld angesteuert (40 km ab Ross River Road). Infos und eine *Mud Map* (Handskizze) im Pub; hier unbedingt nach aktueller Befahrbarkeit des Ruby Gorge Tracks erkundigen!

Die Piste führt 23 km nach Osten. Die ersten 12 km sind o.k., dann wird's mühsamer auf etwa 6 km bis zur Ruby Gap. Die letzten 8 km bis zum Finale bei Glen Annie sind sehr, sehr hart (Fahrzeit bis drei Stunden!).

Nicht bei hohem Wasserstand in die Schlucht fahren: Die Spuren verlaufen neben dem Hale River und kreuzen ihn oft. Sand- und Schlamm-Passagen schaffen Sie am besten mit Untersetzung L4 und zweitem Gang.

Gegen Ende ein kleines Plateau überm Fluß mit alten Camp-Stellen.

Ruby Gorge ist wunderschön, nicht so steilwandig wie der Kings Canyon, aber sehr farbig und unberührt. Es sind herrliche Wanderungen möglich.

Die ersten Prospektoren glaubten, hier Rubine finden zu können, daher der „falsche" Name. Ähnlicher Irrtum bei *Marble Bar* in Western Australia: Dort hielt man bunten Jaspis-Halbedelstein für Marmor.

Die Straße via Arltunga und weiter neben dem Hale River bietet sich an als Alternative, wenn man ohne Rückkehr nach Alice den nördlichen Teil des Stuart Highway ansteuern will. Ein starkes Stück Urlandschaft!

Folgende Seite: Bizarr aufgefaltete Berge neben dem sandigen Flußbett des Ross River östlich von Alice Springs.

Von Schlucht zu Schlucht: Finke Gorge (nur 4WD)

Name: Nach dem *Finke River,* dem längsten Fluß des Inland. Er liegt meist trocken darnieder, führt nur nach heftigen Regenfällen Wasser. Flutschäden verändern die Pistenführung, so daß exakte Roadlogs nicht möglich sind.
Der Finke „entspringt" in der *Macdonnell Range.* Seine grandiose Schlucht bildet den Kern des *Finke Gorge National Park.*
Der 4WD-Track folgt dem meist sandigen Flußbett auf den ersten 58 Kilometern.
Jenseits des Parks schwenkt der Finke River auf Südost, quert den Stuart Highway bei Henbury (nahe eines Meteoritenkraters). Bevor er an der Grenze zwischen N.T. und S.A. im schwer zugänglichen *Witjira* National Park versickert, liegen noch die *Finke Station* und Reste der ersten *Ghan*-Bahnlinie an seinen halbwüstenhaften Ufern.
Länge: Obwohl die Piste von HERMANNSBURG/PALM VALLEY bis zur Einmündung in die Schotterstraße nach WALLARA bzw. zum Kings Canyon nur 100 km mißt, sollte man dafür einen bis anderthalb Tage ansetzen. Wird die Natur ausgekostet, dürfen's auch drei Tage sein – gleiches gilt, wenn der Track-Zustand schlecht und mit mehrmaligem *Bogging* zu rechnen ist.
Bei Befahrung der Schlucht in Richtung des Fluß-Gefälles, also von Nord nach Süd, gestaltet sich die (Tor)Tour etwas einfacher als umgekehrt.
Schlüsselstellen sind Weichsandfelder *(sandy patches)* im nördlichen Bereich, Sumpfzonen bei Boggy Hole, der *Palmer* River im Süden, mehrere Furten.
Verkehr: sehr unterschiedlich. Mal ein halbes Dutzend Autos pro Tag, dann u.U. tagelang Fehlanzeige.
Karten: Die Kartenskizze reicht. Ggf. in Alice Topographische Karte (*Pastoral Map*) der Region besorgen.
Die Orientierung in der Gorge wurde 1990 durch neue Schilder unproblematisch. An der Abfahrt beim Palm Valley und bei Wallara im Süden kein Hinweis, um Touristen nicht unnötig ins Abenteuer zu locken. Gute Info an der Ranger-Station Palm Valley.
Versorgung: Alice Springs. Wallara Ranch geschlossen.

Stürzen wir uns mal rein in die Finke Gorge! Ausgangspunkt ist *Palm Valley*, das herrliche Tal mit seinen Livistona-Palmen, die am relativ wassergesegneten Fuß roter Felsen erfolgreich dem Trockenklima trotzen. 20 km südlich der jüngst restaurierten Hermannsburg Mission, die wiederum auf dem 125 km langen *Larapinta Drive* von Alice aus leicht erreichbar ist. Die Zufahrt zum Palm Valley selbst stellt Geländewagen nicht auf die Probe, der schwierigste Sand-Abschnitt ist nur etwa einen Kilometer lang.
Die Piste beginnt 2,5 km östlich des Palm Valley Campgrounds und kurvt sehr schwierig nach Südosten durch die mäanderartige *Glen of Palms,* eine steilwandige, 20 km lange Schlucht. Tal & Fahrspuren mäandrieren dermaßen von Nord nach Süd und umgekehrt, daß die Sonne an immer wieder anderen, völlig unerwarteten Punkten über die Felsen lugt. Die Fahrt fordert volle Konzentration und macht's nahezu unmöglich, die jeweilige Richtung ins Gedächtnis zu speichern.
Überschwemmungen Ende der 80er-Jahre haben die schon zuvor schwierige *Glen of Palms*-Piste unpassierbar gemacht, so daß derzeit nur der Einstieg von Nordosten durch den *Ellery Creek* möglich ist; er wird auf dem Larapinta Drive östlich von Hermannsburg

Die *Glen of Palms* wurde definitiv geschlossen. Neue Zufahrt via Ellery Creek.

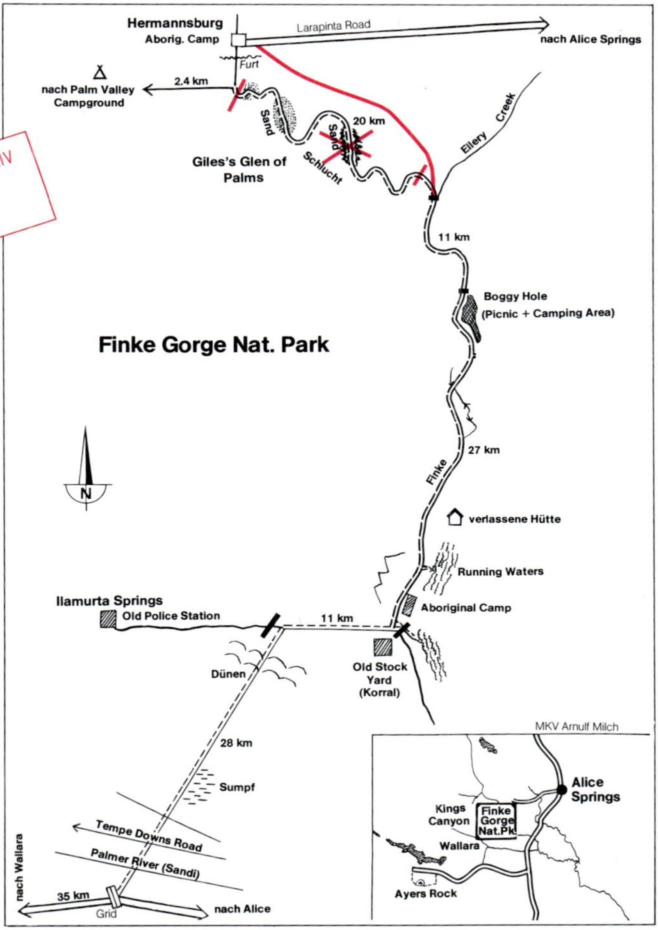

„Nur noch für Geländewagen“: Beginn der Finke Gorge südlich von Hermannsburg. Die Piste durch die herrliche „Glen of Palms“ ist zeitweise unbefahrbar; Alternativroute längs des Ellery Creek.

gekreuzt. Über die aktuelle Befahrbarkeit der *Glen of Palms* informiert man sich in Alice Springs oder bei Rangern am Palm Valley-Campground; durchaus möglich, daß der Track in späteren Jahren wieder befahrbar sein wird.

Kies und Sand wechseln permanent, der Geländewagen schaukelt sich manchmal auf wie ein Kamel im Paßgang. Leuchtende Eukalypten vor roten Felswänden. Dicke Gesteinsbrocken „überfahren“ wir lieber, als sie zwischen die Räder zu nehmen.

Drei *sandy patches* haben wir im zweiten Gang plus Untersetzung L4 gepackt – aber erst als der Reifendruck reduziert wurde.

Die danach größere Auflagebreite verbessert die Traktion und entschärft die Zitterpartie. Mit 5 km/h geht's zügig durch den Weichsand weiter, der Tourenzähler wird wichtiger als der Tachometer. Kein Wunder, daß fast drei Stunden vergehen, bis endlich das Schild *Ellery Creek* auftaucht. Einst der einzige Wegweiser an der Piste; heute ist die Orientierung simpler.

Bis über zwei Meter Höhe hat sich angeschwemmtes Treibgut an den Eukalypten verfangen. Enorme Wasserwucht verändert die Natur und damit auch das Spurenbündel der Piste fast alljährlich. Hier kommt nie ein Caterpillar durch; der Track bildet sich allein durch die benutzenden Geländewagen.

Sandiges Flußbett, festes Hochufer, Wiesen, Steine und wieder Sand – Minute für Minute ist Abwechslung geboten. Sie haben schnell im Griff, welche Pistenteile zügig, welche verhalten-langsam zu nehmen sind.

Zehn Kilometer südlich der Ellery Creek-Einmündung taucht das *Boggy Hole Billabong* auf, ein Flußabschnitt, an dem nach Regen ein kleiner See zurückbleibt. Willkommene Badegelegenheit, Picnic-Area und ideales Camp. Nachts kommen bisweilen fischefangende Dingos.

Fotos an einer Info-Tafel demonstrieren, wie sich die Region nach Flutwellen Ende der 80er-Jahre verändert hat. Bäume wurden zuhauf entwurzelt und fortgerissen! Dazu gibt's Erläuterungen zu Flora & Fauna sowie Anregungen zu Wanderungen.

4Wheeler suchen sich nun nach Süden die beste Spur, heute hier, morgen dort.

Nach 18 km ist eine verlassene Aboriginal-Siedlung erreicht. Deren Name *Running Waters* entspricht dem Ureinwohner-Wort *Larapinta*, der Bezeichnung für den Finke River und für die Zufahrtsstraße zur Hermannsburg-Mission.

Etwa bei km 25 (je nach erforderlichen Umwegen) ist ein alter *Stock Yard* erreicht; hier verläßt die Finke-Piste den Fluß und nimmt Westkurs, bis km 11, wo es geradeaus zur

Enge Schluchten in den westlichen MacDonnells. Palm Valley: Wasser am Fuß der Felsen läßt die Königin der Bäume sprießen. Leuchtende Farben auf dem Palm Valley-Campground.

Nach anstrengender Tagesetappe in einsamer Natur den Abend genießen: welches Hotel könnte angenehmeres Ambiente bieten?

Wenn's Probleme gibt, zerrt man sich gegenseitig frei, in der Finke Gorge wie auch anderswo.
Unten: Das große Billabong „Boggy Hole“.

Distanzen ab Kings Canyon: Nach Alice Springs (via Ernest Giles Road und Stuart Highway) rund 340 km.
Zum Lasseter Highway via Liddle Hills-Schotterstraße 170 km; danach auf Teer 150 km zum Ayers Rock/Uluru.
Abenteuer-Tour: Wer nach der Finke Gorge von harten Pisten noch nicht genug hat, könnte vom Kings Canyon gen Norden nach Mereenie und von dort nach Hermannsburg zurückfahren.
Alternative: auf der o.a. Piste nach Tempe Downs und dann via Areyonga nach Âlice Springs. Über die Befahrbarkeit der Routen müssen Sie sich zuvor in Alice Springs erkundigen. Da beide durch Aboriginal Land führen, ist für den Transit ein Permit notwendig!

alten Polizeistation *Illamurta Springs* geht. Der Posten ist heute nicht mehr besetzt, schlichtete in früheren Zeiten Streitigkeiten im Viehzuchtgebiet.

Am Illamurta-Abzweig Richtungswechsel auf Südwest. Seit *Running Waters* ist der anstrengende Teil der Piste vorbei, sogar der Allradantrieb kann zeitweise ausgeschaltet werden.

Wir kreuzen nun mehrere Dünen, besser gesagt Sand-Riegel, die sich in West-Ost-Richtung auf dem Wüsteneichen- & Spinifex-Land breit machen. Mit richtigem Schwung sind die roten Dünenrippen leicht zu nehmen. Solche *Sand Ridges* prägen die Simpson Desert zwischen Alice und Birdsville, doch sind die Dünen dort drüben um einiges höher.

Vor wenigen Jahren noch gab's in dieser Region mehrere Zäune und Weidetore; ihr Verschwinden deutet an, daß es hier mit der Viehzucht abwärts geht. Ein Salzsee (22 km ab der Illamurta-Gabelung) kann nach Regen Probleme machen und muß weiträumig umfahren werden.

Nach dem Abzweig zur *Tempe Downs Homestead* folgt die etwa ein Kilometer lange Querung des sandigen Palmer River, eine letzte 4WD-Prüfung. Die Passage ist voller Äste, Anfahrhilfen von Festgefahrenen (diese „Barrikaden" umgehen oder wegräumen). Kurz drauf Einmündung in die gute Gravel Road zur Wallara Ranch; nach Osten führt diese *Ernest Giles Road* zum Stuart.

Wallara war einst nach rauher Tour eine angenehme Station auf dem Weg zum *Kings Canyon*, mit Store, Pub & Pool. Leider wurde sie 1990 geschlossen.

Die zum *Kings Canyon* in der *George Gill Range weiterführende Straße* ist Pkw-tauglich ausgebaut (letzter Teil geteert). An der Zufahrt neue Touristen-Einrichtungen mit Campingplatz; ein weiterer Campground am Ausgang des Kings Canyon.

Beste Zeit am Canyon ist der frühe Morgen; später fließt der Schweiß in Strömen beim steilen Aufstieg in die westliche Canyonflanke; nur mit dieser technisch unschwierigen, doch anstrengenden Bergtour lohnt der Besuch. Ideales Licht: am Abend, wenn die Felswände von untergehender Sonne beleuchtet werden.

Die Schlucht wurde im Lauf von Jahrtausenden durch Wasserkraft aus dem hartem Sandstein herausgeschnitten. Im Tal der *Creek Walk* durch einen Wald aus River Gums zu einem Lookout (1,5 km). Hier können sich, wie im Palm Valley, viele Pflanzen auf „biologischer Insel" selbst beim heutigen ariden Klima behaupten.

Der markierte *Canyon Walk* auf der Höhe nimmt Sie einen halben oder besser ganzen Tag lang gefangen. Er führt teilweise dicht an schroffen, rund 200 m hohen Steilwänden entlang, mit grandiosen Panoramen auf die Südwand des Canyon. Die Kuppeln der *Lost World* auf dem Plateau ähneln entfernt den Domen von *Bungle Bungle* (s. dort).

Wie zur Belohnung wartet am Ende des Wegs ein Garten Eden mit mehreren Pools, die aber heute teilweise nicht mehr zugänglich sind. Eine neue Brücke beim Wasserfall führt zum Lookout.

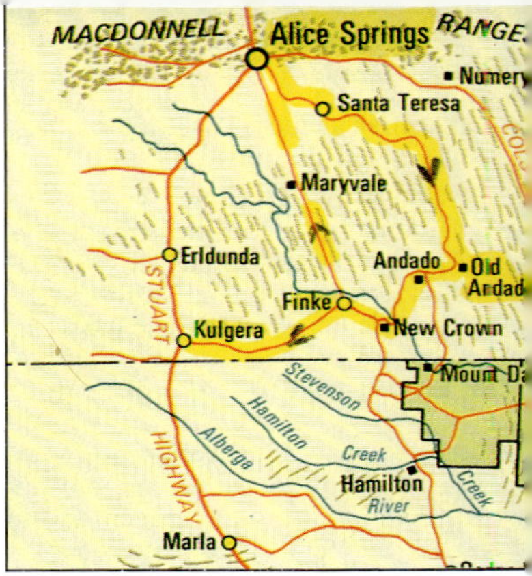

Quer zum Wind querwüstein Simpson Desert Loop (N.T., 810 km)

Zu den echten Wüsten-Schmankerln zählt diese Rundtour, die abgeschliffene, erodierte Berg-Ranges südöstlich von ALICE SPRINGS mit den Dünen der Simpson Desert verbindet.
Länge: 810 km, in Kombination mit dem *Chambers Pillar* 900 km. Fahrdauer: 3 Tage, eher mehr....
Funktion: Versorgungsroute einiger Stations. Eigentlich besteht der Loop aus zwei Routen: im Osten der *Old Andado Track*, von New Crown verlängert nach Mt. Dare in S.A.. Im Westen die Piste längs der *Old Ghan*-Bahn via Finke und Maryvale nach Alice. Vom Versorgungszentrum MT. DARE aus läßt sich der *Simpson Desert Loop* mit dem *Oodnadatta Track* oder mit einer sehr schwierigen Wüstenpiste hinüber nach Birdsville verbinden.
Zustand: Wüsten-Track, mäßig schwierig bis schwierig. Nur für Geländewagen.
Versorgung: Alice Springs, Mt. Dare Station (14 km südlich der Grenze zu South Australia), Treibstoff auch in New Crown. Gefüllte Reservekanister ebenso wie reichlich Wasser mitführen.
Karten: Übliche Straßenkarten des Northern Territory reichen nicht aus. Im Alice-Tourist-Office nach dem Routenzustand und nach aktuellsten Karten fragen. Derzeit beste: *Escorted Outback Tours, „Alice/Finke/Andado“*

Dünen-Riegel: Mit dem richtigen Schwung auch ohne Untersetzung L4 zu meistern.

In der Nähe des Alice-Springs-Flughafens zweigt der Track nach Osten ab Richtung Santa Teresa, einer Aboriginal Community (90 km). Die Gravel Road ist in gutem Zustand; nach Regen Auswaschungen.

600 m vor Santa Teresa finden Sie den Wegweiser nach *Allambi*, wo der Track schlechter wird. 160 km unbewohnten Landes: erst nach Südosten zu den Felswänden der Train Hills, dann zur Rodinga Range und schließlich wieder nach Osten. Die Rodinga-Berge schirmen das Weideland wie ein Wall ab vom Sand der Simpson Desert.

Schließlich raus aus dem Windschatten der Range: Nun beginnen sie, die „Wogen" des Sandmeers. Langsamer „Seegang": Nur im Lauf von Jahrtausenden wandern Vegetations-stabilisierte Dünenketten weiter.

Die abgelegene, am weitesten in die Wüste vorgeschobene *Old Andado*-Station ist typisch fürs Outback des N.T. Die reaktivierte Homestead aus Busch-Holz und Wellblech liegt in einem Tal zwischen Sanddünen. Hier läßt sich bei Molly Clarc viel über Geschichte sowie Eigenheiten des Outback erfahren – und auch über den Pistenzustand nach Mt. Dare, Unterkunft und Camping.

Der Track führt weiter in Südwestrichtung, zunächst nach *New Andado*, vorbei an Brunnen und Wasserstellen, die diese Region für die Weidewirtschaft erschlossen haben. Dann laut N.T.-Info direkt nach Mt. Dare in South Australia (89 km von New Andado); Auskunft bei Molly Clark. Meist wird jedoch die ordentliche Beef Road über *New Crown* (85 km) benutzt, wo es auch Treibstoff gibt. Wen es nicht hinabzieht zum *Witjira National Park*, der kann die Wüstenschleife hier via Finke nach Alice Springs fortsetzen (s.u.).

Der Finke River wird bei New Crown gekreuzt:. Der Fluß ist breit, zwar sandig, aber fast immer trockene „tote Hose" und recht

Finke River vom Flugzeug aus: Meist nur 'ne „tote Hose" ohne Wasser. An einer Fluß-Schlinge eine Ranch.

problemlos zu queren. Die Route ist nun qualitativ mäßig, aber sehr gut beschildert von Adam Plate (Pink Roadhouse in Oodnadatta).

Es folgt nach etwa 30 km die Grenze zu South Australia; die Piste nach Mt. Dare zweigt jedoch nördlich davon (bei Charlotte Waters s.u.) nach Osten ab. Richtung Süden geht`s weiter zu den Old-Ghan-Ruinen von Abminga, dann nach Südosten zu den Dalhousie Springs.

Für den interessanten *Witjira National Park* ist ein *S.A.-Desert Parks Pass* notwendig (bei Rangern oder besser bereits bei der N.T. Tourist-Info in Alice zu besorgen).

Mt. Dare bietet gute Versorgungsmöglichkeiten. Wer sich schon bis hierher vorgearbeitet hat, sollte auch die Dalhousie Springs ansteuern (siehe *Simpson Desert S.A.*).

Weitere lohnende Variante abseits der ausgetretenen Pfade: Auf geschichtsträchtigem Weg hinab zum Oodnadatta Track, teilweise auf den Spuren der alten aufgelassenen *Ghan*-Bahnlinie.

Mt. Dare – Chambers Pillar – Alice Springs

Von der Station geht's wieder über die N.T.-Grenze. *Charlotte Waters* besteht aus spärlichen Ruinen einer alten Telegraphenstation der 3000 km langen *Overland Telegraph Line*. Da die Morse-Impulse einst nur 200 bis 300 km weit übertragen werden konnten, mußten in regelmäßigen Abständen *Repeater* Stations errichtet werden. Lebendige Anschauung vom Leben rund um den Draht zur Welt: in der *Old Telegraph Station* am Nordrand von Alice Springs.

73 km nordwestlich von Mt. Dare die Station *New Crown* am Finke River. Die Straße durch das karge, meist ebene Weideland ist gut. Sie erreicht nach 30 km die Aboriginal Community *Finke*, einst wichtiger Haltepunkt der alten Bahnlinie.

Der 4WD-Track nimmt nun Nordkurs, folgt der aufgelassenen Bahntrasse durch die trockenen und gefährlichen *Depot Sandhills*, passiert dabei verlassene Rail Sidings, durch die noch ein Hauch Australien-Geschichte weht. *Siding* bedeutet Rangiergleis, steht aber auch für die Behausungen der Bahnangestellten an solchen verkehrsstrategisch wichtigen Punkten.

Exkurs Chambers Pillar

Nun Kurs Nord zur *Maryvale*-Homestead. Ein interessanter Abstecher führt nach Westen und später nach Süden zu *Chambers Pillar*. Dazu sind einige Sanddünen zu überklettern, die ein Geländewagen auch ohne L4-Untersetzung locker nimmt.

5 km westlich von Maryvale der Hugh River. Ganz einfach ist die Passage unter den großen Gum-Trees nicht, wie Bergungs-Löcher von festgefahrenen Autos zeigen. Noch ein rotsandiger Creek vor einer Berg-Rippe im Süden, dann geht's leicht weiter auf festem Terrain. Bei Pisten-km 17 ist der „Pfeiler" sogar ausgeschildert: noch 27 km.

Relativ steil nimmt der Track die Höhe im Süden, mit weitem Ausblick nach Norden Richtung Alice. Im Süden läßt sich, am besten mit dem Fernglas, der *Pillar* schon ausmachen, weiter rechts das rote Band der Piste über die *Sand Ridges*. Schwarzrindige *Desert Oaks* mit ihren grünen „Schachtelhalm"-Nadeln sorgen inmitten der Sandwüste für freundliche Atmosphäre.

In *Chambers Pillar Historical Reserve* darf nur auf den ausgeschilderten Campgrounds gecampt werden. Wege nicht verlassen, um Erosionsschäden zu verhindern. Selbst Feuerholz muß außerhalb gesammelt werden. Nach Regen blühten hier die Wildblumen wie ein bunter Teppich, umgeben von pieksenden Spinifex-„Akzenten".

Der etwa 50 m hohe *Pillar* wirkt von weitem wie eine verwitterte antike Säule. Auf einem Kletterpfad können Sie um die Pfeilerbasis wandern und die in weichen Sandstein geritzten Namen bewundern und – vielleicht – identifizieren.

Stuart kam auf seinen Expeditionen an dieser Landmarke vorbei, später John Ross, der die berühmte *Overland Telegraph Line* vorbereiten sollte. Andere wie Ernest Giles folgten und campten ebenfalls hier – der Tourist kann sich in bester Gesellschaft fühlen an geschichtsträchtigem Ort.

Chambers Pillar: Fels-Säule, bedeutend für Aboriginal-Mythologie und weiße Erforschungsgeschichte.

Schon Jahrhunderte, vermutlich Jahrtausende zuvor war die Säule für die Ureinwohner von Bedeutung und fand Eingang in die Aboriginal-Mythologie. Wie der *Castle Rock* im Osten wurde auch der Pfeiler von den Ureinwohnern personifiziert.

Die Rückfahrt von Maryvale nach Alice zeigt sich problemlos. Der Track ist mäßig gut. Bisweilen wird die alte Ghan-Trasse gekreuzt. Daneben immer wieder Reste der alten Telefonleitung, durch drahtlose Mikrowellen-Übertragung ersetzt. Mit Phantasie kann man in die eisernen Telefonmasten die *Old Telegraph Line* hineindeuten: nur ein Draht an einem einzigen Isolator! Lange Leitung in wüster Weite....

Der Track berührt Rail Sidings wie *Rodinga* mit silbrig glänzenden Baracken, den Brunnen von *Deep Well* und weiter nördlich die *Ewaninga Rock Carvings* samt liebevoll gemachtem Kultur & Natur-Lehrpfad.

153 km nördlich von Maryvale haben Sie Alice wieder erreicht – um eine super-starke Outback-Erfahrung reicher...

Hart am Outback-Rand:
Cape Tribulation – Lakefield National Park (Qld)

Auf dieser Route wird das erschlossene Küstengebiet Nord-Queenslands verlassen. Der *Captain Cook Highway* führt gut geteert von CAIRNS nach Norden, erreicht Mossman (75 km) mit Queenslands nördlichster Rohrzucker-Zone und nach weiteren 25 km die Fähre über den Daintree River.

Übersetzzeiten: Samstag bis Donnerstag von 6 bis 18 Uhr, freitags bis 19 Uhr und zusätzlich von 23 Uhr bis Mitternacht.

Eine Alternative zur Küstenpiste: der C.R.E.B. Track, eine Kraftwerks-Privatstraße, die von Daintree über die Berge hinaufführt zum Bloomfield River. Viel Lkw-Verkehr, Fahrdauer sieben bis neun Stunden.

Karten gibt's an der Fähre, in Shops, ferner am *Blockade Site*; im Prinzip reicht die gute Karte des Automobilclubs RACQ.

Der Track längs der Küste durchquert die empfindliche Urlandschaft des *Daintree National Park*: „Wo das Riff den Regenwald berührt". Wer sensibel ist für Umweltprobleme, verzichtet auf die Befahrung.

Ab dem *Blockade Site* (2 km nördlich des Cape Tribulation) soll die Straße enden und zum Wanderpfad werden. Besonders nördlich des Cape Tribulation (km 38 ab Daintree River Ferry) wird die Straße mühsam, mit steilen Rampen und Furten. Hier ist sie nicht mehr von Pkws benutzbar. Für Geländewagen nur geringe Probleme.

Zum Teil grandioses Panorama über die Küste. Traumhafte Camps am Urwald-Saum vor leeren Sandstränden: *Thornton Beach* (km 22), knapp südlich des oberflächlich gesehen wenig attraktiven *Bouncing Stones*-Strands. Diese glatten, vom Wasser rundgeschliffenen Schieferstückchen haben immense Bedeutung für die Aboriginals. – Camp-Gebühren liegen niedrig, zu zahlen am Kiosk. Achtung: Gefahr von Salzwasser-Krokodilen!

Der Dschungel wirkt großartig, bisweilen führt die Straße wie in einem Tunnel durch den Regenwald. Hier hat man als Autofahrer – anders als im *Inland* – wirklich das Gefühl, fehl am Platze zu sein. Sollte an der Küste tatsächlich mal eine breite Teerstraße mit

„Blockade Site" bei Cape Tribulation: Der Urwald soll geschützt bleiben.

Wo das Riff den Regenwald berührt: Thornton Beach südlich von Cape Tribulation. Leere Strände, grandioser Dschungel, warmer Ozean – aber Gefahr von Salzwasser-Krokodilen...

Die ungeteerte Küstenstraße nördlich von Cape Tribulation ist umstritten, wenig Pkw-tauglich, aber auch nicht extrem schwierig. Geländewagen können den Bloomfield River bei Ebbe recht problemlos queren.

allen unausbleiblichen Accessoires gebaut werden, wäre es ein dramatischer Verlust für Queenslands Urnatur.

Die Furt des Bloomfield River (km 61): ein kleines, kalkulierbares Abenteuer. Ein Wasserweg, nach Möglichkeit nur bei Ebbe unter die Räder zu nehmen, da sonst die Wassertiefe zu groß sein kann (Auskunft über *low tide*-Zeiten z.B. beim River Trading Post an der Fähre oder bei den Shops am Weg).

Unmittelbar nördlich der Furt die Aboriginal Reserve *Wujal Wujal.* Nach weiteren 46 einsamen Kilometern ist die teilweise geteerte *Cooktown Developmental Road* erreicht, leichter Zugang zur Hafenstadt.

Cooktown

Mit diesem Ortsnamen hat sich James Cook verewigt, der im Mündungsbereich eines Flusses anno 1770 seine Riff-geschädigte *Endeavour* wieder auf Vordermann brachte. Kein Wunder, daß der River heute ebenso heißt. Vom Grassy Hill genießen Sie dasselbe Panorama, das auch Cook bei der Suche nach einem Ausweg durchs *Barrier Reef* hatte. Aber landeinwärts ist's mindestens

Rodeo in einem Dörfchen nördlich des Bloomfield River. Bleibt zu hoffen, daß sich der wackere Stockman recht lange halten kann...

ebenso interessant: Über Cooktown und seine Flußarme bis hinüber zu den Bergen vor dem Lakefield National Park.

Cooktown ist ein Dorf. Außer einigen großartigen, prächtig rausgeputzten Gebäuden im Kolonialstil blieb nicht viel vom Palmer-River-Goldrausch der 70er-Jahre des 19. Jahrhunderts (siehe Cape York). Doch dem „gewissen Etwas" von Cooktown kann sich wohl niemand entziehen.

Wer das Riff noch nicht so recht zur Kenntnis genommen hat, kann hier per Katamaran zu Wasser ausfahren; vor dem Weg nach Norden ist's die letzte Gelegenheit.

Weg zum Lakefield National Park

Die Route von Cooktown zum Lakefield National Park wird relativ selten befahren (ca. 110 km bis Old Laura, uns begnete hier kein einziges Fahrzeug). Frequentierter und auch einfacher ist die Zufahrt über die *Peninsula Developmental Road* nach New Laura, siehe Abschnitt Cape York.

Die gepflegte Gravel Road Richtung Flughafen verläßt Cooktown nach Westen, kreuzt nach 6 km den Endeavour River auf einer Brücke – ausnahmsweise mal nicht über eine Furt, was hier im Mündungsbereich wohl auch kaum zu machen wäre...

Im Rückblick noch mal Cooktown mit der Brustwarze des *Grassy Hill* überm Ort. Ungewöhnlich fettes Weideland mit ebenso fetten Rindern, denen es im Flußbereich sichtlich besser geht als ihren Kollegen weit draußen im dürren Outback, wo die Kühe für ein Maulvoll Halme meist viele Dutzend Meter laufen müssen.

Ein Schild *School Bus Route ends* deutet an, daß die Straße in der Folge schlechter werden dürfte. Richtig: Es geht rauh steil raus aus dem Endeavour-Tal. Bei km 36 ein Grid mit Gabelung. Wohin? Nach kurzer Suche findet sich ein umgestürzter Wegweiser im Gras; zur Station *Hope Vale* nach rechts, *Laura* zur Linken. Nur ganz selten sind Kreuzungen in Australien nicht markiert.

Wir fahren durch lichten Buschwald mit vielen Gum Trees, drastischer Kontrast zum Regenwald der Küste. Nach 8 km eine weitere Gabelung (links halten). Der Track wird nun einspurig, wirkt wie eine Brandschutz-Schneise im Busch. Später teilweise enge Kurven in dichterem Wald aus dünnstämmigen Bäumen, die eine Höhe von etwa zehn Metern erreichen. Darunter ein bizarres Blockmeer: große abgebrochene Felsbrocken neben Lagen auffällig dünner Gesteinsschichten.

Später verläuft die Straße wieder wie am Schnürchen. An einem der vielen Gates die Warnung: „Vorsichtig fahren, Vieh schläft auf der Straße". Im Gegensatz dazu hüpfen in

der Dämmerung viele Känguruhs übern Weg, sie dösen tagsüber im Hinterland.
Nach Abzweigungen zu den Stations Normanton und Battle Camp wird der Track breit wie eine vierspurige Straße; die Haupt-Fahrspur kurvt bisweilen wild um die Masten einer Telefonleitung, die bei km 45 ab der ersten Gabelung abrupt nach SSW abknickt.

Lakefield National Park

Einige Staublöcher, dann die Ostgrenze des *Lakefield National Park* bei km 50, mit Wegen zu einfachen Campgrounds wie *Horseshoe Lagoon* oder *Lake Emma* kurz drauf. Die See-Tümpel im flachen Land sind ideale Stätten für reiche Wasservogel-Welt bis hin zu Kormoranen, eine willkommene Abwechslung nach der Trockenzone zuvor.
Im Busch häufig schmale, zackige Termitenbauten, die quer zur Sonnenstrahlung exakt Nord-Süd ausgerichtet sind, damit es dem emsigen Staat im Inneren nicht zu heiß wird. Ein kluger Kunstgriff der Natur.
Die Türme wirken wie Papp-Kulissen, sind graubraun wie der Boden, das Baumaterial.
Die Piste wird immer staubiger: Zermalmter Lehm. Sie ist durchsetzt von tiefen Bodenwellen, also runter vom Gaspedal.
Der Laura River (meist trocken) wird gequert, dann winkt eine riesige Fächerpalme und schließlich tauchen die Wellblechgebäude der gut restaurierten, aber verlassenen *Old Laura*-Station auf (km 76). Nur ein paar Wallabies hüpfen herum.
Die Homestead wurde zum Museum, doch die Räume hat man vergittert und verrammelt, um dem wohl unausbleiblichen Vandalismus vorzubeugen. Korral, Verladerampe fürs Vieh, Wellblechschuppen und einige Geräte geben guten Eindruck, wie's einst auf der Ranch zuging. Man muß nur ein wenig die Phantasie spielen lassen, um die leeren Blech-Bauten mit Leben zu füllen.
Zur *New Laura Ranger Station* sind's 25 km nach Nordwesten (nicht zu verwechseln mit dem Ort Laura südlich an der *Developmental Road).* Hier gibt's umfangreiches Info-Material mit Detailkarte des Parks, leider ohne km-Angaben, was sehr hilfreich wäre. Die Road ist bestens befahrbar, ganz im Gegensatz zu den Wegen, die im Norden der Parks hinüberführen zum *Musgrave*-Roadhouse an der Cape-York-Hauptstraße.
Wir kamen da zwar gut durch (wenngleich gut durchgeschüttelt), doch drei Tage später wurde die Piste zur Mausefalle. Ein anderer Tourist mit höchst geländegängigem, da leichten Suzuki schaffte die inzwischen verschlammte Piste nur mit Mühe, extrem hohem Zeitaufwand und großteils im Konvoi mit

Museale Wellblech-Homestead der Old Laura Station.
– Termitenbauten, schmal wie Pappkulissen.

einem Geländewagen des Militärs. Beide mußten sich immer wieder gegenseitig aus dem Schlam(m)assel zerren. Und das im Oktober, also in der Trockenzeit. Was zeigt, wie der Pistenzustand binnen kurzer Zeit wechseln kann.
Ein weiteres Problem: die Orientierung. Die Ranger meinten, es sei für viele Touristen trotz einiger Hinweisschilder nicht immer leicht, ihre Route zu finden.
Der *Lakefield National Park* ist mit rund 540.000 Hektar der zweitgrößte Queensland-Park. Attraktion sind die vielen Wasservögel an Pools und Flußläufen, auch Fischen in reglementierter Menge und Größe ist möglich (Barramundi!). Aber daneben bietet Lakefield auch ein Panoptikum aller ökologischen Räume der Cape-York-Halbinsel: Gras-Savanne und Waldlandschaften mit Eukalypten und Paperbark-Bäumen, im Norden dazu Wattbereiche mit Mangroven. Bei *Marina Plains* an der Princess Charlotte Bay sind Bootsausflüge möglich.

Laura Ranger Station - Musgrave Roadhouse (ca.150 km)

Für diese relativ kurze Etappe sollte man einen Tag ansetzen, besser noch eine Übernachtung an einem der Pools.
Achtung: Krokodil-Gefahr! Sollte eins auftauchen, Meldung an die Ranger.
Die Straße hält weiter Nordwest-Kurs. Auf einer Holzbrücke wird der Kennedy River (meist trocken) gekreuzt, bei km 33 rechts ab nach Kalpowar mit großartigem Camp überm Fluß (3,3 km). Eine Treppe führt durch die Steilstufe hinab zum Pool, in dem man jedoch wegen der Crocs nicht baden darf. Auch Fischreste sollten nicht liegebleiben – wir fanden einen Barramundi-Kopf von gewaltigen Ausmaßen. Unglaublich, daß solche Giganten nach der Regenzeit im Tümpel überleben können.
Es folgt *Lakefield*, das Hauptquartier des Parks. Nun werden die Tracks schmaler, rauher und problematisch nach Regen (s.o.). Tiefe Bulldust-Löcher auf den *Breeza Plains*, weiterhin schmalwandige Termitentürme bis zwei Meter Höhe, später aber auch die plump-klumpigen Varianten.
24 km nordwestlich von Lakefield der *Henn River* mit Campsite und Crossing. Die lange Passage führt über zerklüfteten Fels. Wenn hier Wasser steht, dürfte die kurvige Furt nicht zu finden sein.
Der Sandy River bei km 30 – wie der Name sagt: sandig, aber kurz und im Normalfall schmerzlos. Dafür gibt's jede Menge Stechmücken. Wie auf einem schlechten Feldweg geht's zur ebenfalls steinigen Furt des Morehat River. Rumpel-rumpel...
Extrem flach die Nifold Plains, letzte Lakefield-Zone vor der Bay. Kaum Landmarken außer Hunderten von Termitenbauten und einem Tafelberg im Nordosten (*Jane Table Hill*). Die Termiten scheinen ganz bestimmte Bodenarten zu bevorzugen. Bei km 49 ist ein niedriger Hügel völlig frei von Bauten, rechts daneben knubbeln sie sich zuhauf.
Das Meer macht sich bemerkbar, auch an den Bachnamen. Es gibt hier einen *Freshwater* (=Süßwasser) und *Saltwater Creek*. An letzterem Myriaden von Mücken...
Nun wird das Terrain sandiger, lehmiger. Oft ist, vor allem im Buschwald-Bereich, nur ein Schnitt von 20 km/h möglich. Spuren festgefahrener Autos demonstrieren die Schwierigkeiten nach Regen.
Rundum zunehmend Grasbäume mit angekohlten Stämmen und grünen Büscheln an der Krone.
Bei km 65 mündet die Piste in die meist gute Schotterstraße, die nach rechts (Norden) hinaufführt nach Marina Plains nahe der Küste. Diese Road hat jedoch ihre Tücken in Form tief ausgefahrener Staublöcher.
Auch jenseits der Nationalpark-Grenze bei km 72 ab Lakefield noch einige Lagunen des Saltwater Creek zur Linken. Man hat fast den Eindruck, hier draußen sei die Fauna mit Vögeln und Känguruhs reichhaltiger vertreten als im Park selbst.
Der Track ist mal weich (auf leuchtend-weißem Untergrund), dann fest, wenn er über rötlichen Boden führt.
Knapp 110 km westlich von Lakefield endet die Straße an der hier noch hervorragenden *Peninsula Developmental Road* (siehe Cape York). Und nun ein eiskaltes Bier im *Musgrave*-Roadhouse unmittelbar am Turnoff...

Abenteu(r)er auf die Spitze getrieben:
Cape York Peninsula

Wie ein Zeigefinger deutet die nordöstliche Spitze Australiens hinüber nach Neu-Guinea, nur 190 km entfernt – für australische Dimensionen ein Klacks. Nirgendwo sonst kommt Australien einem anderen Staat so nahe wie an seinem nördlichsten Punkt: Cape York, Queensland.
Länge der *main access road*: von Lakeland Downs (südwestlich von COOKTOWN, nordwestlich von Cairns) bis CAPE YORK etwa 700 km. Fahrzeit bei Benutzung der *Old Road* gute drei Tage, one way. Bei kürzerem Ansatz artet die Tour aus zur reinen Fahrerei ohne Erlebnis.
Zufahrt: von Cairns nach Lakeland Downs (ein Tag) oder via Cape Tribulation und Cooktown durch den *Lakefield National Park* zum *Musgrave Roadhouse* (drei bis vier Tage), siehe Cape Tribulation. Weitere Anfahrts-Möglichkeit: über die *Burke Developmental Road* (neuerdings in gutem Zustand). Diese Straße beginnt im *Prawns*-Fischerhafen Karumba am Gulf of Carpentaria, erreicht nördlich davon den Mitchell River, den sie im Flachland 110 km lang begleitet. Durch reizvolles, teilweise bergiges Land über die wenig ausgeprägten nördlichen Ausläufer der *Great Dividing Range* nach Fairview an der Peninsula Road (ziemlich einsam). Der letzte Abschnitt der Zufahrtsroute ist historisch interessant: z.B. rund um Palmerville Reste ehemaliger Goldminen und Geisterstädte, s.u.
Zustand: Etwas wellblechig, aber in gut ausgebaut präsentiert sich die *Peninsula Developmental Road* von Lakeland Downs über Coen bis Weipa (Bauxit-Mine am Gulf of Carpentaria, ca. 150 km westlich der Zufahrtsstraße nach Cape York). Bei Trockenheit läßt sie sich auch unter die Räder robuster, hochbeiniger Pkws nehmen, Mietwagen ausgenommen!
Der nördliche Teil (rund 300 km) folgt der alten, aufgelassenen Telegrafen-Linie – siehe Kasten. Als ausgediente Service-Road ist sie partiell extrem rauh mit teilweise sehr schwierigen Fluß-Durchfahrten (Jardine River und Cockatoo Creek mit steil-sandiger Nordrampe). Riskanter als die Furten zeigen sich sumpfige Abschnitte, z.B. die *Jardine Swamps* und partiell entlang der Old Road. Berüchtigt: die Südrampe des Gunshot Creek. Problemstellen ändern sich häufig! Per saldo ist Cape York nur was für erfahrene Allradler und solche, die es werden wollen (nur in der Hoch-Trockenzeit August bis Oktober). In der Dry ist die Road ein Abenteuer-Traum, zwischen Wet und August sind die Furten tief!
Wie eine S-Schleife wurde eine *New Road* um die alte Piste geschlungen: Der nördliche Bogen schwenkt nach Westen und quert den Jardine River per Fähre. Der südliche umgeht eine Reihe von Flüssen östlich und mündet nördlich des Wenlock River wieder in die Old Road. Diese Alternativ-Route, von *Telecom Australia* zur Wartung der Mikrowellen-Repeater angelegt, ist teilweise recht gut, aber eng und unübersichtlich!
Verkehrsdichte: Auf der New Road mäßig, auf der Old Road sehr spärlich. Die Straße führt oft einspurig, kurvig und schwer einsehbar (!) durch Busch; Vorsicht bei seltenen Begegnungen!
Funktion: Die Developmental Road dient der Versorgung von Coen und Weipa (s.o.); der nördliche Teil, einst Service-Road der Telegraph Line, dient heute Telecom (s.o.) und ist Zufahrtsweg nach Bamaga (35 km südwestlich des Kaps). Dessen Bedeutung ist jedoch derzeit noch so gering, daß die Straße kaum gepflegt wird, Touristen fliegen meist nach Bamaga. Das Kap, als erster Teil Australiens entdeckt (1606), blieb bis heute *last frontier*, unerschlossenes Pionierland.
Landschaftscharakter: Der Süden ist relativ flach oder leicht wellig, dann geht's teilweise über die letzten, niedrigen Ausläufer der *Great Dividing Range*, meist an deren West-Flanke. Kaum noch echter Regenwald, nur niedriger Buschwald. Das Kap selbst fingert als flache kahle Felsnase aus

einem *Rainforest*-Streifen heraus nach Norden. Die meist ganzjährig wasserführenden Creeks, Wasserfälle und Flüsse stellen eine im Outback ansonsten ungewöhnliche Abwechslung dar; Erfrischung für Körper & Auge!
Versorgung/Treibstoff: Cairns, Coen, Weipa, Bamaga; ferner an Roadhouses wie Musgrave, Hann oder Archer River.
Campen: z.B. am Hann River südlich von Musgrave, im Tal des Coen River, bei den *Twin Falls*. In der Umgebung des Kaps darf nur auf ausgewiesenen Campgrounds übernachtet werden.
Karten: Queensland-Straßenkarten. Aktuell die *Cape York*-Karte des Royal Automobile Club of Queensland (1989). Ferner die detaillierte *Cape York Map* des „Croc Shop", in den Roadhouses am Weg erhältlich. Schwieriger zu bekommen sind *Joint Operation*-Karten 1:250.000. Diese Blätter sind in puncto Straßen und Stations veraltet, geben aber das Landschaftsbild optimal wieder.
Literatur: *Overlanders Guide – Cape* York von Mike Foulkes, 28 Seiten, 5 Dollar. Ausführlicher: *Cape York – An Adventurer's Guide* von Ron & Viv Moon, 182 Seiten. – Weniger Führercharakter hat *The Last Frontier* von Glenville Pike, dafür bringen seine Stories landschaftlichen und historischen Background.

Der direkte und einfachste Zugang von Cairns zum Kap führt über die anfangs noch geteerte, dann in eine gute Gravel Road übergehende Straße nach Lakeland Downs. Hier Abzweig nach Cooktown, teilweise Gravel, dann Teer; Weiterfahrt zum Lakefield National Park, siehe „Cape Tribulation". Die Route ist landschaftlich interessanter als die *Peninsula Developmental Road,* die dafür in der Umgebung von Laura die *Quinkan Art Galleries* bietet.

Zwar finden sich solche Felsmalereien oder Gravuren der Ureinwohner auch anderswo, in dieser Zone sind sie jedoch besonders häufig (z.B. am *Split Rock*). Dargestellt sind Tiere und vor allem Menschen (Quinkan-Typ), ferner Hände, ein weltweit zu findendes Motiv. Die frühesten Malereien werden auf rund 15.000 Jahre geschätzt.

Karten und Infos beim Ranger in Laura, wo auch das Besuchs-Permit zu bekommen ist (Vorab-Info: beim *Department of Community Services* in Brisbane oder Cairns).

Die Developmental Road passiert Fairview (15 km nördlich von Laura), wo der Weg von der bzw. zur Burke Developmental Road einmündet. Highlight am Weg: die Goldfields und deren spärliche Reste rund um den Palmer River. Sie entstanden in den 70ern des letzten Jahrhunderts. Zugangs-Basis war der Hafen Cooktown. Wichtigster Ort: Palmerville, wo heute nur noch wenige Häuser zu finden sind.

Der Weg von Cooktown zu den Goldfields war damals schwierig und der Ureinwohner wegen nicht ungefährlich. Heute hat man höchstens Probleme mit der Orientierung, denn Schilder sind rar am Weg. Wer sich vor Ort informiert, kann hier abenteuerliche Tracks unter die Räder nehmen, z.B. von Palmerville nach Maytown sowie zu Minen in der Umgebung. Viel blieb nicht vom Goldrausch...

Auf teilweise ruppigem Wellblech führt die Hauptstraße weiter nach Norden, quert den Hann River mit neuem Roadhouse (Tankstelle, Camp, Bademöglichkeit im Fluß) und er-

Service Road der einstigen Telegraph Line nach Bamaga und Thursday Island: Buschwald, Termiten-Türme und ausgediente Masten.

reicht nach weiteren 63 km durch lichten, dürren Buschwald das Musgrave Roadhouse.

Musgrave – Coen (108 km)

An diesem wichtigen Stützpunkt mündet die Zufahrt vom Lakefield National Park in die Peninsula Road (siehe Cape Tribulation). Versorgung mäßig, aber es gibt Treibstoff und kalte Getränke.
Die Straße bleibt weiterhin gut in Schuß, 70 km/h sind durchaus „drin" bei konzentrierter Fahrweise. Versierte Einheimische brettern mit Gepäckanhänger am Haken schneller dahin als Touristen ohne diesen „Bremsklotz". Bodenwellen (*Dips*) sind fast ausschließlich warnend beschildert – das wird sich weiter nördlich drastisch ändern...
Bei der *New Bamboo* Station (km 17) schraubt die Peninsula Developmental Road auf vier Kilometer Länge recht steil hinauf auf die Höhen der *Dividing Range*, etwa 300 m über dem vorherigen Plateau. Großartige Viewpoints im oberen Bereich.
Es folgt der Coleman River, dem man ein *Big* verpaßt hat, obwohl er außerhalb der Wet eher einem Bächlein ähnelt.
Die Kammstraße bietet leider wenig Aussicht, weder nach Westen zum Golf von Carpentaria, noch nach Osten zur Coral Sea/ Princess Charlotte Bay. Der Stangerl-Wald ist licht, blockiert aber das Panorama – von ganz wenigen Ausnahmen abgesehen (z.B. bei km 72 ab Musgrave). Danach entpuppt sich die Straße als Berg- und Tal-Bahn, ein Creek-Bett folgt dem anderen. Je nachdem, wann der letzte Grader die Straße gepflegt hat, ist zusätzlich mit Wellblech unterschiedlicher Ausprägung zu rechnen.
Km 81: Abzweig gen Osten zur Küste, nach Port Stewart, ca. 70 km. Der alte, nun inaktive Hafen für die Goldsucher (s.u., Coen) wurde benamst nach dem River, den die Cape-York-Straße einst zweimal überqueren mußte. Heute verläuft die neue Zufahrt von der Coen Range gradlinig und zuletzt gar geteert in die „Stadt" Coen hinunter (km 110 ab Musgrave).
Die Aboriginal Community ist bei weißen Australiern nicht sehr beliebt („beschissen ist noch geprahlt", meinte jemand), aber sie hat doch Ausstrahlung. Z.B. im Pub, wo man urige Typen treffen kann, bis hin zum Deutschen, den es vor Jahrzehnten hierher verschlagen hat.
Von alter Goldgräber-Romantik blieb wenig in der heimlichen Hauptstadt der York-Halbinsel, aber Spuren sind wie überall noch vorhanden. Der Goldrausch startete etwa zur gleichen Zeit wie am Palmer River (wird auf dem Track von Fairview/Laura zum Golf von Carpentaria passiert, s.o.), also ab den 80er Jahren des 19. Jahrhunderts.
Die Versorgung in Coen: Stores (mit Blockeis für die Ice Box), Tankstelle, Werkstatt.
Idyllische „Wild"-Camps etwa zwei bis drei Kilometer nördlich der Stadt, nach der neuen Brücke über den Coen River. Die Zufahrt zu den kleinen Billabong-Wasserbecken ist allerdings recht weich.

Coen – Wenlock River/Moreton (190 km)

Bis zum Coen-Airport (km 21), einem „Abfallprodukt" des Zweiten Weltkriegs, ist die Straße noch besonders gut ausgebaut, dann nimmt die Qualität drastisch ab. Beim Flughafen zweigt die Straße zum *Rokeby National Park* ab; 66 km bis zur Ranger Station. Rokeby ist Schutzgebiet für Flora und Fauna zwischen der McIlwraith Range im Süden und Archer River im Norden.
Die Natur glänzt an der Peninsula Road mit hohen, scharfkantigen Termitenbauten und rundgeschliffenen Granit-Kugeln von *Devil Marbles*-Kaliber (so am geteerten Stuart Highway zu sehen), die Straße glänzt mit Schlaglöchern, Dips und *Bulldust*. Bisweilen werden Sie die zu Staub zermahlene Erde förmlich schmecken – guten Appetit. Besonders auf der Höhe um km 57 gibt sich die Road ruppig.
Bei km 67 das *Archer River Roadhouse*, letzter Außenposten der Zivilisation bis Bamaga, das zwei Tagesreisen entfernt liegt. Neben dem sandig-felsigen Flußbett kann beim rauh zementierten Übergang campiert werden; mit Glück sogar im Schatten!
Flankiert von dürren Bäumen, denen der vorherrschende Ostwind roten Staub ans

Sandiger Abschnitt der „Old Road" nach Cape York – mehr eine Piste durch den Busch als eine Straße. Weit schwieriger als solche weiche Sektionen sind die Fluß- und Bach-Furten.

Blattwerk pudert, geht's hinauf auf ein niedriges Plateau. Hier zweigt ostwärts der Track nach Wolverton ab; weiter nach Portland Roads bzw. Lockhart an der Küste (135 km). Solche zeitaufwendigen Abstecher sollten Sie sich für den Rückweg aufheben.

Auf den *Piccaninny Plains* mit ihrem guten Weideland, einem lichten Obstgarten nicht unähnlich, schwenkt die Peninsula Developmental Road nach Westen Richtung Weipa. Dieser Ort (wipä ausgesprochen) ist für Touristen nicht sonderlich interessant, sieht man von der gigantischen Bauxit-Mine mal ab. In *open pits* wird aus zehn (!) Meter dicken Lagen der Rohstoff für die Aluminiumherstellung geschürft und zur Verhüttung nach Gladstone verschifft. Leichtmetall-Herstellung entwickelte sich zu Queenslands zweitgrößter Industrie.

Aber solche Mammut-Gruben finden sich anderswo mit weniger Aufwand, z.B. die Erzmine von Newman am Great Northern Highway in Western Australia. Obwohl (oder besser: weil) Weipa „alles hat, was die großen Städte des Südens auch bieten" (stolzer Originalton eines Prospekts) lohnt der 145-km-Abstecher kaum.

Nach der Gabelung wird der Track urig und total rauh, führt über helle (=weiche) und rote (=feste) Abschnitte. Bis Bamaga folgt er der kaum noch erkennbaren Telefon- bzw. Telegraphenleitung, kurvt oft um alte Eisenmasten. Hohe Türme mit Richtfunk-Schirmen stehen in regelmäßigen Abständen für die neue

Cape-York-Telegraphenlinie

Die 3200 km lange *Overland Telegraph Line* quer durch den Kontinent via Alice Springs zur Nordküste war bereits ein Dutzend Jahre in Betrieb, als 1883 der Weg fürs Morse-Kabel von Cooktown zum *Tip* von Cape York erkundet wurde. Hauptziel war zunächst die schon relativ entwickelte Insel Thursday Island.

Einfacher als Stuarts Expeditionen gestaltete sich die Aufgabe nicht: Pferde verhungerten, versackten rettungslos im Schlamm.

Telegraphenstationen wie *Moreton* am Wenlock River mußten wie Forts ausgebaut werden, damit sich die Besatzungen gegen nicht gerade freundlich gesonnene Aboriginals verteidigen konnten.

1884 wurde die York-„Hauptstadt" Coen ans Morsetelegraphen-Netz angeschlossen – ein Ereignis von heute kaum vorstellbarer Bedeutung.

Während des Zweiten Weltkriegs baute man die Strecke mit gigantischem Aufwand für Telefonverbindungen aus. Die Service Road für Reparaturarbeiten verfiel, als seit Anfang der 80er-Jahre moderne Mikrowellen-Technik die Kabel allmählich ersetzte. Geblieben sind die nun funktionslose Old Road und einige Eisenmasten am Weg.

Kommunikationsart Mikrowelle. Die Signale werden von *Repeater* zu *Repeater* weitergegeben. Ein besonders hohes Exemplar bei km 44 nördlich des Weipa-Abzweigs, nahe der *Batavia*-Station.

Wenlock River, die erste Prüfung: In der frühen Trockenzeit (bis August) kann der Wasserspiegel so hoch liegen, daß nur Versierte passieren können. Über die Vorbereitungen dazu s. u. beim Jardine-River-Crossing.

Im Höhepunkt der Dry ist die Passage übers sandige Flußbett wenig problematisch. Gehen Sie die Furt einmal ab (ein Bad ist dabei im Preis eingeschlossen), um Steine und (seltener) Löcher zu orten, die der Fahrer dann umkurvt. Am allerbesten: Warten, bis Einheimische durchgekommen sind. Selbige werden mit Rat und Tat zur Seite stehen und auch den richtigen Geländegang nennen (L4, zweiter Gang dürfte meist recht sein).

Auf dem nördlichen Ufer unter hohen, weichrindigen *Paperbark*-Bäumen ideale Camp Sites. Wenig freundlich die nahe Nachfolge-Institution der alten Telegraphenstation. Die Telecom-Leute zeigten sich ausgesprochen unfreundlich und abweisend; folglich Fehlanzeige in puncto Versorgung. In Notfällen müßte man sich jedoch auf die typisch-australische Hilfsbereitschaft verlassen können. Sehenswerte Reste der Oldtime-Station gibt's angeblich nicht mehr.

Wenlock River bis Jardine River (160 km)

Dies Teilstück ist Abenteuer, bildet das fahrtechnische und landschaftliche Highlight der Halbinsel: niedrige Wälder, Palmen, fleischfressende Pflanzen (keine Gefahr für Touristen...), Flüsse, Hügelland.

Die New Road (s. Vorspann) beginnt bei km 41 ab Wenlock River, umgeht die schwierigsten Abschnitte in weitem Ost-Bogen. Da die Hauptstraße sich in zwei ausgeprägte Spurenbündel fächert, müssten Sie sich, wenn die einfachere Route benutzt werden soll, ab km 38 auf der östlichen, rechten Seite „einordnen", um den unscheinbaren Wegweiser nicht zu verpassen.

Einige Stichstraßen führen von der Old Road auf die Umgehung, so daß „Fluchtwege" offenbleiben. A propos Flucht: Die Old Road ist nur einspurig. Bei überraschenden Begegnungen nach Kurven muß man u.U. blitzschnell „abtauchen" – nach links!!!

Im nördlichen Teil schwenkt die neue Route unverfehlbar nach Westen; dort kann der Jardine River per teurer Fähre gekreuzt werden (ca. 20 Dollar).

Ideal ist die Fahrtrichtung Nord-Süd auf der alten Piste, da man so die steile Nordrampe des Cockatoo Creek im Gefälle und nicht an Winden-trächtiger Steigung unter die Räder nehmen kann. Andererseits hat der Gunshot Creek mit berüchtigtem *Swamp* grade in Nord-Süd-Richtung Probleme in petto – es bleibt gehüpft wie gesprungen...

Die Telegraph Service Road kurvt um alte Eisen-Masten, angereichert wird das Menü der Wellblech-Strecke durch markante Termitenbauten, oft vier Meter hoch.

Lediglich im Bereich einiger Creek Crossings verläßt man den kürzesten Weg, um über *Diversions* leichter Land zu gewinnen. Die beste Passage vorher erkunden, auch wenn weit und breit kein Wasser zu sehen ist. Steilrampen sind so leichter zu bewältigen als in blindem Ansturm.

Dulhunty River, km 30 ab New Road-Abzweig: eine feste, harmlose Furt. Der Clou: etwa 15 m stromab ein kleiner Wasserfall, einen Meter hoch mit tiefer Gumpe darunter (von der Furt aus nicht zu sehen). Ideale „Tauchstation", Erfrischung bei trockener Hitze. Den Genuß kann man nicht beschreiben, das müssen Sie ausprobieren! Im übrigen bietet dieser südliche Arm des Dulhunty ideale Campmöglichkeiten.

Es folgt Bertie Creek, sandig mit einigen Löchern, danach erster Fluchtweg nach Heathlands, falls sich unpassierbare Widerstände zeigen oder die Lust ausgeht. Die Strecke ähnelt teilweise eher einem Bachbett als einem Track!

Km 45: steile Südrampe zum *Gunshot Creek*. Hier sollte der Beifahrer aussteigen und den Piloten einweisen, denn die bullige Kühlerhaube eines Geländewagens blockiert die Sicht auf die relativ schlechten Fahrspuren. Bei ungünstiger Wetterlage am Südufer auf 15 m Länge Schlamm bis 30 cm Tiefe! Dieser

Nach Stunden trockener Hitze: Bade-Spaß im Mini-Wasserfall am Dulhunty River.

Abschnitt ist nur nach vorherigem Abgehen passierbar.

Im Bachbett fleischfressende Pflanzen: Haben sie ein Insekt im Kelch eingefangen, klappt der Deckel zu. Aussies benutzen diese *Pitcher Plants* als lebende Insekten-Killer beim Campen. Doch sollte man sie nicht lieber an Ort und Stelle wachsen lassen?

Nochmals zwei Wege zur Station im Osten und damit zur New Road (bei km 47 und 50), dann geht's holperdipolter hinab zum Cockatoo Creek Nummer 1, meist leer. Knapp ein Kilometer weiter die Nummer 2, auch *Cock-a-too two* genannt.

Die Furt besteht aus Felsplatten mit einigen Löchern, Sondieren und Umfahren ist unumgänglich. Doch nicht der Fluß stellt die Schlüsselstelle dar, sondern die folgende Sand-Rampe am Nordufer. Sie ist derart *bloody* steil, daß extrem mit Ausrüstung beladene Geländewagen ohne Seilwinde keine Chance haben. Unser nur teilweise ausgelasteter *Bushman*-Camper schaffte es im zweiten Anlauf. Schalten auf halbem Weg ist zu vermeiden, denn dabei geht die Traktion flöten. Tiefe Mulden zuvor einebnen, weit zurücksetzen und aus der Furt heraus Schwung holen.

Kleine Belohnung bei km 61: ein namenloser Creek mit Dutzenden von Fächerpalmen (*Padanus-/Zamia Palms*). Der Bach durch das Mini-Biotop fließt seltsamerweise nach Osten, scheint ein Nebenarm des Cockatoo zu sein, der sich anfangs in der Richtung vertan hat. Alle Flüsschen in diesem Bereich strömen nämlich nach Westen zum Gulf of Carpentaria.

Voraus taucht ein Micro-Wave-Umsetzer auf, doch noch ist die Hauptroute nicht erreicht: der *Sailor Creek* ist zu kreuzen. Nicht schwierig, aber mit etwas Manövrieren verbunden, denn tiefe Rinnen im weichen Stein wollen gradlinig angegangen sein. Vorsicht an den Bäumen: Viele tragen Lack-Spuren, dort wo Vor-Fahrer den dünnen Stämmen zu nahe kamen.

Ein Witzbold hat hier, am Arsch der Welt, ein Hinweisschild auf Verkehrsampeln aufge-

hängt. Na ja, die Stops bestimmt man besser selbst...
Auf dem folgenden Hügel ist die New Road erreicht, die auf etwa 10 km Länge benutzt wird. Ausnahmsweise mal etwas flottere Fahrt auf dem unvermeidlichen Wellblech. Von der Höhe aus Blick übers Regenwald-Dach; im Westen ahnt man den etwa 40 km entfernten Gulf of Carpentaria.
Dann hat uns die Old Road wieder, mit umgekehrtem Vorzeichen: alle nun zu querenden Creeks fließen gen Osten. Zumindest anfangs, denn sie sammeln sich im El(l)iot Creek, der weiter nördlich in den Jardine River mündet. So nimmt das angenehm weiche Wasser letztlich doch den Weg nach Westen.
Nach sechs Kilometern kurzer 2-km-Abstecher zu den *Elliot Falls* (auch *Indian Head* oder *Twin Falls* genannt). Sagenhafte Bademöglichkeit unter den Kaskaden und in Pools. Wie auch anderswo: keine Seife im Creek benutzen!
Ein Ort zum Verweilen, durch den nahen, einfachen Campingplatz begünstigt. Östlich der Piste beginnt bereits der *Jardine River National Park,* ein teilweise schwer zugängliches Schutzgebiet für die Regenwald-Flora und Fauna. Gen Norden reicht er bis zum Jack(e)y-Jack(e)y Creek am gleichnamigen Flughafen von Bamaga (s.u.).
Die Furt durch den nahen *Canal Creek* hat's in sich. Es bieten sich mehrere Möglichkeiten, doch immer ist tiefen Löchern auszuweichen. Wir haben's gut an der Passage geschafft, die am meisten stromab verläuft, doch das kann sich von Jahr zu Jahr ändern. Hier – wie bis zum Jardine River – Badespaß noch und noch im klaren Wasser, in leuchtend-bunten „Wannen".
Jeder der folgenden Creeks gibt sich anders, jede Rampe erfordert eine etwas abweichende Fahrtechnik. 11 km nördlich des Canal Creek eine Primitiv-Brücke mit ausgelegten Lochblechen über den Cyprus Creek. Hier müssen die Räder unbedingt genau in der Spur bleiben, sonst kann der Wagen abrutschen.
Der Jardine River kündigt sich an: Das zuvor trockene Terrain geht in Sumpfland über; nach der Regenzeit dürfte es nicht leicht sein durchzukommen. Während der Dry sind die Fahrspuren fest.
Die Furt durch den Jardine River liegt etwas östlich der Telefonleitung. Sie müssen sich

Vorhergehende Seiten: Bei Tag & Nacht: Idyllische Camps an der Cape York-Route gibt's zur Genüge!
Unten: Dieser Fluß ist wohl eine Spur zu flott angegangen worden. Wer auf Nummer sicher geht, rauscht nur mit Radfahrer-Tempo durch.

im Pistengewirr nach rechts „rübertasten", dürfen keinesfalls an der alten Furt nahe der Kabel kreuzen. Die Sandufer sind zu steil.

Aufregend ist die Passage durch einen solch breiten Fluß allemal. Manche Teams markieren den optimalen Übergang (er ist nicht gekennzeichnet) mit Zeltstangen oder Ästen; letzteres ist gar nicht so leicht, weil das Holz Auftrieb hat..

Wo ist der rechte Weg? „Ob hier oder da – es ist alles gleich" meinte ein Erfahrener.

Bei älteren Fahrzeugen muß der Keilriemen demontiert werden, denn das Lüfterrad könnte im tiefen Wasser zur Schiffsschraube werden und sich in die Kühlerrippen fressen. Moderne Gefährte wie die neuen Landcruiser haben Freilauf-Ventilatoren, bei denen die Zeremonie nicht nötig ist.

Luftdruck reduzieren wie im Sand, um größere Auflagebreite zu bekommen? Überflüssig! Grill der Kühlerhaube mit Folie verkleiden, um Wasser abzudämmen? Kann nicht schaden, doch die Folie will zuvor besorgt sein.

Hilfreich ist's zu warten, bis andere Teams die Furt gepackt haben. Das ist sicheres Zeichen, daß der Pegel nicht zu hoch liegt. Und vorher fallen immer Tips ab beim bisweilen etwas nervösen Palaver – schließlich kriegen auch die mit rauhem Allrad-Revier vertrauten Aussies so etwas nicht alle Tage unter die Socken ihrer Four Wheeler.

Bei der Durchfahrt ruhig Blut bewahren. Untersetzung rein, Motor warm laufen lassen, erster, zweiter Gang, sanft hinein! Drehzahl um die 3000 Touren halten, da in diesem Bereich meist das maximale Drehmoment anfällt, sprich: die größte Kraft. Zügig durch ohne Auskuppeln oder Gaswegnehmen. You made it – Sie haben's geschafft!

Sollte der Jardine zu tief liegen und damit unpassierbar sein (Wasserschäden am Fahrzeug kommen teuer zu stehen!), kann man

Attraktionen sind ausgeschildert, aber gut hinschauen muß man schon...
Unten: Ein Fahrfehler: Die primitive, mit Lochblechen verstärkte Brücke darf nicht aus der Kurve heraus angesteuert werden; das Hinterrad könnte abrutschen. Jede Situation erfordert en passant Überlegung.

immer noch nach Westen ausweichen zur Fähre; die Abzweigungen etwa 7 bzw. 14 km südlich des Flusses sind deutlich markiert. Kostenpunkt: etwa 20 Dollar.

Jardine River – Cape York (75 km)

Nördlich des Jardine stößt man auf die New Road; die alte Straße ist in diesem Bereich etwas reizlos, führt durch Sumpfland und wird daher kaum noch benutzt. In bisweilen aberwitzigen Kurven windet sich die Wellblech-Road hinauf nach Bamaga.
An der zweiten markanten T-Kreuzung (6 km vor Bamaga, 31 km ab Einmündung in die Gravel Road) geht's nach Osten zum Airport. Kurz davor das Wrack einer im Zweiten Weltkrieg von Japanern beschossenen DC3, die Verwundete aus Neu-Guinea abtransportiert hatte. Sie schaffte den Landeanflug nicht mehr und crashte in den Busch.

Das *Jackey-Jackey-Airfield* wurde nach dem Aboriginal-Führer der Edmund-Kennedy-Expedition der frühen Jahre benannt. Inmitten der gewaltigen Schneise durch den Buschwald eine fast 3 km lange Runway, für lokale Hupfer überdimensioniert. Offensichtlich hat sie militärstrategische Bedeutung über die zivile Nutzung hinaus.

Linke Seite: Twin Falls am nördlichen Teil der „Old Road“: Kaskaden und Pools – recht ungewöhnlich für Australiens Outback.

Derzeit wird von einer Fährtung des Jardine River wegen vieler Krokodile und tiefen Wassers abgeraten!

„Wasserstraße“ durch den Jardine River: eine deutlich markierte Furt gibt's nicht, jeder sucht sich seinen eigenen Weg. Bei älteren Geländewagen muß der Keilriemen entfernt werden, um Kühler-Schäden vorzubeugen. Auch eine Plane vor der Motorhaube kann nicht schaden.
Ist die Strömung zum Durchwaten zu stark, bleibt nur die Alternative der Fähre.

YOU ARE STANDING AT
THE NORTHERNMOST POINT
OF THE AUSTRALIAN
CONTINENT

Hier landen und starten die Flieger von/nach Cairns und Thursday Island. Für den Besuch der auch historisch interessanten Perlenfischer-Insel sind die Fähren allerdings passender. Kostenpunkt um 50 Dollar.

Die *T.S.I. (Torres Strait Islanders)* sind anders als die übrigen Aborigines. Einflüsse von Indonesien und Neu-Guinea sind spürbar; erst seit dem Ende der letzten Eiszeit ist die Landbrücke zwischen dem heutigen Neu-Guinea und Australien unterbrochen.

Auf der Insel und im Norden der Cape York-Halbinsel entstand eine separatistische Bewegung, man strebt Autonomie an. Tourismus ist angeblich nicht gerade erwünscht hier oben.

An den Wänden der kleinen Abfertigungshalle des Airport prangt ungewöhnlicher Wandschmuck: ausrangierte Maschinengewehre, Bordwaffen aus World War II. Rostender Kriegsschrott auch in den Wäldern rund um den Flughafen.

BAMAGA ist ein relativ junger Ort, Außenposten am Ende der Welt. Gewisse Bedeutung bekam er 1954, als die Bevölkerung von *Muttee Heads*, südwestlich an der Küste, hierher umgesiedelt wurde, wo sie sicher war vor Überflutungen. Ein Denkmal an der Hauptstraße erinnert daran. Heute ist Bamaga größte der fünf Cape-York-Communities.

„Warme Bierdosen werden nicht in kalte umgetauscht", so ein Hinweis im Pub. Kein Wunder, die Hitze ist groß hier oben in den Tropen. Die Luftfeuchte liegt hoch und Kälte zu erzeugen kostet teuren Strom. Gegenüber der Pinte ein Shopping Centre, wo man seine Vorräte mehr schlecht als recht auffrischen kann. „Frisch" ist dabei nicht auf die Goldwaage zu legen: tiefgefrorene Milch hatte schon vorm Kauf einen Säureanfall nicht überstanden usw... Store-Öffnungszeiten: montags bis freitags von 8 bis 17 Uhr, am Samstag nur bis 11 Uhr, sonntags closed. Im Ort auch Post, Bank und Hospital.

Nördlich von Bamaga eine Stichstraße zum Hafen von Seisia (Red Island Point). Fähren

Cape York, die nördlichste Spitze Australiens mit York und Eborac Island.

nach Thursday Island (T.I.). Hier gibt's einen Campground, fast idyllisch unter ein paar Palmen dicht am Strand. Weitere Plätze: an der sehr schönen *Punsand Bay* oder unmittelbar an der Cape-York-Spitze. Freies Campieren ist im Norden der Halbinsel verboten oder nur mit Permit des Cowal Creek Council möglich.

Von Bamaga zum „very Tip of Australia"

Recht gut in Schuß die Straße zum Kap. Der Touristen wegen, die in der Wilderness Lodge am *Top* oder *Tip* logieren (beides wird fürs Kap verwendet).

Unterwegs können Sie während der optimalen Reisemonate Mai bis November den *Croc Shop* von Ken & Linda finden, einen Zelt-Laden mit bester Info-Möglichkeit.

Nach 16 km zweigt die dirt Road ab zur *Punsand Bay* (Hotel, Camp am einsamen, Mangroven-gesäumten Sandstrand). Die Lage ist traumhaft und gut für einige Tage voller Relaxen, Historie und Erlebnis. Noch ein schöner Platz: An der Ostküste des Kaps bei den Ruinen von *Somerset*, 1863 als erste York-Siedlung gegründet, bis man ein Dutzend Jahre später Thursday Island als wichtiger erachtete.

Von Somerset aus können Sie – sehr vorsichtig – maximal zehn Kilometer auf dem Strand fahren. Danach wird der Sand sehr weich! Fahrzeug-Bergung ist unmöglich, wie ein versackter und verrosteter Toyota drastisch belegt. Im Zweifel lieber am festen Ufer bleiben...

Fast schlagartig tauchen Sie auf dem Cape-Track in den recht schmalen Regenwaldstreifen: Urwaldriesen, Palmen und Lianen. Wie ein Gewölbe schließt sich bisweilen der Dschungel über dem Weg. Noch ein weiterer Abzweig nach Westen zur Punsand Bay (ziemlich schwierig), dann taucht neben den letzten Ausläufern der Dividing Range die *Wilderness Lodge* auf samt ihrem komfortablen Campground (nicht direkt am Strand); die Straße endet 32 km nördlich von Bamaga.

Noch ein paar Schritte durch die Ausläufer des *Rainforest* und über den hellen Sand (Baden wegen diverser *Nasties* wie Quallen und Haien nicht ungefährlich).

Dann etwa 400 Meter über die felsige Zunge des Kaps – ein Schild verrät, daß Sie hier an der nördlichsten Stelle des Kontinents stehen.

Die Orientierungstafel gibt Lage und Entfernungen diverser Orte an: Nach Perth z.B. 3620 km – Luftlinie Kurs Südwest. Überland kommt fast das Doppelte zusammen. Unvorstellbare Entfernungen in *einem* Land!

Auch weitere Angaben auf der Windrose sind gigantisch: 14.300 km nach London, zum Zentrum des einstigen Britischen Empire (Kurs NNW). San Francisco im Nordosten liegt mit 8200 km vergleichsweise nah und zum Nachbarn Neuseeland sind's gar nur 4630 km...

Das Kap trennt den Indischen Ozean (links, im Westen) vom Pazifik. Unmittelbar gegenüber die kleine *York Island*, östlich davor *Eborac Island* mit einem Leuchtturm. Man möchte rüberschwimmen, sollte es jedoch wegen der Ostwind-gepeitschten Brandung und Strömung besser nicht...

Die *Torres Strait* ist übersät mit weiteren mehr oder weniger großen Inseln; *Thursday Island* ist die bedeutendste und interessanteste. Hinterm Horizont, etwa 160 km entfernt, Papua-Neuguinea, das einzige Land, dem Australien so nahe kommt.

Cape York – eine exquisite Landmarke, die „stille Reserve" Australiens, hoffentlich noch lange.

Wenn Sie's nicht schon beim Queren des Jardine Rivers gesagt haben, können Sie's hier: „I made it".

It's the country that gets you.
It's fantastic!
(Sue Casben, Urandangi-Pub, 1990)

Mount Isa – Alice: Tableland-Alternative
Sandover Highway (810 KM)

Name: Nicht etwa benannt nach langen Strecken über Sand, sondern nach dem *Sandover River*, den die Gravel Road etwa 250 km lang begleitet (meist trockener Neben-„Fluß" des Georgina River, dessen Wasser Richtung Lake Eyre fließen – wenn's welches gibt...)
Verbindung zwischen dem Polizeiposten LAKE NASH (Northern-Territory, nahe der Queensland-Grenze) und dem Stuart Highway bzw. ALICE SPRINGS.
Über die Grenze nach Osten neuer Anschluß zum Barkly Highway bzw. zur nahen Bergwerksstadt MOUNT ISA in Queensland.
Länge: rund 810 km von Mount Isa bis Alice Springs, davon 110 km Teer.
Der „Sandover" führt übers Barkly Tableland (meist bretteben) und längs des Sandover River, der meist außer Sicht bleibt.
Fahrdauer: zwei bis max. 2,5 Tage.
Zustand: Normalerweise recht gute Gravel Road mit Naturstraßen-Abschnitten, auf N.T.-Seite besser als in Queensland. Eine Pkw-Vermietstation in Alice erlaubte es Pkw-Mietern, diesen Highway zu benutzen, was für die Qualität spricht. Wie üblich zuvor informieren; in Mount Isa waren jedoch für die Ost-West-Befahrung kaum Auskünfte zu bekommen.
Verkehr: Im Ost-Abschnitt sehr spärlich, zwischen Lake Nash und Stuart Highway ca. fünf Fahrzeuge pro Tag. Einige Road Trains waren unterwegs, Vorsicht! – Auf allen Tracks muß – es sei wiederholt – überreichlich Wasser an Bord sein.
Funktion: *Beef Road* zum Abtransport der Rinder einiger Stations. Für Touristen stellt der Sandover Highway eine Alternative dar zum geteerten *Barkly Highway* (Mount Isa – Tennant Creek – Alice Springs 1.150 km). In puncto Fahrzeit wird die kürzere Distanz auf dem *Sandover* ausgeglichen durch niedrigeren Schnitt auf rauhem Belag.
Versorgung: Mt. Isa und Alice. Treibstoff am besten für die Gesamtstrecke bunkern, evtl. Tankmöglichkeit in Lake Nash (derzeit nur Super) oder bei der Aboriginal Community Utopia (185 km vom Stuart Hwy entfernt).
Karten: Normale Straßenkarten des N.T. und von Qld. reichen. Der Einstieg von Mt. Isa in den *Sandover* ist jedoch in den meisten Karten überhaupt nicht verzeichnet. Desgleichen lassen auch Karten vom Beginn der 90er-Jahre den Sandover bei *Native Gap* in den Stuart Hwy münden; er knickt jedoch seit Jahren 38 km zuvor nach Süden ab zum *Plenty Hwy* und führt somit geteert nach Westen zum Stuart Highway.

Oase im Outback: Mount Isa

Rund um Mount Isa finden sich Kupfer, Silber, Blei und Zink. Um das alles zutage zu fördern, müssen Leute rausgelockt werden ins *Central-West* von Queensland. Größter Anreiz ist Geld, ferner angenehmes Ambiente. Fazit: Mount Isa präsentiert sich als kleine, künstliche Oase in rauhem Land. Nirgendwo sonst sollen in Relation zur Bevölkerung so viele *Jaguars* fahren...

„The Isa": Eine moderne, ansprechende Stadt mit allen *Facilities*. Afrika-Touristen würden vor Neid erblassen angesichts des prallen Angebots der *Shopping Centres:* Auserlesenes Obst, Gemüse und Getränke sowieso, aber auch frische Prawns, letztere wohl meist vom 560 km „nahen" Karumba am Gulf of Carpentaria rangekarrt, ein beliebtes Weekend-Ziel der Menschen von Mount Isa.

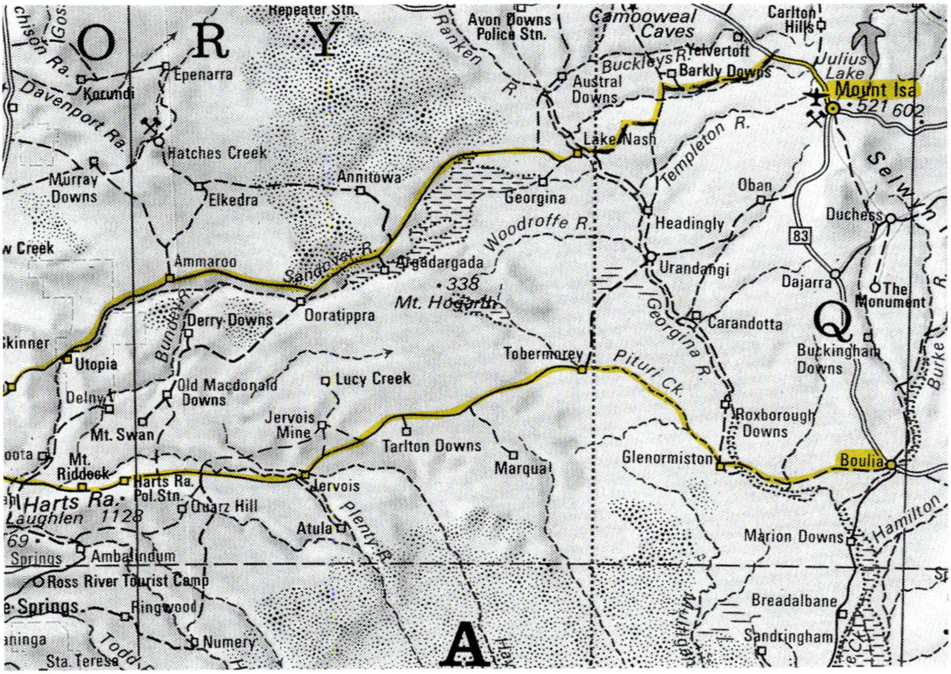

Allerdings liegen die meisten Preise, der langen Transportwege wegen, nicht gerade niedrig, außerdem möchte man wohl Kaufkraft absahnen. Als sich jemand mal 'ne neue Steckachse für seinen Landrover besorgen mußte, schien diese, der Rechnung nach, aus purem Gold zu bestehen... Generell halten sich die Aufschläge für *remote area* jedoch in Grenzen.

Das Bergland östlich von Mt.Isa ist reizvoll, aber stocktrocken wie das *Barkly Tableland*, das sich nach Westen anschließt. Man wird gierig nach Wasser: Kein Problem! Recht einfach ist die Zufahrt zum *Lake Moondarra*, einem Stausee 16 km nördlich der Stadt, gut ausgeschildert. Der Wasserstand schwankt beträchtlich, je nach Ergiebigkeit der Regenzeit. Campen ist hier jedoch nicht erlaubt, dafür gibt's in der Oase von Mount Isa gepflegte Caravan Parks.

Rauher ist die Zufahrt zum *Mary Kathleen Lake*, etwa halbwegs zwischen Mount Isa und Cloncurry südlich des Barkly Highway. Großartiges Campen, auch von Aussies gelobt. Der Weg ist nicht einfach zu finden. Am besten fragen Sie im *Tourist Info Centre* von Mount Isa, wo auch *Underground Tours* der Minen zu buchen sind (ca. 20 $). Die Grube ist beeindruckend: es geht mehrere Hundert Meter in die Tiefe, dann mit einem Geländewagen durch einen Teil des 300 (!) Kilometer langen Stollen-Netzes. Rekordverdächtig? Im Guiness Buch steht Mt. Isa schon: der Stadtfläche wegen. 41.000 qkm, so groß wie die Schweiz, bei nur 25.000 Einwohnern – australische Dimensionen.

Künstliche Oase im Outback: der Minenort Mount Isa. Wenige Kilometer weiter beginnt das reizvolle „Nichts“ des Tableland.

Mount Isa – Lake Nash (Qld.. / N.T. -Grenze)

Der Einstieg in den *Sandover Highway* ist einfach zu finden: die erste Gravel Road, die westlich von Mt. Isa vom *Barkly Highway* nach links (nach Westsüdwest) abzweigt, ca. 35 km von der Stadt entfernt. In vielen Karten fehlt die neue Route allerdings noch.

Als erstes die *Old May Downs*-Station: 'ne Menge Schrott im Busch, Wellblechhütten, ausrangiertes Gerät und alte, jedoch kaum verrostete Trucks. Defekte Absorber-Kühlschränke zeigen, daß es ein wenig Luxus gab in den primitiven Behausungen.

Nach etwa 50 km ein Autowrack als markanter „Wegweiser"; hier geht's nach Süden zur *McDonalds-Station*. Unser breiter,meist gut gepflegter Track führt jedoch gradeaus weiter. Nach weiteren 15 km eine Wasserstelle mit Windmill und Dieselpumpe. Halten Sie sich an der Gabelung links, denn die rechte Piste führt weiter nach Barkly Downs.

10 km sind's bis zur Einmündung in den relativ wichtigen Track, der von Camooweal (am Barkly Hwy) über *Urandangi* mit urigem Roadhouse-Pub hinabführt zum Plenty Highway und weiter nach Boulia.

Dreimal Faszination der totalen Ebene: Rinder scheinen durch einen See zu wandeln (oben) – nichts, nur flimmernde Heißluft. – Unten: Ein Camp ist auf dem „Barkly Tableland" leicht gefunden: hier oder dort, es ist überall gleich.
Rechts: Hoher Himmel, extreme Weite – erlebbarer Traum aller Outback-Fans. Das Autowrack markiert eine Wege-Gabelung.

Der Mingera Creek wird auf einer Beton-Furt gekreuzt, kurz darauf eine Windpumpe. Der Boden in der Umgebung ist total zertrampelt – Rinder haben sich durch Überweidung eine deprimierende Mini-Wüste geschaffen.
Bei km 12 ab der Einmündung ein unscheinbarer Wegweiser: *Lake Nash 51 km* (auf unserer Route wurden es 5 km mehr). Ab hier ist die weitere Orientierung problemlos. Kurs immer West bis Südwest.

Nur noch ein paar Windmills bilden Fixpunkte auf dem leeren, ebenen *Barkly Tableland*. Vegetation macht sich dünne, nur in den wenigen, kaum ausgeprägten Creeks ein paar Büsche. Gestein ist von dunklem „Wüstenlack“ überzogen, eine typische Oxydationsform arider Zonen.
Ein Camp hier draußen, in der scheinbar grenzenlosen Weite des *Nowhere*, ist ein ganz besonderes Erlebnis. Brutal bricht Stille

Beim Polizeiposten Lake Nash: Ausrangierte Oldtime-Maschinen bilden ein Freilichtmuseum.

aus nach Abstellen des Motors. Nichts mehr außer Ihnen allein! Mit dem Fernglas läßt sich vielleicht am Horizont die Staubfahne eines Road Trains ausmachen. Nachts ein einsames Lichtpünktchen im Südwesten? Das kann wohl nur der Polizeiposten von Lake Nash sein.

Die Grenze zum Northern Territory ist mit einem Zaun markiert, am Gate sollte die Uhr um eine halbe Stunde zurückgestellt werden. Der Tag wird in Ost-West-Richtung ein Stückchen länger, auf Gegen-Kurs kürzer, ein kleines Argument für die Fahrrichtung von der Ostküste nach Western Australia.

Der Mini-Ort Lake Nash liegt etwa 6 km weiter, westlich eines Stau-Beckens des Georgina River. Ein Außenposten der Zivilisation: Maschinen, Fässer, Plastikrohre für Wasserleitungen, große Wellblechhallen, ein Kran zum Verladen des Rüstzeugs auf Trucks. Tuckernde Generatoren spielen die Begleitmusik, alte Dampfmaschinen bilden eine Art Freilichtmuseum. Daneben eine verrottete Zapfsäule aus Großvaters Zeit. Super ist in Lake Nash zu haben, jedoch derzeit noch Fehlanzeige bei Diesel. Kein sonderlich attraktiver Ort, wirklich nicht. Aber mit gewisser Ausstrahlung: Keimzelle im Outback, Leben *in the middle of nowhere.*

Lake Nash - Stuart Highway

Westlich von Lake Nash zeigen mehrere Karten unterschiedlichen Verlauf, doch der Haupt-Track ist eigentlich nicht zu verfehlen. Die neue Trasse verläuft etwas nördlicher als die alte Route. Zwei Wege führen hinauf zur Station *Austral Downs*; diese Beef Roads wären denkbare Alternativen vom Barkly Highway zum Sandover, etwas leichter zu finden als der u.U. verwirrende Zickzack-Kurs drüben in Queensland.

Der Landschaftscharakter ändert sich: aus der ebenen Halbwüste wird sanft gewelltes Buschland, mit niedrigen Mulgas und zwei bis drei Meter hohen Eukalypten, in der Trockenzeit eher grau als grün wirkend. Dazwischen die hellen, freundlichen Spinifex-Grasnester.

Der Sandover läßt eine Spitze von 80 km/h zu. Bisweilen deuten kleine Warndreiecke im

Sand Problemstellen an, die Geländewagen jedoch locker verkraften. Die Hinweise sind wohl eher gedacht für die meist überladenen Pkws und Pickups der Aboriginals, die in zwei Communities am Weg leben.

Das Land wirkt leer, doch eine Einöde ist's nicht: ein halbes Dutzend Stations liegen am Weg – auf über 500 km allerdings...

Dazwischen weiden verstreute Rinder im Busch. Hin und wieder rotiert ein Windrad. Es gibt leerere, einsamere Routen in Australien. Aber schon hier finden Sie klassisches Outback, bisweilen mit dem leuchtend-roten Sand des Northern Territory.

Bei Ammaroo überblicken Sie das Tal des Sandover River. Doch außer dem Buschwald-Dach ist nichts zu sehen. Der „Fluß" führt selten Wasser, dürfte kaum mal Anschluß finden an den Georgina im Osten. Das rare Naß verdunstet in Salt Pans.

Westlich von Ammaroo eine Aboriginal Reserve (*Angarapa Land Trust).* Hier münden viele Wege von Dörfern im Busch in den Sandover Highway. Fast alle haben keine Wegweiser, ziemlich untypisch für Australien. Die Ureinwohner wollen nicht von Weißen gestört werden.

Gegen Ende der Reserve zur Rechten die kleine Community des *Utopia Land Trust*. Hier ist's u.U. möglich, an der Tankstelle Treibstoff nachzufassen. Ohne Reservekanister oder Zusatztank schafft kaum ein Gefährt die Gesamtstrecke bis Alice. Ob in Utopia „Saft" zu holen ist, klärt man am besten aktuell vor dem Start.

Der Verkehr wird zusehends dichter. Der Highway berührt die Bergkette des *Mount Skinner* mit seinen markanten Felskanzeln. *Truck Park Bays* deuten an, daß häufig Road Trains unterwegs sind, die die Stations bedienen und vom schlachtreifen Rindvieh „entsorgen".

Abrupt ändert der Highway den zuvor konstanten SW-Kurs und schwenkt nach Süden. Auf diesem Weg erreicht er schneller den geteerten Westteil des *Plenty Highway*. Von dort ist's nur noch eine ruhige, rüttelfreie Fahrstunde bis Alice Springs.

Sehr gute neue Karte: Westprint "Plenty Highway"

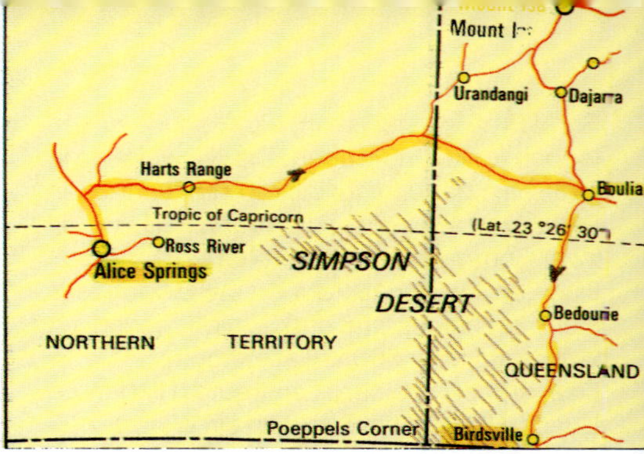

Von Alice Springs ins Zentrum von Queensland
Plenty / Donahue Highway

Name der Gravel Road stammt vom *Plenty River*, den der Track etwa auf halbem Weg zwischen dem Stuart Highway und der Queensland-Grenze kreuzt. Ideale **Verbindung** zwischen ALICE SPRINGS im N. Territory und BOULIA im *Channel Country* von Queensland. Vor dort entweder weiter ostwärts via Winton nach Longreach mit seiner *Stockman's Hall of Fame.* Oder nach Süden zum *Birdsville Track.*
Länge: Alice Springs bis Boulia ca.820 km, zwei bis drei Tage.
Zustand: Gute Gravel Road, doch wie der nahezu parallel verlaufende, nördliche *Sandover* (s.o.) kein echter *Highway*, sondern ein stark aufgewerteter Track. Seine Fortsetzung in Queensland, der *Donahue Hwy*, gibt sich rauher.
Funktion: Stock Route zur Versorgung der Stations nordöstlich von Alice und in Zentral-Queensland. Zunehmende Bedeutung für Abenteuer-Touristen. Die Ranchs bei Alice sind sehr frühe Gründungen, waren einst auf Schafzucht spezialisiert. Heute fast nur noch *Land of Cattle*, Rinderland.
Karten: Spezialkarten sind nicht notwendig, übliche Maps von Qld. und vom N.T. reichen aus. Östlich der Grenze ist der neue südöstliche Verlauf des Plenty/Donahue Highway nicht immer exakt eingezeichnet, aber unverfehlbar.

Der anfangs geteerte *Plenty Highway* zweigt 69 km nördlich von Alice Springs vom Stuart Highway ab. Der Asphaltstreifen ist schmal, nur einspurig, bei Gegenverkehr muß man runter auf den Randstreifen.
Es geht zunächst durchs Weideland der *Bushy Park*-Station. An den Hängen der Bergketten im Süden alte Glimmer-Minen. Sie wurden aufgegeben, als Kunststoff das Mineral verdrängte. Es diente z.B. als Isoliermaterial in der Elektrotechnik.
Harts Range, 136 km vom Stuart Hwy entfernt, ist Austragungsort des *Harts Range Race Meeting*, ein typisches alljährliches Outback-Ereignis, zu dem sich die Bewohner der weit verstreuten Stations treffen.
Der *Atitjere Store*, 5 km östlich des Hart-Range-Polizeipostens, hat Treibstoff und Lebensnotwendiges im Angebot. Im gesamten Harts-Range-Distrikt könnte sich die Suche nach Halbedelsteinen (Granat und Rubinähnlichem) lohnen.

Am Stuart Highway: Wegweisung vom N.T. bis nach Queensland.

Nach 128 km wird der Fluß gekreuzt, der dem *Plenty Hwy* seinen Namen verliehen hat und der nach Süden hin in der nahen *Simpson Desert* versickert. Kurz drauf das *Jervois*-Roadhouse. Auch hier Sprit, Duschen und kalte Getränke. Ferner, wie immer, hilfreiche Auskunft über den Zustand des folgenden Wegabschnitts.

Noch ein paar Berge im Süden, viel Spinifex-Gras und Mulga-Büsche. Dann die Grenze zu Queensland, Zeitumstellung um eine halbe Stunde. Hier ändert der Plenty Hwy seinen Namen zu *Donahue Highway,* der den Titel *Highway* jedoch weniger verdient als der Plenty. *Rough* und kurvig, mit puderweichen Bulldust-Feldern und *Washout-Löchern* geht's nun Richtung Südosten zum Georgina River, 130 km jenseits der Grenze.

Der Fluß führt nur selten Wasser, aber meist finden sich *Billabongs*, Wasserlöcher, die nach der letzten Überflutung zurückblieben. In Europa würde man wohl kaum zum Baden in solche Tümpel steigen, aber hier...

Vor allem auf dem Ostufer unter hohen Coolibah-Bäumen schattige Campsites.

In der Wet, zwischen Nov. und März, muß damit gerechnet werden, daß der Fluß tatsächlich fließt. Mal sind's 30 cm, mal 5 m; dann kann der Track für ungewisse Zeit unterbrochen sein.Info bei den Roadhouses oder von entgegenkommenden Fahrern.

Nach über 800 km harter Fahrt endlich wieder Teer unter den Rädern: Der *Donahue Hwy* mündet bei Boulia in die *Diamantina Developmental Road* (Mount Isa-Boulia-Bedourie-Windorah-Quilpie-Charleville). Der Asphalt geht jedoch bald zu Ende...

Boulia ist Hauptort des *Channel Country* (und entstand 1876 am Burke River, benannt nach einem frühen Australien-Forscher. Die Namen Burke & Wills finden Sie häufig am *Burke Devel. Highway* nördlich Cloncurry).

Mit seinen wenigen hundert Einwohnern ähnelt Boulia eher einem Dorf als einer Stadt. Trotzdem hat es die typische Zentral-Funktion wichtiger Outback-Siedlungen, die Größe bleibt dabei sekundär. Hier versorgen sich die Farmer, hier gibt's fast alles, hier trifft man sich an Ostern zum Boulia-Rodeo.

Sehenswürdigkeiten: das freundliche Ortsbild mit dem *Stone House,* in den 80er Jahren des letzten Jahrhunderts erbaut. Wellblech fürs Dach mußte vom 570 km entfernten Hughenden rantransportiert werden...

Allmählich hat sich Boulia verwandelt: von einer typischen Viehverladestation zum properen, schon am Tourismus orientierten Ort mit klassischem Outback-Charakter.

Channel Country

Der *Diamantina Highway* ist einer der Verkehrswege, die das *Channel Country* von Queensland erschließen. „Kanäle" in diesem ansonsten trocken-staubigem Land füllen sich nur nach Regenfällen zwischen November und März. Dann ist die rote Ebene überzogen mit einem Netz von Wasseradern, die ihren Weg hinab zum *Lake Eyre* suchen, ihn jedoch nur drei-, viermal in jedem Jahrhundert auch finden...

Ende der 80er-Jahre gab's zuletzt eine solche Flut, die den Eyre-See erreichte, ihn füllte und viele Tracks vorübergehend unpassierbar machte. Zu solchen Zeiten gleicht das Channel Country einem großen Inland-See, ein See, wie ihn sich die ersten Forscher erträumt hatten.

Ansonsten macht sich Oberflächenwasser rar, doch im Untergrund bleibt es erstaunlich reichlich vorhanden. Trotzdem versucht man, die Entnahme zu kontrollieren, damit der Grundwasserspiegel nicht absinkt und höhergelegene Brunnen nicht trockenfallen. Erst Wasser verwandelt das trockene, rote Land in üppiges Weideland. Kein Wunder, daß es hier viele *Cattle Stations* gibt, Rinder-Ranchs, die das Outback von Queensland weit mehr prägen als „drüben" im Northern Territory.

Wo es Rinderzucht gibt, donnern auch Road Trains übers Land, diese Lastwagen-Giganten, die das Vieh über viele hundert Kilometer von den Stations zur Eisenbahn verfrachten. Nicht zuletzt dafür wurden die *Developmental Roads* ausgebaut oder neu geschaffen, gute Gravel Roads, die selbst das entlegenste Outback in Queensland erschließen. Beispiele dafür: *Kennedy D.R.* von Boulia nach Hughenden am Flinders Hwy. oder *Eyre D.R.* zwischen Birdsville am Nordende des gleichnamigen Track bis Bedourie. Auf solchen Strecken läßt sich das Outback besser „erfahren" als auf dem „easy way" mit Teer unter den Rädern.

Folgende Seite: Die meisten „Beef-" oder „Developmental Roads" sind zwar nicht asphaltiert, aber dennoch problemloser befahrbar als viele Teerstraßen in der Dritten Welt.

Im Gefolge der Camel Trophy:
Gulf Track

Name: Nach dem *Gulf of Carpentaria*, an dem der Track großteils parallel verläuft. Er erreicht ihn jedoch nur auf Stichstraßen. Die Region heißt *Gulf Country* oder *Never Never*, das Land, das man nie, nie lieben oder dessen man nie, nie überdrüssig wird...
Verbindung zwischen dem nördlichen Stuart Highway (MATARANKA) und dem nordwestlichen Gulf Country von Queensland. Der Final-Punkt BURKETOWN ist die älteste Siedlung am Golf. Von hier auf einer rauhen Gravel Road nach CAMOOWEAL am *Barkly Highway*, ggf. mit Abstecher zum *Lawn Hill National Park*, mit sehenswerten Schluchten und Fossilien-Funden.
Länge: 1.070 km. Fahrdauer etwa drei bis vier Tage.
Zustand: in der Trockenzeit rauh bis gut befahrbar (bes. auf N.T.-Seite), nach Regen sehr schwierig oder gar unpassierbar. Im Mai 1990 z.B. standen Wege bei Burketown zwei Meter unter Wasser... Es sind viele Flüßchen zu queren, die in den Golf münden; bei hohem Wasserstand eine Nervenprüfung nach der anderen.
Funktion: Der Track verbindet einige Aboriginal Communities und Stations (besonders am Roper River). Echte Fernverkehrsfunktion hat er nicht, dafür gibt's z.B. den nun geteerten *Tablelands Highway* (vom Barkly Hwy nach Borroloola), der seit der Asphaltierung kaum noch von Touristen benutzt wird. Der Roper River und weitere Flüsse sind berühmt fürs Fischen von Barramundi und anderen Delikatessen; ferner gibt's Süß- und Salzwasser-Schalentiere.
Karten: Am besten vom RAC oder in Mataranka zu besorgen. Für den Qld-Teil: Sunmap *Tourist Map Qld.*
Versorgung: Treibstoff und Lebensmittel in Mataranka, Roper Bar Store, Borroloola, Wollogorang Roadhouse an der N.T./Qld-Grenze, evtl. Hells Gate und schließlich Burketown. Camping an allen Roadhouses oder im Bush.

Mataranka (einst als neue Hauptstadt des Northern Territory ausgeguckt) ist ein Glanzlicht am Stuart Highway, 420 km südlich von Darwin. Für den Geschmack vieler Aussie-Outbackfans ist das Dörfchen und vor allem das Camp samt Thermalquellen allerdings zu stark bevölkert. *Crowded* hin oder her, der Pool von Mataranka ist eine Wucht! Warmes, sanft strömendes Wasser neben Palmen. Auch nachts gern besucht - und dann liegen schon mal Hautpartien frei, die die Aussies tagsüber gern in Deckung halten. Bringen Sie ein Fläschchen mit zur Pool-Party, das gehört dazu.
Nahe des Pools eine Replika der *Elsey-Homestead*, eine Ranch aus dem letzten Jahrhundert, die im Buch *We of the Never Never* eine Schlüsselrolle spielt. Das Original stand westlich von Mataranka.
Der *Gulf Track* beginnt als Teerstraße mit schmalem Belag, wie er für die Nebenrouten im Outback typisch ist. Anfangs heißt er *Roper Highway* nach dem fischreichen Fluß, der ihn begleitet.
Roper Bar, eine Felsbarriere, die den „süßen" Inland-Roper vom Brackwasser des Gezeitenbereichs trennt. Hier finden sich ideale Camp-Möglichkeiten neben Padanus-Schraubenpalmen. An der Tankstelle reichlich bunkern, die nächste Zapfsäule folgt erst 380 km weiter.
Drei Kilometer von Roper Bar entfernt zweigt der Track ab und führt als meist gute Gravel Road ins Gulf Country.

Nacht-Bad im Thermal-Pool von Mataranka. An den Bächen des Gulf Track verhindern Krokodile Abkühlung.

Zermahlene Sedimente wurden zu puderfeinem Bulldust, mit Respekt zu nehmen. Erste Attraktion: die aufgegebene *St. Vidgeons*-Station mit großen *Billabong*-Becken und kleinen Wasserfällen.

Nun geht's allmählich auf Südost-/Südkurs, parallel zur Küste, aber landeinwärts. Buschwald, Paperbark-Bäume, bisweilen auch Wildblumen. Die ersten Flüsse (nicht baden wegen der Crocs) sind zu kreuzen: Towns River, Cox und Limmen. Bei letzterem beginnt die *Nathan River*-Station. Nach der Homestead Gates en masse am Track, auch so etwas wie ein Outback-Symbol.

An unverkennbarer T-Kreuzung geht's links zum kleinen Ort Borroloola mit fast allen Facilities. Eine Teerstraße bindet dies Outback-Städtchen ans Straßennetz an.

Der Track quert den McArthur River; hier werden reiche Blei- und Zink-Lagerstätten ausgebeutet. Der Weg bleibt generell gut, doch mit Auswaschungen ist permanent zu rechnen. In dieser Zone ging die Camel Trophy 1986 über die Australien-Bühne, doch die Veranstalter hatten sich weit stärker gepfefferte Pisten ausgesucht als den Main Track. Kuriosum damals: Die Regenzeit fiel überraschend trocken aus, es gab für den Trophy-Geschmack zu wenig Wasser am Weg. Es kann aber auch andersrum kommen: daß nämlich die Roads während der *Dry* überflutet sind. Für Überraschungen ist das Gulf Country immer gut.

266 km südöstlich von Borroloola das *Wollogorang*-Roadhouse mit Campground, Tankstelle und kleinem Store. Kurz drauf die Grenze zu Queensland. Und wieder, wie auch anderswo: Der Track, auf N.T.-Seite in recht ordentlichem Zustand, wird deutlich schlechter: schmal, kurvig, staubig.

Ein paar Felsen, im flachen Land irgendwie fehl am Platz wirkend, dann das *Hells Gate*-Roadhouse mit Tankstelle, Duschen, Camp und Laden.

Der Track wird allmählich besser, aber immer noch Bulldust zur Genüge, zermahlene Sedimente des nahen Golfs. Bei der Aboriginal Community von *Doomadgee* ein Camp-

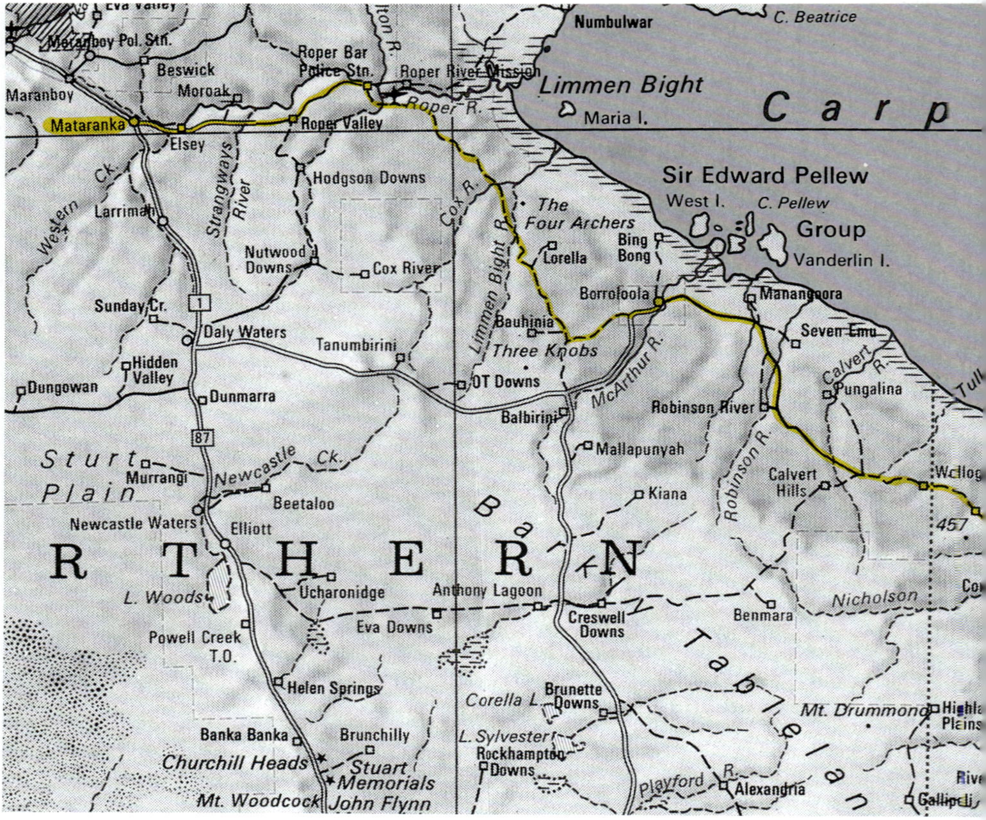

Wie sich die Bilder nicht gleichen: 1a Gulf Track auf N.T.-Seite...

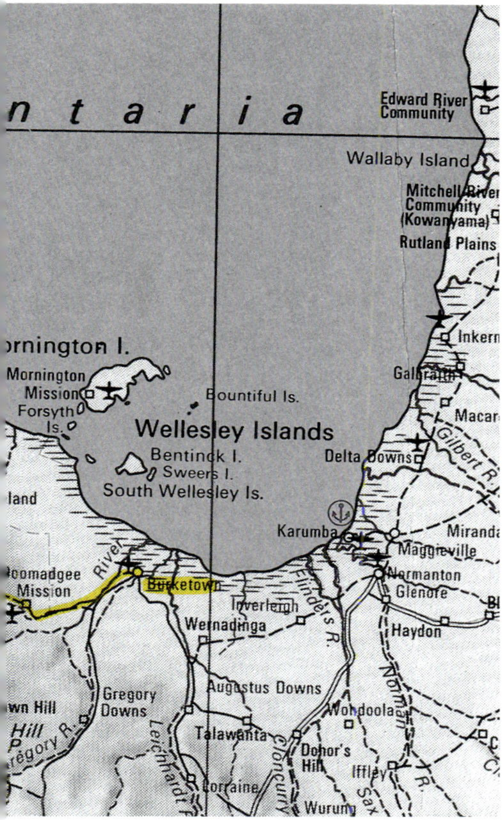

Das Outback ist arid, aber nicht wasserlos. Minerali-en-verkrustete Bore bei Burketown.

ground, dann folgt das neue *Tirranna*-Roadhouse vor Burketown. Kurz drauf mündet der Gulf Track in die von Camooweal heraufführende *Wills*-Gravel Road via Gregory Downs.

Die bessere Route geht nach Südosten zur *Burke Developmental Road.* Hier haben Sie „Anschluß" hinab zur Highway-„Schiene" *Barkly* & *Flinders*. Kurs West nach Mt.Isa/ Tennant Creek bzw. Sandover Hwy. Oder gen Osten Richtung Townsville/Barrier Reef. Im Norden ist bald Normanton erreicht und der Prawns-Hafen von Karumba. Von dort geht's über die neuerdings geteerte *Burke Devel. Road* zum Lakefield Nat. Park oder ganz rauf nach Cape York. Für jeden etwas...

...und 50 Meter nach dem Grenz-Gate in Queensland.

Oh there once was a swagman
camped by the Billabong
Under the shade of a Coolabah tree
And he sang as he looked
at his old billy boiling
"Who'll come a-waltzing Matilda with me?"
(Waltzing Matilda, zweite Nationalhymne)

Alter Tradition folgend: Matilda Highway

Eigentlich ist er keine Outback-Straße im engeren Sinn, der *Matilda Highway:* Der Schmuckname ist zwei anderen Straßen angeheftet. Matilda verbindet den Prawns-Fischerort Karumba am Gulf of Carpentaria mit Charleville im Süden von Queensland, wobei für die nördlichen 445 km die geteerte *Burke Developmental Road* bis Cloncurry benutzt wird. Die südlichen 1.033 km verlaufen auf dem *Landsborough Highway.* Beide Straßen sind benannt nach Australien-Forschern.

Der *Matilda Highway* ist durchgehend geteert, stellt somit keine fahrtechnischen Probleme dar. Eine zivile Outback-Alternative zu den Naturstraßen weiter im Westen.

Geschichte am Weg

Etwa alle 50 km finden Sie am *Matilda* Rest Areas mit Tafeln, die über interessante Aspekte der Region informieren: Geschichte, Geographie, Flora und Fauna.

Bei den Touristen-Infos in Queensland sind Karten des Highway mit den wichtigsten Hintergrund-Informationen erhältlich; Sie können das Blatt auch vorab in Deutschland anfordern (s.Anhang/Qld).

Größte Attraktion ist die *Stockman's Hall of Fame* in Longreach, 515 km südlich von Cloncurry. In der größten Stadt des „Mittleren Westens" von Queensland wurde dies Museum 1988 während der 200-Jahrfeier zu

Lärmendes „Mustering": Rinder werden per Hubschrauber aus der Weite ihrer Weide in den Pferch getrieben. – Hat man ein gutes HF-Funkgerät an Bord, kann man in echten Notfällen drahtlos Helikopter-Hilfe anfordern. Vielleicht nicht billig, aber eine gute „Reserve-Versicherung".

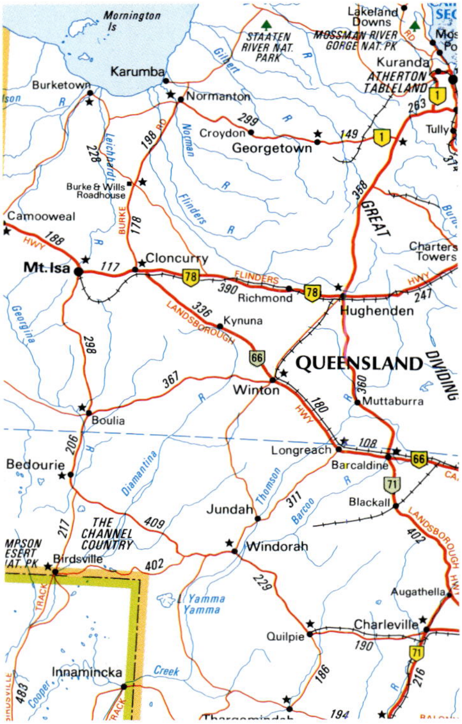

Ehren der Pioniere, Cowboys, Schafshirten und Künstler eröffnet. Was es alles in puncto Outback zu zeigen gibt: Hier können Sie's konzentriert betrachten.

Waltzing Matilda?

Wer ist sie bloß, die walzertanzende Holde? Mit Tanzen ist nichts: Das Lied von 1895 (übrigens fast so was wie Australiens Nationalhymne) handelt von einem wandernden Gesellen. Genauer: Vom Schafsdieb, der sich lieber in einem Wasserloch *(Billabong)* am Camp ertränkt, als sich der berittenen Polizei auszuliefern, den Troopers.
Swag ist identisch mit *Matilda*: Der Wander-Rucksack oder gar nur eine gerollte Decke. Mit ihr war der *Swagman* „auf der Walze", neudeutsch „on the move". Die Swaggies sind so australisch wie das Känguruh. Individualisten. Wie die Leute, die heute auf dem *Matilda Highway* unterwegs sind.

Wie aus der Zigarettenwerbung im Cattle Country Queensland: Ein Stockman bei der Arbeit.

Wasser noch und noch:
Kakadu Nat. Park – Jim Jim Falls

Name: Er wurde von Touristen schon mal „Vogel-Park“ genannt, der *Kakadu National Park.* Dabei hat der Name mit Kakadus nichts zu schaffen; er leitet sich ab vom Aborginial-Stamm der *Gagudju.* Der Park östlich der N.T.-Hauptstadt Darwin ist heute bestens erschlossen, die **Zufahrt** über den durchgehend geteerten *Arnhem Highway* nach Jabiru (250 km) stellt kein Problem dar. Etwas heikler:Die südlichere Zufahrt vom Goldminen-Ort Pine Creek am Stuart Highway. Dieser *Kakadu Highway* ist zwar anfangs geteert, frühere Furten sind von Brücken abgelöst worden. Aber einigen gefährlichen Kurven in den Hügeln sind nicht alle Geländewagen-Piloten gewachsen. Hier werden immer mal wieder Autos aufs Dach gelegt. Im Prinzip ist die *Kakadu*- Route jedoch die interessantere Zufahrt zum Park. Zumal sie mit dem Arnhem Hwy zu einer 780-km-Rundtour kombinierbar ist. Außerdem lassen sich vom Kakadu Highway aus die *Jim Jim Falls* im Südteil des Parks ansteuern, mit Wasser in Hülle und Fülle – auch am Weg...

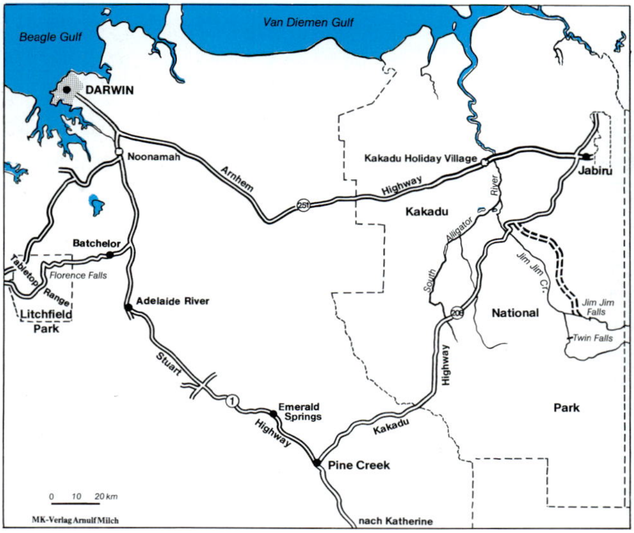

Die „Jim Jim Falls“ im südlichen Kakadu National Park (N.T.)

Furten auf dem Kakadu Highway, der Südwest-Zufahrt zum Nationalpark. Bald gibt's hier Brücken.

Etwa 160 km nordöstlich von Pine Creek, 40 km südlich von Jabiru beginnt die 4WD-Piste zu den *Jim Jim Falls*; ihr Abzweig vom Kakadu Highway ist gut beschildert.

Gleich zu Beginn eine Informationstafel über den Track und Wanderwege in der Nähe der Fälle. Für die 60 km zu den Falls sind etwa zwei Stunden anzusetzen, wobei man die harmlosen ersten 50 km locker binnen einer Stunde absolvieren kann.

Die anfangs gute, wenngleich schmale Naturstraße führt ständig durch Wald, also ohne jedes Panorama. Floodways sind mittlerweile allesamt geteert und damit entschärft. Problematisch: die engen, unübersichtlichen Kurven und teilweise rauhes Wellblech (hängt, wie überall, davon ab, wann der Caterpillar zuletzt sein Schürfschild über den Weg schrappte).

Nach der 50-km-Sektion geht's steil bergauf – auch hier bereits auf Asphalt. Aber auf den letzten zehn Kilometern braucht man derzeit noch den Allradantrieb. Ein Schild warnt zu Recht: „Only 4WD vehicles beyond this point!“

Der Track wird sehr sandig; gute Fahrstufe: Untersetzung L4 + 2. Gang. Ein großer Pool folgt, ein Bach quert den Weg. Das Becken ist gute 30 m lang, geht über die ganze Breite des Weges. Da das Wasser trüb ist, läßt sich der Untergrund nicht erahnen. Etwa die Hälfte kann man noch auf einer Spur durch den Wald umfahren. Viele Bäume haben kaum noch Rinde, dafür eine Autolackschicht in Multicolor.

Dann muß man durch. Hinein. Das Loch ist tief, der Grund weich. Wasser schießt über die Haube – wie sehr, das hängt natürlich vom vorhergegangenen Regen ab.

So geht's weiter: Sand, Steine, Bachläufe. Aber per Geländewagen gut zu schaffen.

Vom Endpunkt des Tracks sind's noch dreißig Gehminuten zu den Fällen. Auch dieser Fußweg führt über Geröll und Fels. Zur Belohnung gibt's am Fall ein gutes Stück Sandstrand zum Baden. Das Wasser ist allerdings ziemlich kühl.

Von den Jim Jim Falls kann man u.U. noch 10 km weiter fahren zu den *Twin Falls*. Diese Piste soll besser sein als der letzte Abschnitt zu Jim Jim, ist aber nach Regen gesperrt. Eventuelle Furten (mit Löchern bis 50 cm Tiefe) lassen sich leicht sondieren. Krokodile gibt's hier oben nicht...

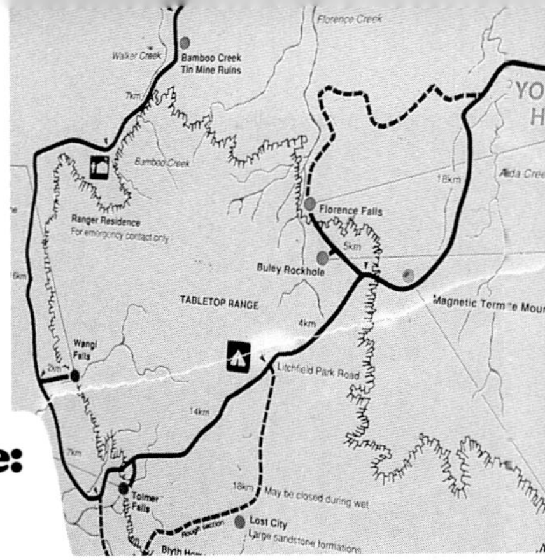

Kurz-Trip von der N.T.-Küste:
Lichtfield Park

Der Litchfield Park ist ein recht neuer Park etwa 130 km südwestlich von Darwin, der Hauptstadt des Northern Territory. Noch heißt er schlicht „Park", aber das Gebiet um die Tabletop Range dürfte wohl bald zum *National Park* aufgewertet werden.

Eine Attraktion ist der tropische Regenwald, die größere aber stellen die Wasserfälle dar. Es sind deren vier: Wangi, Tolmer, Florence und Sandy Creek Falls.

Ideal ist die Anfahrt via Batchelor (Abzweig vom Stuart Hwy 85 km südlich von Darwin, dann 14 km nach Westen). Auf dieser Route kriegt man die Steilstufe vor den *Sandy Creek Falls* besser in den Griff.

Bis auf die Sandy Falls kann man alle mit normalem Straßenfahrzeug erreichen. Die Wege im Park sind teilweise schon geteert, die unbefestigten wurden erstklassig vom Grader unter die Kehrschaufel genommen. Wegen der Nähe zu Darwin ist vollständige Erschließung samt damit verbundenem *easy way* nur noch eine Frage der Zeit.

Sandy Falls ist der schönste Wasserfall im Park, stellt aber derzeit noch die höchsten Anforderungen an Fahrer und Gefährt. Eine der Allrad-Pisten führt von den Florence Falls dorthin. Auf den ersten 8 km ist sie in solch gutem Zustand, daß man sich schon wundert, warum er als 4WD-Track firmiert.

Aber dann geht's los: Über Felsen und Gestein, durch ausgewaschene Bäche und Wasserlöcher. Steile Stufen sind zu überwinden. Erfahrene behaupten, es sei die härteste Strecke, die sie je gefahren sind. Bisweilen kriegt der Wagen derartige Schieflage, daß man den Umsturz befürchten muß.

Selten kommt man aus dem zweiten Gang der Untersetzung heraus, sprich: Kriechfahrt ist angesagt für die „Eroberung" von Sandy Creek Falls (2 Stunden für rund 50 km).

Der schlimmste Abschnitt: Zwischen der *Lost City* (große Sandsteinfelsen im Wald) und den Sandy Falls. Da führt der Track schroff hinab durch eine Steilstufe. Auf jeden Fall ist die Tour in der angegebenen Richtung einfacher als umgekehrt, denn so geht's wenigstens bergab.

Fazit: Eine kleine Expedition in schon recht zivilisiertem Raum.

Ein Teil des Parks ist privat: *Petericks Rainforest Park* im Nordwesten. Eintritt 3$, mit Übernachtung 5$. Ideal für alle, die sich für die Regenwald-Flora interessieren.

Mitten im Wald der *Thermal Pool* : eine heiße Quelle neben eines Bacherls kaltem Wasser. Bestes Camp im gesamten Litchfield Park!

Die Straße erreicht schließlich Ebenen, Wasserläufe im Escarpment sind zu furten. Nach Queren des Finnis River führt die *Cox Peninsula Road* zurück nach Darwin (ca. 140 km). Ein gelungener Zweitagesausflug von der Küste.

Buchstäblich über Stock und Stein...

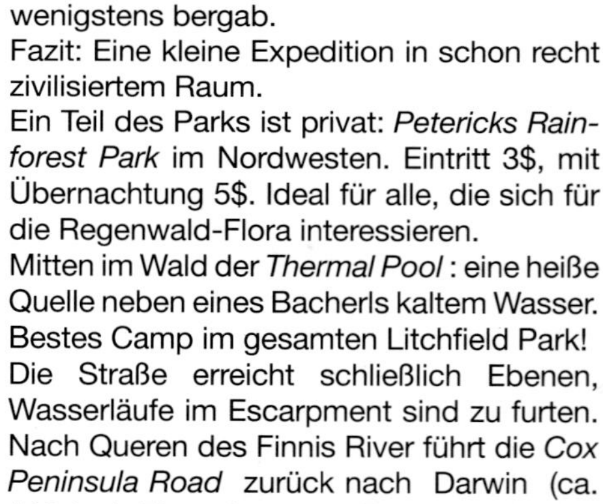

Outback – durch und durch...

Routen-Planung

Sie können's drehen und wenden wie Sie wollen, zuvor wochenlang Strecke um Strecke, Tag um Tag verplanen – de facto läuft alles doch ein wenig anders. Eine Outback-Tour ist nicht so kalkulierbar wie ein Bayern-Urlaub. Wetter & Pisten, Langeweile & großartige Abwechslung, Badevergnügen & überraschende Attraktionen stehen exaktem Routing entgegen.

Wie kriegt man einen solch schwer berechenbaren Trip in den Griff? Voraussetzung ist, daß Sie (wissend, ihn nicht ganz einhalten zu können) einen exakten Routenplan erstellen, mit etwas Luft für Exkurse.

300 km pro Tag sind genug!

Wieviele Kilometer lassen sich täglich ansetzen im Mix aus Teer-, Schotterstraßen und Pisten? Bei einem halben Dutzend Australien-Reisen kamen wir auf einen Tages-Schnitt von 280 bis 330 km, wobei die Tage von der Morgendämmerung bis zum Abendrot ausgenutzt wurden, bei ca. 60 % Fahrzeit und 40 % sonstiger Aktivität.

Sicher lassen sich unter günstigen Bedingungen und auf Teerstraßen schon mal 500 oder 600 km abspulen und monotone Etappen überbrücken. Doch das ist eher die Ausnahme. Mit solchen Ansätzen kann man die Tour gleich bleiben lassen.

Wer was erleben will, muß darunter bleiben, daher sollten 300 km pro Tag reichen. Auf schlechten Tracks wird man mit nur zweistelligen km-Leistungen zufrieden sein. Gute Gravel Roads hingegen erlauben ähnliche Tagesleistungen wie Teerstraßen.

Schauen, erforschen, wandern und auch baden (letzteres ist überraschend oft „drin") brauchen ihre Zeit. In den Kimberleys oder im Hamersley Range National Park bei Wittenoom können grandiose *Gorges* zu zwei Zuschlags-Tagen führen. Aber auch ohne überreichlich Wasser gibt's bisweilen Gebiete, wo man sich wohlfühlt und das Outback auskostet. Anderes wiederum läßt sich schneller als geplant absolvieren. Zum Glück, sonst käme das Routing völlig durcheinander...

Wer sich nicht von vorneherein auf ein recht kleines Gebiet beschränkt, wer also die ungewöhnliche Weite voll erfahren will, sollte für eine Vier-Wochentour maximal 8000 km ansetzen. Diese Distanz ist auf leeren, oft gradlinig verlaufenden Strecken gut machbar. Die kalkulierte Tour jedoch knapper ansetzen, da sich Abstecher (zu Sehenswürdigkeiten oder Camps) aus den Karten oft nicht ablesen lassen. Das summiert sich!

Gut planbar: nur Anfang & Ende

Die Startphase ist noch am ehesten kalkulierbar. Am Ankunftstag steht die Hotelübernachtung auf dem Plan, am zweiten Tag die Übernahme des Mietfahrzeugs samt erstem Großeinkauf, ferner unbedingt ein Besuch beim Automobilclub. Dafür muß auch andernorts noch Zeit bleiben, da selbst in Metropolen nicht immer alle Karten, Broschüren und Infos parat liegen.

Erstes Camp am besten auf einem Caravan Park nahe der Vermietstation: Was fahrzeugtechnisch nicht verstanden wurde, was evtl.

defekt ist, läßt sich am folgenden Tag klären bzw. richten.

Am ersten „echten Reisetag“ sollten Sie die km-Leistung noch nicht zu hoch ansetzen, denn der *jetlag* wirkt noch nach, die Kombination aus Zeitverschiebung und Klimawechsel. Je nach Kondition kann nachmittägliches Abschlaffen noch ein bis vier Tage anhalten. Dann können selbst auf Teerstraßen 250 km genug sein, eine Tagesleistung, die man nach Akklimatisierung binnen vier Stunden schafft.

Auch das Finale kriegt man gut in den Griff: der Fahrzeug-Rückgabetag liegt ja fest und muß eingehalten werden (ansonsten u.U. hohe Zuschläge). Am Tag zuvor sollten Sie vor Ort sein, auch die Etappe davor kann von Anfang an festliegen. Für die Reinigung eines Mietwagens samt Ausrüstung nach staubiger Outbacktour kommt man wohl nie unter sechs Stunden weg. Auch das muß rein in die Routen-Kalkulation.

Gut zum Zeit-„Verkneten“: die Mitte

Flexibel werden Sie durch ein lockeres Programm etwa in der Reisemitte, das sich nach Bedarf reduzieren läßt. Beispiel für solche „Puffertage“: Wer mit dem Campmobil auf harmlosen Straßen unterwegs war, könnte (z.B. von Alice Springs aus) eine Geländewagen-Tour vorsehen. Nachteil: Der 4WD als „Füller“ läßt sich für diesen Zweck nicht im Voraus, sondern erst vor Ort buchen.

Tip: Einige Geländewagen-Vermieter in Alice haben's nicht gern, wenn ihre Four Wheeler dort fahren, wo sie hingehören (z.B. auf der Piste durch die Finke Gorge). Also entweder woanders suchen oder schweigen...

Es gibt noch jede Menge weiterer Alice-Aktivitäten. Ein Kamelritt etwa, ein Rundflug oder eine Fahrt mit dem *Old Ghan*, von Ausflügen ganz zu schweigen. Alice Springs ist in diesem Punkt, da wohl in der Mitte jeder Outback-Tour liegend, für vielerlei gut. Anregungen gibt's en masse vor Ort.

Wichtig dabei ist nur, daß die Etappen um die Reise-Mitte nicht von vorneherein derart ausgereizt sind, daß fürs Zentrum unter Umständen gar keine Zeit mehr bleibt!

	Adelaide	Albany	Alice Springs	Ayers Rock	Brisbane	Broken Hill	Cairns	Canberra	Darwin	Hobart*	Kununurra	Mackay	Melbourne	Mount Isa	Perth	Port Hedland	Surfers Paradise (Gold Coast)
Albany	2675 / 2494																
Alice Springs	1555 / 1320	3594 / 2532															
Ayers Rock	1597 / 1659	3636 / 2685	446 / 333														
Brisbane	1992 / 1616	4269 / 3981	3026 / 2246	3472 / 2579													
Broken Hill	513 / 426	2790 / 2781	1670 / 1176	1712 / 1509	1479 / 1233												
Cairns	2858 / 2773	5135 / 3812	2307 / 1460	2753 / 1793	1710 / 1392	2345 / 1734											
Canberra	1230 / 970	3905 / 3553	2785 / 2258	2827 / 2591	1315 / 951	1100 / 805	2938 / 2376										
Darwin	3261 / 2623	3735 / 3184	1706 / 1307	2152 / 1640	3672 / 2852	3376 / 2431	2953 / 1677	4233 / 3734									
Hobart*	999 / 1261	3674 / 3701	2554 / 2577	2596 / 2910	1970 / 1788	1113 / 1317	3291 / 3016	903 / 1088	4260 / 3882								
Kununurra	3248 / 2344	3735 / 2587	1693 / 1044	2139 / 1377	3659 / 2828	3363 / 2217	2940 / 1825	4400 / 2977	880 / 440	4247 / 3500							
Mackay	2100 / 2416	4377 / 4912	2391 / 1787	2837 / 2119	1010 / 800	1783 / 1426	700 / 613	2325 / 1783	3037 / 2350	2971 / 2496	3024 / 2241						
Melbourne	747 / 650	3422 / 3084	2302 / 1970	2344 / 2303	1718 / 1379	861 / 702	3039 / 2683	651 / 470	4008 / 3273	252 / 610	3995 / 2904	2719 / 2163					
Mount Isa	2734 / 1990	4773 / 3026	1179 / 674	1625 / 1007	1847 / 1572	2105 / 1275	1128 / 785	2724 / 2556	1825 / 1297	3070 / 3251	1812 / 1262	1212 / 1110	2818 / 2644				
Perth	2720 / 2118	409 / 376	3639 / 1976	3681 / 2309	4314 / 3605	2835 / 2405	5180 / 3436	3950 / 3177	4206 / 2808	3719 / 3325	3326 / 2211	4422 / 4536	3467 / 2708	4973 / 2650			
Port Hedland	3847 / 3432	2105 / 1688	3289 / 2883	3737 / 3216	5289 / 4447	4531 / 3858	4570 / 3315	5646 / 4489	2510 / 1579	5338 / 4637	1630 / 1183	3654 / 3928	5286 / 4019	3442 / 2875	1696 / 1311		
Surfers Paradise (Gold Coast)	2028 / 1604	4305 / 4074	3106 / 2338	3552 / 2671	80 / 93	1559 / 1235	1790 / 1484	1235 / 916	3752 / 2961	2074 / 1719	3739 / 2897	1090 / 893	1822 / 1332	1927 / 1664	4393 / 3698	5369 / 5277	
Sydney	1475 / 1165	3791 / 3654	2831 / 2021	2873 / 2354	1031 / 748	1161 / 932	2636 / 1976	302 / 237	4095 / 3328	1141 / 1040	4096 / 3023	2061 / 1456	889 / 706	2396 / 2320	3996 / 3278	5692 / 4598	933 / 679

The **black** figure in the square where the horizontal and vertical columns meet is the road distance in kilometres between two towns.
The figure in **red** shows the distance by the most direct route on regular scheduled air services.
* Road distances to Hobart exclude the Melbourne-Devonport ferry journey.

Gewaltige Entfernungen innerhalb Australiens und zu den „nächsten" Kontinenten.

Wie in Deutschland ist das Tageslicht im Winter recht knapp; daher sind die Monate Mai bis Juli für Langstreckentouren nicht günstig (aus klimatischen Gründen jedoch gut für den Norden, für Wüstentouren sowie für Städtereisen).

Februar bis April sowie August bis Oktober gelten unter Australienkennern als ideal für Touren. Selbst zwischen den nördlichen Tropen und dem gemäßigten Süden gibt's da am selben Tag beträchtliche Unterschiede in der Dauer des Tageslichts (in den Tropen sind die Tage übers ganze Jahr etwa gleich lang, im Süden wirken sich Sommer/Winter stärker aus.)

Im November/Dezember/Januar strahlt die Sonne am längsten, was einerseits für üppig viele Stunden Tageslicht spricht, andererseits für überreichliches Wärme-Quantum...

Mit der oder gegen die Sonne?

Der Zeitunterschied zwischen Ostaustralien und Western Australia beträgt zwar nur zwei Stunden (12 Uhr in Sydney gleich 10 Uhr in Perth). Aber die Fahrtrichtung macht sich doch unterwegs in puncto Tageslänge bemerkbar: Von Westen nach Osten täglich ca. 20 Minuten weniger Licht. In Gegenrichtung wird der Tag entsprechend länger, da *mit* dem scheinbaren Sonnenlauf gefahren wird. Geschenkt bekommen Sie das nicht: der Zeitgewinn wird über die Rückflug-Dauer ausgeglichen. Die Tour in Ost-West-Richtung ist ideal vor allem in den Monaten mit relativ kurzen Tagen (April bis September).

Tages-Planung

Frühmorgens und spätnachmittags schüttet die Sonne fantastisches Licht übers Outback. Diese Zeit verplempert man besser nicht mit Fahren. Machen Sie's wie ein *early bird* (Aussie-Frühaufsteher, der vor anderen sein Ziel erreicht): vor Sonnenaufgang aus dem Schlafsack krabbeln! Kühle Morgenstunden bieten sich an für Wanderungen, der Abend gehört dem Camp-Vergnügen. Eine Stunde vor Sonnenuntergang sollte man daher sein Traum-Plätzchen gefunden haben, denn Sunset und die farbenprächtige Stunde danach goutiert man im Outback wie einen Spitzen-Wein.

In den Tropen ist die Dämmerung viel kürzer als bei uns. In der Dunkelheit gestaltet sich die Busch-Camp-Suche schwierig, ganz abgesehen davon, daß Dämmerung und Nacht die gefährlichsten Zeiten auf Teerstraßen und Tracks sind!

Mittags steht die Sonne meist ziemlich senkrecht, es gibt kaum Schatten, die Landschaft wirkt fade. Keine Zeit für genußvolles Relaxen, aber gut, um „Kilometer zu machen", wenn's der Routenplan erfordert.

Vorteil von *high noon*: Zwar kriegt das Outback „Fieber", die Temperaturen steigen – je nach Jahreszeit – an oder über 40 Grad, aber die Sonne knallt nicht allzusehr ins Cockpit, es heizt sich weniger auf als bei schrägstehender nachmittäglicher Sonne.

Routen-Vorschläge

Ganz Australien in einer oder zwei Normal-Urlaube „packen" zu wollen ist unmöglich, dafür ist der Kontinent einfach zu groß. Außerdem ist's oft so, daß die erste eine zweite Outback-Tour zur Folge hat. Schade, wenn da alle Highlights futsch wären...

Hier ist viel reingepackt: Townsville/Reef, Cape York, Gulf, Longreach, Sandover oder Plenty Hwy, Alice mit Simpson Desert, Nördliches N.T./Kakadu, Kimberley, Tanami, Alice, Finke Gorge, Gunbarrel, Goldfields, Perth (2 bis 2,5 Monate oder besser mehr...)

Tour 1, leicht: Melbourne, Küste/ Adelaide, Flinders Ranges, Marree, Oodnadatta Track, Ayers Rock/ Kings Canyon, Alice Springs, Sandover Hwy, Mt. Isa, Townsville. 4 Wochen. Finale am Barrier Reef.

Tour 2, schwieriger: Perth, Küste/ Pinnacles/Kalbarri Nat.Park, Nach Osten zu den Goldfields, Gunbarrel Highway (einsam, mäßig schwierig), Ayers Rock (evtl. Finke Gorge, 4WD-sehr schwierig), Alice. Alternative 1: Mt. Isa, Gulf Track, nördliches N.T. und Finale rund um den Kakadu Nat.Park. Alternative 2: Plenty Highway, Boulia, Birdsville und B. oder Strzelecki Track, Adelaide.– 6 Wochen.

Tour 3: Townsville, Cairns, Cape York (schwierig-4WD), Gulf of Carpentaria, Sandover Hwy, Alice Springs & Simpson Desert Loop, 4WD relativ schwierig, Tanami Road, Kimberley 4WD. Zum Abschluß: entweder nach Darwin oder via Gt. Northern Hwy hinab zu den Goldfields und nach Perth (sehr weit – 5 bis 6 Wochen).

Kurzer Appetizer: Adelaide, Oodnadatta Track, Ayers Rock, Alice Springs (mit kleinen Abstechern in 14 Tagen machbar; landschaftlich und historisch interessant). Anschließend Flug Darwin oder Cairns/Townsville.

Outback ist nicht nur „Inland": Auch abgelegene Küstenzonen gehören dazu. Abend-Drink bei Karumba am Gulf of Carpentaria.

Rain for us, for everybody.
Rain give us everything new,
Yam, fish, everything.

Fast alles anders als daheim

Klima – Wetter – Reisezeit

Dies Thema gehört zu den erfreulichsten *down under*: Das Wetter im *sunburnt country* ist fast immer ideal für die Reise! Auf einige klimatische Gegebenheiten, wichtig für die Reiseplanung, kann man sich dabei leicht einstellen.

Der Kontinent ist zwar der kleinste der fünf, aber trotzdem gigantisch: Er reicht über 33 Breitengrade von der schmalen subäquatorialen Zone im Norden über die Tropen und Subtropen bis in gemäßigte Breiten des Südens. Auf die Alte Welt übertragen: von Südeuropa (ohne mildernden Golfstrom-Einfluß) bis weit hinein nach Afrika (Guinea oder Zentral-Sudan).

Outback wird oft gleichgesetzt mit Hitze und Trockenheit. Zwar ist im Outback-Großraum die Trockenheit einzig sicher kalkulierbarer Klimafaktor (bedingt durch ausdörrenden Südost-Passat), doch Regen ist zu gewissen Jahreszeiten nicht auszuschließen: Wandert die Sonne in unserem Winter vom Äquator zum südlichen Wendekreis (*Tropic of Capricorn* etwa auf der Breite von Alice Springs), dann kann's im Norden kräftig gießen. Selbst Zyklone sind dann nicht auszuschließen. Die Reise ist auf modernen Teerstraßen trotz Monsun noch möglich, aber es wird sehr heiß, bei hoher Luftfeuchte.

Generell gilt: Die Jahreszeiten sind gegenüber den unsrigen vertauscht. In der Praxis hat das jedoch weniger gravierende Bedeutung, da sich der Winter nicht so stark bemerkbar macht wie bei uns. Im tropischen Norden herrscht Monsunklima, dort wird

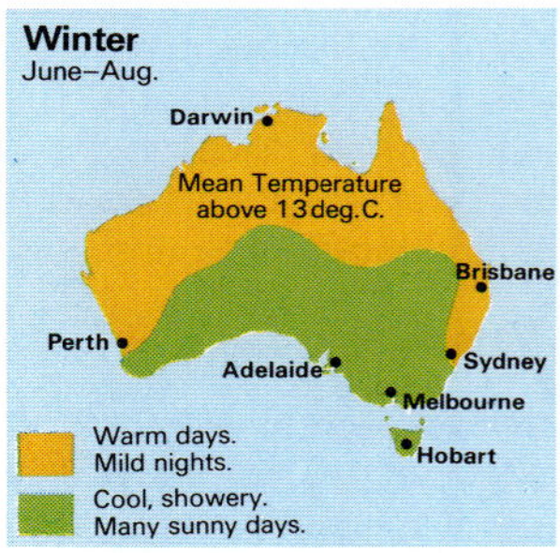

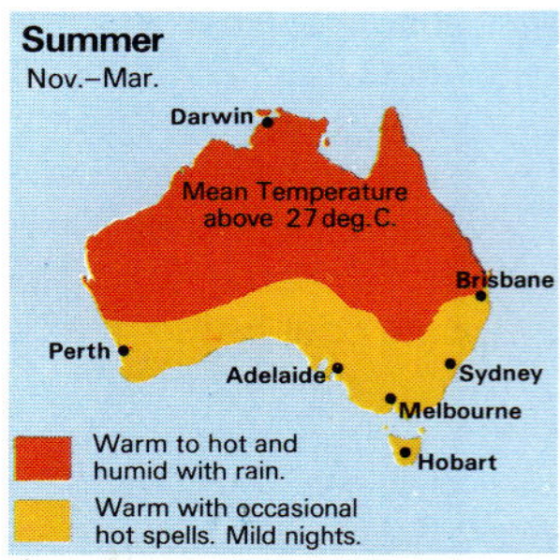

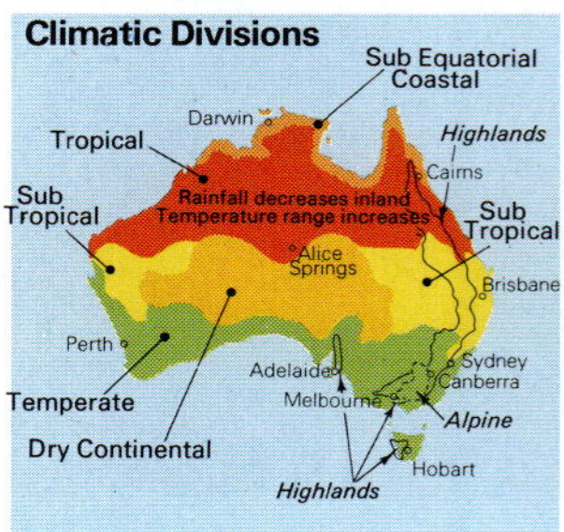

Solche hohen, feinen und vom Winde verdrehten Wolkenschleier deuten fast immer auf schlechtes Wetter hin. „Schlecht“ bedeutet dabei meist: „gut fürs Land“. Regen in der Wüste behindert zwar den Verkehr, ist aber faszinierend und hat Blumenpracht im Gefolge.

zwischen feuchter und trockner Jahreszeit (*Wet* oder lyrischer *Green* Season Nov/Mrz bzw. *Dry* von April bis Okt) unterschieden statt zwischen Sommer und Winter.

Nachts kann's zwar im Inland und im Süden während des „Süd-Winter" (= in unserem Sommer) recht kalt werden. Tagsüber wärmt die Sonne (da meist unverschleiert) jedoch stärker als in unserem Winter. Die Temperaturschwankungen zwischen Tag und Nacht sind auch im Süd-Sommer hoch: auf heiße Tage können sehr frische Nächte folgen.

Bei der Reiseplanung wichtig: wenn möglich während europäischer Spätsommer- und Herbstmonate vom australischen Norden nach Süden fahren, von Dez. bis April umgekehrt. Die Tabelle kann nur einen Anhalt bieten – ohne Gewähr.

Der südliche Hochsommer um den Dezember herum ist im Inland sehr heiß. Hitzerekord in Marble Bar (W.A.): 160 Tage über 100 Grad Fahrenheit (gleich 37,7Grad C) anno 1924. Spitzen weit über 40 Grad sind normal, auf Pisten heizt sich der Sand bis über 50 auf, was Autos auf Dauer kaum verkraften.

Doch die stocktrockene Hitze im Inland läßt sich besser ertragen als feuchte Schwüle nahe der Küsten und im Norden. Mit Regen muß im Südsommer (aber bisweilen auch in den übrigen Monaten) gerechnet werden: Pisten können unbefahrbar, Furten unbenutzbar sein! Regen hin – Regen her: Er ist ein Erlebnis für sich in der Halbwüste! „That's good for the country", meinte ein Aussie.

Doch wie gesagt: Einzig Kalkulierbares im Inland ist nur die Trockenheit, Regen die Ausnahme! Hilfe fürs Routing liefern die Wettervorhersagen in Tageszeitungen, oft mit Satellitenfoto. Damit kann man zumindest großräumigen Schlechtwetterlagen ausweichen, wenn's sich vom Reiseablauf her machen läßt.

Reisezeit-Beispiele für Outback-Touren

Monate	Nördl.NT	Cape York Kimberley	Pilbara	Südl. Zentrum	Süden Qld
Jan(=Jul)	—	—	+	–	++
Feb(=Aug)	–	—	+	+	++
Mrz(=Sep)	(+)	–	++	++	+
Apr(=Okt)	++	+	++	++	+
Mai(=Nov)	++	++	+	+	–
Jun(=Dez)	++	++	+	+	–
Jul(=Jan)	++	++	–	+	—
Aug(=Feb)	++	++	+	+	–
Sep(=Mrz)	+	++	++	++	+
Okt(=Apr)	+	++	++	++	++
Nov(=Mai)	+	+	++	+	++
Dez(=Jun)	–	–	+	+	++

(in Klammern = mitteleuropäische Vergleichsmonate als Anhalt)
++ sehr gut + gut – kaum geeignet — ungeeignet

Rund ums Reise-Gefährt

Tour mit eigenem Auto?

Die Frage dürfte sich für die meisten Touristen rasch beantworten: zwar hat das eigene, aus Europa rüberverfrachtete Fahrzeug Vorteile: Man kennt sich aus mit der Technik und den Eigenheiten des Mobils, kann es entsprechend herrichten (Camper-Ausbau) und ausstatten (Bergegerät usw.).
Die Fracht-Raten sind aber hoch; für einen Kombi der VW-Bus-Klasse sind *one way* über 5000 DM anzusetzen (s. Anhang). Dafür kriegt man vier bis fünf Wochen lang einen Mietwagen. Preise für die Verschiffung müssen von Fall zu Fall mit exakten Größen- bzw. Gewichts-Angaben ausgehandelt werden. Zudem wird immer wieder berichtet, daß Gefährte geknackt und geplündert worden sind. Daher lohnt sich Containerverladung ab 15 Kubikmeter Fahrzeugvolumen (Länge mal Breite mal Höhe, siehe Kfz-Papiere). Hafengebühren dafür sind hoch!

Mit eigenem Auto von Singapur nach Australien, nach 20000 km Überland-Anfahrt: 1400 US-$ für Container-Verschiffung, 1000 US-$ Gebühren.

Richtungs-Tip:
Ein mit Lippenstift o.ä. auf die Frontscheibe gemalter, nach links weisender Pfeil hilft, bei Begegnungen richtig auszuweichen.
Je geringer der Verkehr, desto größer die Gefahr! Auf Teerstraßen stellt der Linksverkehr kein Problem dar. Vorsicht auch als Fußgänger: Vor Betreten der Straße anders als daheim erst nach rechts, dann nach links „sichern“.

Die Einfuhr ist nicht problematisch: kein Carnet nötig. Verlangt wird Dampfstrahl-Desinfizierung des Autos. Wegen aktueller Einfuhrbedingungen setzen Sie sich am besten mit der Australischen Botschaft in Verbindung (Adresse im Anhang).

Weiterer Nachteil eines Campmobils aus der Welt des Rechtsverkehrs: Vertraute Linkssteuerung läßt einen vor allem auf selten befahrenen Pisten leicht vergessen, daß down under links gefahren wird. Bei einem Aussie-Auto mit Rechtssteuerung ist dies Risiko viel geringer, da das Lenkrad „an der falschen Stelle" permanent an die richtige linke Fahrbahnseite erinnert

Übersee-Verfrachtung dürfte sich daher nur bei sehr langen Reisen (ab drei Monaten) auszahlen. Nicht zu vergessen: Europäische Autos sind in Australien Exoten! Was Ersatzteilbeschaffung und Reparaturen erschwert oder u.U. astronomisch verteuert.

Neu oder gebraucht?

Besser steht's da um den Fahrzeugkauf vor Ort. Doch auch dies ist nur etwas für Langzeit-Touristen. Anschaffung eines Neuwagens ist das kleinste Problem; die Preise für gängige Geländewagen lagen nicht höher als in Europa (hängt stark vom jeweiligen Kurs des australischen Dollar ab).

Mit nagelneuem Fahrzeug fährt man nicht sofort los ins Outback. Kinderkrankheiten zeigen sich, von Garantie gedeckt, auf den ersten 5000 Kilometern; erst danach ist das Gefährt „reif für die Wüste". Die Einfahr-Phase kostet natürlich Zeit..

Bei Second Hand-Autos ist ein Risiko im Spiel. Hat das Fahrzeug keine versteckten Macken? Überprüfung vor Kauf ist notwendig. Wenn`s nicht 4WD sein soll, sind robuste Pkws älteren Baujahrs ideal, z.B. Holden. Tips für den Gebrauchtwagenkauf in Conrad Steins *Australien-Handbuch S.* 29ff.

Die Entscheidung „alt und billig oder (relativ) neu und teurer" ist natürlich von den vorhandenen Geldmitteln abhängig. Beim Oldie müssen relativ viele Ersatzteile an Bord sein, dazu Kenntnisse und reichlich Werkzeug, um sie einzubauen. Das schluckt Laderaum.

Schon das Gefühl, in menschenleerem Land eine gravierende Panne haben zu können, vermiest die herrliche Tour. Ganz abgesehen davon, daß man u.U. das benötigte Teil gar nicht dabei hat: Wer nimmt schon ein halbes Auto als Ersatz mit?

Problematisch ist der Verkauf gegen Reise-Ende. Zum einen reduziert der Einsatz auf Outbackpisten den Fahrzeugwert. Es ist aussichtslos, den verräterischen roten Staub beseitigen zu wollen. Schon 50 Track-Kilometer bedeuten happigen Wertverlust. Zum anderen steht man vorm Verkauf unter gewissem Zeitdruck, was wiederum den Preis sinken lassen kann, wenn's der potentielle Käufer spürt.

Diesel oder Benziner?

Die Qual der Wahl wird leicht gemacht: Oft hat man (besonders bei Mietfahrzeugen) gar keine... Wo auch immer die Option offen ist, stellt der Dieselmotor die bessere Alternative dar. Dabei geht's weniger um den Treibstoffpreis, denn Benzin und Diesel unterscheiden sich nur geringfügig um ein paar Cents.

Der Diesel-Selbstzünder ist unkomplizierter und damit weniger störungsanfällig als ein Ottomotor. Er hat einen besseren Wirkungsgrad, begnügt sich vor allem im sogenannten Teillast-Bereich, also bei Nicht-Vollgas, mit weniger Saft. Nur wenn der Diesel hochtourig „getreten" wird, säuft er.

Bei verhaltener Fahrweise kommt ein Selbstzünder mit 12 bis 14 Litern auf 100 km aus, wo sich Benziner mit 18 bis 20 Litern bedienen. Der Automobilclub RAC geht noch weiter. Auf der Canning Stock Route (mit Abstechern um 2000 km) empfiehlt er für Benzinmotoren die Tankffüllung plus ein 44-Gallonen-Faß. Geländewagen mit Dieselmotoren „benötigen die Hälfte dieser Menge". Das sagt wohl genug...

Zudem ist Dieselöl ein „gutmütiger" Treibstoff. Gefüllte Kanister lassen sich kaum wie Benzinbomben in die Luft jagen; ein Leck verursacht schlimmstenfalls eine gewaltige Sauerei an Bord.

Die Treibstoff-Versorgung ist auch im Outback ausreichend; Nur mit Bleifrei (*unleaded*)

Erfahrungen:

Outback per Linienbus?

Ein Bus-Tourist berichtet:
Nach der Reise durch Australien lautete mein Urteil: „Es hat sich gelohnt, aber einmal ist genug". Gespräche mit begeisterten Auto-Touristen („wir kommen nächstes Jahr wieder") zeigten, daß die Tour im eigenen Gefährt ein weit positiveres Bild ergibt.
Ich würde nicht mehr per Bus durch Australien reisen: Was ich erlebte, waren die Städte des 5. Kontinents – doch wer fliegt schon so weit, um hauptsächlich Siedlungen kennenzulernen? Mit dem Rundreiseticket für 615 $ sah ich vom „echten Australien" herzlich wenig. Küste, ein Stop in Mt. Isa, dann nach Darwin und quer durch nach Süden, wobei ich in Alice, am Ayers Rock und in Coober Pedy Halt machte. Will man weiter ins Land vorstoßen, ist man ohne fahrbaren Untersatz auf organisierte Touren angewiesen, denn zum Kings Canyon, zum Kakadu-N.P. oder zu den Olgas fährt kein Linienbus. Bei diesen Touren ist einem vorgeschrieben, wie lange man sich wo aufzuhalten hat. Außerdem sind die Exkursionen ziemlich überteuert und sie lassen qualitätsmäßig zu wünschen übrig.
Im Outback fährt täglich nur ein Bus jeder Company; es kann passieren, daß man frühmorgens um 2 Uhr in Tennant Creek oder in Port Augusta landet. Solche Besuchszeiten sind wenig einladend. Mit dem Service hingegen war ich bei *Deluxe* zufrieden, es werden genügend Pausen eingelegt, der Sitzabstand ist ausreichend und es gibt bis zu drei Fernsehgeräte, über die Videofilme flimmern. Doch fährt man dazu ins Outback? Jetzt sage auch ich: „Ich komme wieder – aber dann per Mietwagen."

gibt's bisweilen Schwierigkeiten am Arsch der Welt. Diesel und Benzin sind gleichmäßig gut abgedeckt; die Preise liegen 25 % über denen der Küsten-Ballungsgebiete; an abgelegenen Roadhouses kann der Aufschlag höher ausfallen.
Nur in Ausnahmefällen sind Distanzen von 400 und mehr zapfsäulenlosen Kilometern zu überwinden (z.B. östlicher Teil der Gibb River Road, westlicher „alter" Gunbarrel Highway). In den meisten Fällen wird's angezeigt wie etwa „Warning! No fuel for 500 km!" auf signalroter Tafel.
Im Outback tankt man bei jeder sich bietenden Gelegenheit nach; am besten berechnen Sie den Vorrat so, daß im Notfall die übernächste Tankstelle erreicht werden kann (vgl. „Versorgung").

Zwei- oder Vierrad-Antrieb auf Tracks?

Auf einigen Tracks können Personenwagen oder Campervans (ausgebaute Transporter) über die Runden kommen, vorausgesetzt, das Wetter spielt mit. Gute Gravel Roads sind z.B.: Birdsville Track, Sandover Highway, Neuer Strzelecki Track, Oodnadatta Track, Tanami Road.Doch nicht umsonst ist das Outback ein klassisches Revier für den *Four Wheel Drive / 4WD.* Ein strammer Regen, hoher Wasserstand in Furten, Schlamm, ausgewaschene Pisten – schon ist der Ofen aus für den konventionellen Antrieb mit geringer Bodenfreiheit. Zudem sind gecharter-

Auf guten Gravel Roads haben Pkw keine Probleme.

te Pkws und Campervans von den Vermietern nahezu ausnahmslos nicht für die Fahrt auf Tracks zugelassen! Was toleriert wird, muß man im Einzelfall aushandeln!
Zu Campern auf Schotterstraßen Auszug aus einem Mietvertrag von *Westland Travel:* „Campervans... are to be driven on bitumen roads only – unless permission to travel on good gravel roads is granted by Westlands." Ein paar Absätze weiter folgt quasi augenzwinkerndes Einverständnis: „We realise that clients may have to travel on unsealed roads to see special places of interest. But the resulting red dust or mud must be removed from inside and outside." Die Campmobile müssen also gereinigt zurückgegeben werden.
Schäden, die auf Gravel Roads entstehen, gehen zu Lasten des Mieters.Der Geländewagen ist die einzig sichere Alternative. Zumal er Bodenwellen und Wellblech dank großer Reifen besser wegsteckt und mit echtem Rahmen, solider Karosserie u.ä. insgesamt robuster gebaut ist als ein Pkw oder Transporter.
Gängige 4WD-Typen fürs Outback: Toyota Landcruiser liegt mit weitem Abstand an der Spitze. Besonders geeignet ist der *HJ75* RV (Sechszylinder-Diesel, R steht für Rechtssteuerung, V für Van, Kombi). Verbrauch: 12 bis 15 Liter Diesel auf 100 km. Den Wagen gibt's auch mit zwei 90-l-*Long-Range-Tanks,* was den Aktionsradius raufschraubt auf gewaltige 1350 km!
Ideal ist bei allen 4Wheelern die Version mit langem Radstand und entsprechend großem Laderaum. Sie heißen *LWB, Long Wheel Base* oder *Station Wagon;* letztere Bezeichnung ist in den USA üblich.
Es folgen Nissan mit dem „langen" Patrol, Isuzu unter der in Australien üblichen Bezeichnung *Holden Jackaroo.*
Für zwei Personen sind auch interessant: Daihatsu oder Suzuki, wobei letzterer recht wenig Platz bietet, aber in schwerem Gelände wegen seines Leichtgewichts unschlagbar ist. Minimaler Sprit-Durst (um 10 l /100 km). Kleiner 40-l-Tank, daher ist die Reichweite beschränkt und zwei 20-l-Reservekanister sind ein Muß.

Abenteuer-Kombination: 4WD-Pickup mit Anhänger samt Generator und Kühlschrank. Nichts für Wellblech-Tracks!

Abzuraten ist von offenen Versionen mit Planen-Verdeck. Sie sind weniger einbruchssicher (allerdings ist diese Gefahr im Outback recht gering). Störend ist der Staub, der sich durch die unvermeidlichen Ritzen einschleicht, im Innenraum und auf dem Gepäck millimeterdicke Schichten bildet.

Pro Campmobil!

Outdoor Life läßt sich natürlich auch auf einer Pkw-Tour und via Teerstraße auskosten. Doch mit praktisch eingerichteten Campmobilen ist es in mehrfacher Hinsicht komfortabler: Der Reisemobilist ist Unbilden des Wetters und der Natur wenig ausgesetzt.
Im Wohnmobil hat alles seinen Platz, man lebt nicht „aus dem Koffer" und verplempert weniger Zeit mit der Suche nach allerlei Gerät im Reisegepäck, mit Auspacken und Aufbauen von Kocher und Geschirr. Die starke Zunahme der Camper-Reisen während des letzten Jahrzehnts zeigt, daß diese Urlaubsform ankommt.
Die ganz großen *Motorhomes* sind (wie Personenwagen) nichts für die Outback-Tour abseits der Teerstraßen. Luxus von der Dach-Klimaanlage bis hin zur Warmwasserdusche ist zwar an Bord, aber die Kisten sind recht langsam; unbefestigte Straßen sind absolut tabu (obwohl Motorhomes in Prospekten schon mal bei abenteuerlich-staubigem Einsatz gezeigt werden).
Campervans hingegen verkraften gute Gravel Roads bei trockenem Wetter ziemlich problemlos (für Miet-Mobile gilt eventuell das o.a. Verbot). Es handelt sich um ausgebaute Kombifahrzeuge, wie Nissan Urvan u.ä., die

Campervans (ausgebaute Transporter) sind für harmlosere Outback-Routen ideale Gefährte. Mit dem Vermieter abklären, welche Routen erlaubt sind!

Per Motorhome kann man nur mal einige wenige Nicht-Asphalt-Kilometer fahren. Ansonsten haben große Wohnmobile auf Tracks nichts zu suchen.

mit Aufstelldach versehen sind (*Poptops*) oder mit festem Hochdach permanent über gute Stehhöhe verfügen (*HiTops*). Bei Wind werden die Hochdachversionen wegen größerer Stirnfläche im Vorwärtsdrang arg gebremst, bzw. der Verbrauch erhöht sich. Anhaltswerte für einen Poptop: 9,5 bis 13,5 Liter/100 km.

Beide Versionen bieten zwei bis vier Personen mehr oder weniger gute Bewegungsfreiheit. Ein enormer Pluspunkt: Der eingebaute Absorber-Kühlschrank, der sich im Stand mit Gas betreiben läßt, aber bei extrem hohen Temperaturen ins Leistungstief absackt.

Campervans sind für die australientypischen, langen Distanzen flott genug und wegen der knappen vorderen und hinteren Karosserieüberhänge auch in Maßen geländetauglich, haben jedoch nur geringe Traktion. Versierte Fahrer schaffen schon mal schwierige Passagen, aber bei und nach Regen ist's gescheiter, einen Tag zu warten, bis der Track getrocknet ist und sich das Wasser verlaufen hat.

Ein Geländewagen mit weit höherer „eingebauter" Traktion hat da normalerweise keine Probleme und ist damit das Outback-Gefährt par excellence. Als Zauberkünstler darf er jedoch auch nicht gelten, denn sehr tiefer Schlamm und hoher Wasserpegel setzen ihm Grenzen.

Optimal die Kombination von Allradantrieb und rollendem Heim. Davon gibt's derzeit erst einen einzigen Typ, den *Bushcamper* von Brits-Rentals (s.u.).

Die Alternative: Mieten

Für den „Normaltouristen", der Australien binnen vier bis sechs Wochen erfahren will, ist die Miete die sinnvolle, zeitsparende und sichere Alternative zum eigenen Gefährt. Die Vermieter wie Budget, Brits u.ä. sind qualitativ recht gleichwertig.

Man bucht Campmobile und 4WDs am besten bereits von daheim nach deutschem Reiserecht und weiß somit, was einen vor Ort erwartet und *daß* ein Gefährt bereitsteht.

Kosten sind im voraus kalkulierbar. Je nach Dollarkurs kann die Miete sogar günstiger ausfallen als bei Buchung in Australien selbst. Andererseits können Risikofreudige u.U. vor Ort ein Schnäppchen machen – vorab weiß man das nie.

Das Risiko ist minimiert, da der Vermieter bei unverschuldeten Pannen für die Reparatur aufkommt bzw. ein Ersatzfahrzeug stellt (Outback-bedingte Ausnahmen!). Außerdem sind die Fahrzeuge meist relativ jugendfrisch; Vermiet-Flotten werden in regelmäßigem Turnus erneuert.

Internationale Vermiet-Ketten wie *Avis* und *Hertz* bieten auch Geländewagen an; die

4WDs lassen sich über die Internationale Reservierung in Europa buchen oder über erfahrene Australien-Reiseveranstalter. Besonders engagiert für Outback-Fahrzeuge ist *„Brits-Rentals“* in Preston bei Melbourne (Adresse/Tel.-Nummern für Info-Anfragen im Anhang, Buchung über Veranstalter).

Brits hat Stationen in allen australischen Metropolen: Melbourne, Sydney, Cairns, Townsville, Alice Springs, Perth, Brisbane, Adelaide und Darwin. Damit sind alle Outback-Routen beliebig zur Rundtour kombinierbar.

Ab einer Mietdauer von drei Wochen werden keine Aufschläge für Einwegmiete berechnet, d.h. man startet z.B. in Melbourne und gibt den Wagen in Darwin zurück. Fahrzeuge, die nur in bestimmten Städten mietbar sind (z.B. Suzuki in W.A. oder N.T.) wurden schon mal an den gewünschten Übernahmeort transportiert.

Auch Kilometergelder entfallen in den meisten Fällen, so daß die Reise nicht unter kleinlicher km-Zählerei leidet.

Großer Knüller: der „Bushcamper“

Bei Brits gibt's normale Camper, „nackte“ Geländewagen wie Toyota LWB oder Suzuki, aber das Highlight ist der *Bushcamper* (bisweilen auch *Bushman* genannt). Ein Campmobil mit Allradantrieb, wie man's noch vor wenigen Jahren sehnlichst herbeigewünscht hat. Gäbe es sowas noch nicht, müßte es umgehend erfunden werden.

Der Bushcamper ist ein höchst zweckmäßig ausgebauter Toyota Landcruiser LWB: Auf der rechten Seite ein Versorgungstrakt mit Schränken und Abteilen, mit Spüle sowie herausnehmbarem und somit wahlweise

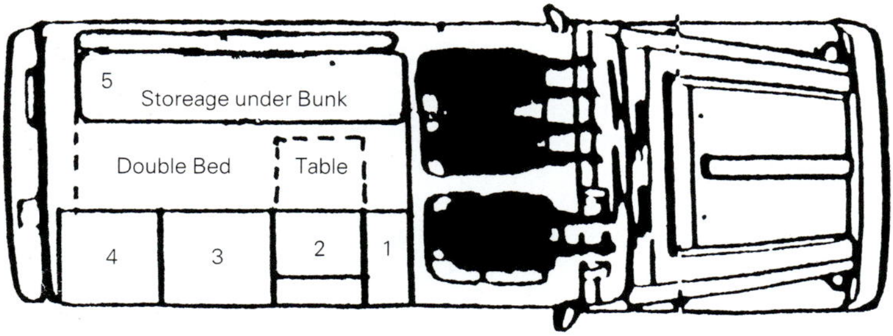

Beste Kombination: Allrad-*Bushcamper*, ein Landcruiser mit ausgebautem Heckbereich.

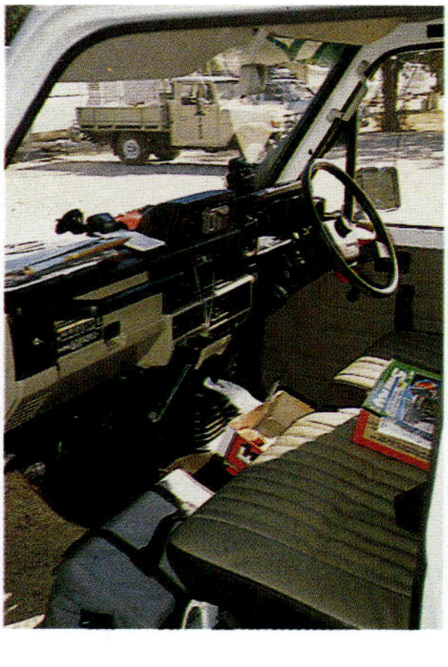

auch im Freien an der Hecktür benutzbarem, zweiflammigem Gaskocher. Am Achtersteven eine Eis-Box (Aussie-englisch *Esky* genannt) als Kühlschrank-Ersatz.
Für Leute mit hohen Ansprüchen und auf „eisfreien" Routen im Hinterland lohnt die Mitnahme einer leistungsfähigen *Engel*-Schwingkompressor-Kühlbox (MB 15 oder Little Engel).
Kühlschrank-Tip: Ob nun mit Eis oder mit Kompressor gekühlt wird – Sie erleichtern dem Kühlschrank seine Arbeit, wenn die Box nicht in der prallen Sonne steht, sondern im Schatten (ggf. Camper-Vorhang schließen). Bewährt hat sich Abdecken mit feuchtem Handtuch. In die Ice Box immer rechtzeitig Eis nachlegen, damit sich der Inhalt nicht zu sehr aufwärmt und der Nachschub frühzeitig wegtaut. Kühlgut in PVC-Boxen verpacken, sonst entsteht eine „bunte Mischung" im Eiswasser – wenig appetitlich...
Der Frischwasservorrat von 40 Litern wird im Unterflur-Tank gebunkert; auf Wunsch gibt's Zusatzkanister (unbedingt zu empfehlen). Geschirr, Besteck, Töpfe, Schlafsäcke etc. sind an Bord.
Zur Linken haben die neuen Modelle eine Bank mit Stauraum, die sich zur komfortabel gepolsterten Liege umbauen läßt. Ein weiteres Bett unter der aufstellbaren Dachschale (ca. 2 m mal 1,20 m). Die Polsterstärke im Obergeschoß ist jedoch eher mäßig, so daß man nur mit nachgekaufter Schaumstoffrolle zu höherer Schlafqualität kommt.
Die Einbauten fallen relativ leichtgewichtig aus; der *go anywhere*-LWB verliert damit keineswegs seine hervorragenden Fahreigenschaften im Gelände, zumal auch die kurzen Original-Karosserie-Überhänge erhalten bleiben. Wir haben damit weichsandige Steilstrecken an Uferböschungen geschafft, an denen versierte Australier die Seilwinden einsetzen mußten.
Ideal ist der *Bushcamper* für zwei Personen; u.U. können auch drei Passagiere reisen, doch dann wird's im Cockpit etwas eng. Der Transport weitere Fahrgäste im Wohnbereich ist weniger zu empfehlen, da im Fond Sitzende wenig zu sehen bekommen. Ggf. kann ein Zusatzzelt geordert werden, doch mit vier und mehr Reisenden ist das Fahrzeug ausgereizt. Da sollte man lieber ein weiteres Fahrzeug mieten. Mit zwei Autos erhöht sich zudem die Sicherheit auf Pisten.

Time Sharing

Die Mietpreise für ein derart ausgeklügeltes Gelände-Campmobil liegen natürlich nicht gerade niedrig: Mit Preisen um 200 DM pro Tag muß gerechnet werden. Die Miet-Raten variieren je nach Saison und von Veranstalter zu Veranstalter (bereits einkalkulierte Nebenkosten usw.). Vergleiche lohnen sich.
Zehn Prozent Nachlaß gibt's ab einer Reisedauer von drei Wochen. Bei mehr als fünf Wochen ist der *long term bonus* fällig, ein Discount von 15 Prozent.
Der läßt sich leicht mitnehmen, wenn zwei Teams den Wagen nacheinander benutzen: Team A fliegt nach Melbourne, übernimmt den Geländewagen oder Bushcamper, übergibt ihn nach drei oder vier Wochen in beliebigem Ort an Team B, das den Wagen bei Reise-Ende an der vorher vereinbarten Brits-Station zurückgibt. Wichtig ist dabei lediglich, daß die Internationalen Führerscheine von Team B bereits bei Übernahme vorliegen und unter *other Drivers Name* im Mietvertrag eingetragen werden.
Nebenbei reduzieren sich so auch die Kosten für zusätzlich gekaufte Ausstattung, da sich beide Teams die Anschaffungen teilen können. Von der kaum in Geld umzurechnenden Weitergabe gemachter Erfahrungen mal ganz zu schweigen.

Klima-Anlage

Die *Air Condition A/C* ist ein Luxus, den nicht alle Fahrzeuge bieten. Ist sie eingebaut, dann sollte sie keinesfalls unentwegt aktiviert sein. Zum einen kostet der Betrieb 'ne Menge Treibstoff, zum anderen will man die Hitze ja auch auskosten. Bei stetem Wechsel zwischen kühlem Innenraum und „Backofen" können Sie sich 'ne Erkältung einfangen.
Nützlich ist A/C kurzzeitig auf sehr staubigen Pisten und *Bulldust*-Strecken. Die eingeschaltete Klimaanlage reinigt die Luft vom Staub, ein Nebeneffekt der AC-Kühlung,

desgleichen wird überschüssige Luftfeuchtigkeit entfernt!
Ganz wichtig: A/C kühlt die Luft des Innenraums bei permanenter Umwälzung. Es müssen dabei alle Fenster geschlossen sein, sonst geht die Wirkung gen Null!
Auf Langstrecken ermüdet man bei großer Hitze, eine Binsenweisheit. Ein „Schuß" Kaltluft, von den Austrittsdüsen über den Puls geleitet, wirkt wie eine kühle Dusche, erhöht die Reaktionsfähigkeit und somit die Fahrsicherheit.

Dachgepäckträger

Roof Rack: ein Accessoire, das den Innenraum von voluminösem Gepäck entlastet. Doch nur relativ Leichtes darf aufs Dach wandern, z.B. leere Kanister, Schlafsäcke u.ä. Immer gut festzurren und möglichst mit Plane vor Staub und Verlust schützen.
Gefüllte Behälter, Reserveräder o.ä. haben *on the top* nichts verloren. Im Gelände, auf sehr schlechten Pisten, bei Bodenwellen o.ä. muß man der Dynamik wegen das Gewicht auf dem Dach mit dem Faktor 5 bis 7 multiplizieren. Aus 100 Kilogramm wird eine halbe Tonne – das hält langfristig kein Träger aus! Entweder löst er sich vom Dach oder die Befestigungsbeine brechen.
Mit kuscheliger Unterlage läßt sich ein langer Gepäckträger übrigens zum urigen Feldbett umfunktionieren. Manche Teams haben während ihrer gesamten Tour auf dem Dach übernachtet – ein Hotel mit vielen tausend Sternen...

Traumhaft: Dachträger-Zweckentfremdung zum Hotel mit Millionen Sternen...

Negativ-Beispiel: Ein völlig überladener Dachträger macht sich bei der ersten deftigen Bodenwelle selbständig. Auch wenn's nicht so schlimm kommt: Träger-Brüche sind nicht selten.

Fahrzeug- & Camper-Ausrüstung

Nahezu alle Mietwagen sind weltweit sparsam ausgestattet. Oft ist fahrzeugseitig nicht mehr als die Grundausrüstung ab Werk an Bord. Es bleibt einem daher – besonders beim Einsatz fernab der Zivilisation – nichts anderes übrig, als nach Übernahme zu chekken, was noch angeschafft werden muß.
Das beginnt z.B. bei Tisch und Stühlen. Klapp-Hocker sind zwar oft „drin" in der Camper-Miete. Recht platzsparend, aber mangels Lehne fürs allabendliche Relaxen wenig geeignet (ideal ist eine Camp-Liege). Verzichtet wird oft auf einen Klapptisch, den man dann selbst kaufen muß (ca. 60 $).

Einleuchtendes Vermieter-Argument: Benutzer scheinen ihn gern als Sitzgelegenheit zu mißbrauchen; die Reparaturkosten sind immens hoch.
Es fehlen meist auch Campinggas-Lampen für die langen Abende zwischen April und August; dazu ausreichend Glühstrümpfe, denn selbige gehen auf Rüttelstrecken nahezu täglich den Weg alles Irdischen. Ferner Wassersack (hält den Inhalt kühl), Bergegerät wie gute Schaufel, HiLift, Luftpumpe mit Druckmesser, solides, ausreichend langes (!) Abschleppseil usw.
Auch ein Werkzeugsatz sollte an Bord sein. Sandbleche, in der Sahara z.B. vielbenutzt, sind down under nahezu unbekannt und des meist tragfähigeren Sandes wegen nicht unbedingt nötig.
Ideal wäre es, wenn man all das bei den Übernahmestationen kaufen könnte und wenn's die Rückgabestationen je nach Zustand mit entsprechendem Abschlag übernehmen und weiterverkaufen würden. Ein gutes Geschäft für die Vermieter – Zeit (und oft auch Geld) gespart für die Mieter.
So weit ist es leider noch nicht – aber was nicht ist, kann ja werden. Derzeit muß man selber auf die Suche gehen. In Großstädten ist die „Nachrüstung" nicht immer leicht und zudem zeitraubend.
Einfacher gestaltet sich die Beschaffung in Outfitter-Läden der Städte am Outback-Rand oder in größeren Outback-Oasen wie Newman, Mount Isa, Broken Hill usw. *Hardware Shops,* in denen sich die Besitzer der Stations versorgen, bieten all das, was in den Cities nur weit verstreut in Läden oder Kaufhäusern zu finden ist. Da bricht manchmal das große Staunen aus angesichts des kompakten Outdoor-Materialangebots zu nicht mal überhöhten Preisen...

Ausrüstungs-Checkliste Australien
(D = ggf. von daheim mitbringen)

- Abschleppseil
- Alu-Folie
- Axt
- Camp-Klapptisch
- Gaslampe
- Glühstrümpfe
- Grillrost
- Grillkohle
- Haushaltsrolle
- Klappliege
- Klebeband-Rolle
- Kompaß (D)
- Luftpumpe/Luftdruckprüfer
- Moskito-Repellent (D)
- Motoröl
- Mückenstich-Gel (D)
- Müllbeutel
- Plastik-Behälter, kl., für Kühlbox
- Plastik-Container für Transport
- Schaufel
- Schaumstoffmatratze
- Sonnenbrille
- Sonnenhut
- Sonnenschutz
- Spülmittel
- Taschenlampe (D)
- Taschenmesser (D)
- Toilettenpapier
- Wasserentkeimung (D)
- Wasserkanister
- Wassersack, Leinen
- Zusatz-Besteck (D)
- Zusatz-Geschirr

Rund ums Fahren

Allrad-Technik

Geländegängig wird ein Auto durchs Zusammenspiel vieler Komponenten. Da ist zunächst mal der *Antrieb beider Achsen*. Der Four Wheel Drive (4WD) wird durch verschiedene Konzepte verwirklicht, die hier jedoch keine Rolle spielen, denn in Australien wird meist zuschaltbarer Allradantrieb benutzt.

Bei üblichen Geländewagen fährt man normalerweise per Heckantrieb (H2 = high speed, Zweiradantrieb). Die Vorderachse wird bei Bedarf zugeschaltet (H4 = high speed, Vierradantrieb).
Die Übersetzungsverhältnisse sind in H2 und H4 gleich; der 4Wheeler fährt bei Standard-H2 je nach gewähltem Gang im gleichen Tempo wie bei Allrad-H4.

Four-Wheel-Drive-Neulinge sollten anfangs austesten, was der Kübel bereits mit Heckantrieb leistet. Nämlich erstaunlich viel. Viele Tracks lassen sich locker mit H2 absolvieren; das sind die u.U. auch Pkw-tauglichen Routen. Aber bereits hier ist der Geländewagen durch Solidität, höhere Bodenfreiheit und größere Räder im Vorteil; auch das gehört zu den angesprochenen 4WD-Komponenten.

Ganz wichtig: Bevor von H2 auf H4 gehebelt wird, müssen beide Freilaufnaben an der Vorderachse von *free* auf *lock* gedreht, also gesperrt werden. Nur so wird die Antriebskraft bis an die Räder geleitet!!!

Freilaufnaben reduzieren Verschleiß, Geräusch und Spritverbrauch während des H2-Betriebs um ein paar Prozentchen, können aber während der Outbacktour permanent gesperrt bleiben, damit im entscheidenden Moment ohne Zugkraftunterbrechung auf H4 geschaltet werden kann. Ganz moderne 4Wheeler haben automatisch sperrende Freilaufnaben, bei denen das manuelle Sperren der Vorderachsnaben entfällt.

Bei *free*-Stellung der Freilaufnaben ist der Antriebsstrang nach vorn an entscheidender Stelle unterbrochen, der Vortrieb erfolgt auch bei H4-Stellung nur über die Hinterräder!

„Die Hinterräder" ist auch nicht ganz richtig, denn ohne Differentialsperren treibt u.U. nur je *ein* Rad einer Ache. H2 ist demnach Einradantrieb, H4 entspricht Zweiradantrieb. Dreht an jeder Achse *ein* Rad durch, dann steht das andere (das evtl. noch antreiben könnte). Die Traktion geht flöten. Sie kennen das vom Winterbetrieb her, wenn sich ein Rad wirkungslos im Schnee austobt und das andere auf griffig-freigeräumtem Teer tatenlos zusehen muß.

Leider haben die meisten Geländewagen in Australien keine Sperre, die die Räder einer Achse 100%ig zusammenschaltet. In der Regel gibt's an der Heck-Achse selbstsperrende (richtiger: selbsthemmende) Differentiale, die schon ganz gut wirken.

Mit H4 ist die Traktion, der Vortrieb, theoretisch doppelt so gut wie mit Einachsantrieb. In der Praxis zeigt sich jedoch ein weit höherer Wert, denn die Wahrscheinlichkeit, daß die Antriebsleistung an beiden Achsen gleichzeitig verpufft, ist doch ziemlich gering. Meist kann eine Achse irgendwo zupacken, den Karren aus dem Dreck ziehen.

Den Wechsel von H2 auf H4 können Sie (Naben gesperrt!) während der Fahrt vornehmen. Anders der Wechsel in die „Kriechgangstufe" *L4*: nur im Stand oder bei ganz langsamer Fahrt zuschalten.

L4 macht alle Gänge „kürzer" bzw. langsamer bei gleicher Motor-Drehzahl. Wichtig ist das in erster Linie beim ersten oder zweiten Gang, denn die sind beim normalen *H2-* bzw. *H4-*Bereich zu schnell übersetzt für Einsatz in hartem Gelände, wo man mit viel Kraft über Hindernisse kriechen oder langsam gegen hohen Wasserdruck ankämpfen muß. Das erfolgt übers Reduziergetriebe, das aus den sechs Gängen (5 + R) 12 macht.

Richtig ist im Gelände nicht etwa volle Pulle, sondern die Fahrt im mittleren Drehzahlbereich, bei dem das maximale Drehmoment „anfällt", die größte Kraft entwickelt wird. Die Angabe finden Sie in der Betriebsanleitung; sie nutzt jedoch nur etwas, wenn auch ein Tourenzähler eingebaut ist. Ansonsten muß nach Gefühl gefahren werden.

Wichtig: Sie brauchen meist nur den zweiten L4-Gang in sehr tiefem Weichsand, in Schlamm, auf rauhem Fels oder in Furten. De facto nur auf sehr kurzen Passagen. 2.Gang + L4 ist auch gut zum Anfahren!

Wird der Track besser, sofort wieder von L4 auf H4 schalten. Wird's vergessen, fahren Sie im fünften untersetzten Gang wie im zweiten oder dritten „normalen": Der Motor wird bei Vollgas überdreht, ist bald ruiniert, obwohl wenig „Tempo gemacht" wird.

Ganz schlimm, wenn vergessen wurde, die Freilaufnaben zu sperren. In H4 mag's noch angehen, dann fährt der Pilot halt nach wie vor ausschließlich mit getriebener Heckachse. In L4 und entsperrten Naben würde die Kraft voll an der Hinterachse angreifen und dort Schäden verursachen, die die Weiterfahrt unmöglich machen können. Ein Werkstattaufenthalt ist angesagt..

Die Geländewagen-Technik ist verhältnismäßig einfach zu durchschauen und dann auch zielführend zu benutzen.

Beachten Sie vor allem drei Grundregeln:

- vor Einlegen des Allradantriebs Freilaufnaben sperren
- L4 nur dann, wenn wirklich nötig
- in schwierigem Gelände im Drehzahl-Bereich des maximalen Dreh-moments fahren.

Gelände-Fahrtechnik

Allrad-Fahrzeuge können viel, die Fahr-Physik setzt jedoch Grenzen, die auch raffinierte Technik nicht zu überwinden vermag. In manchen Punkten ist der Geländewagen dem Normal-Pkw sogar unterlegen.

Das liegt z.B. an der notwendigen hohen Bodenfreiheit. Dadurch verlagert sich der Schwerpunkt höher, das Gefährt kippt in Kurven, beim Schleudern u.ä. schneller auf die Seite oder aufs Dach, womit Fahren erst mal ad acta gelegt ist.

Man wird sagen: „Das kann mir doch nicht passieren!". Stimmt sicherlich auch, aber es kommt leider gerade bei Touristen aus den Schnellfahr-Ländern Mitteleuropas viel zu oft vor. Kleine Fahrfehler bei zu hohem Tempo wirken sich fatal aus. Der folgende Salto ins Pisten-Abseits muß nicht unbedingt mortale sein, um einem das ganze Wochenende zu verderben...

Wunder kann ein 4Wheeler z.B. im Schlamm nicht vollbringen. Sackt die Kiste mit beiden Achsen tief ein, ist 4WD keinen Deut besser als konventioneller Antrieb: Nichts geht mehr! Selbst 100% sperrende Differentiale helfen nicht mehr weiter, wenn sich die Profile aller vier Reifen total zugesetzt haben. Ganz zu schweigen vom echten *Bogging:* Der Wagen hat sich eingegraben und sitzt mit dem Bodenblech auf, die Reifen mahlen ohne Vortrieb leer durch. Da hilft nur noch Selbst-Bergung per Wagenheber (siehe unten, Betriebsstörungen).

Dabei läßt sich Bogging vermeiden. Zum einen durch vorausschauende Fahrweise, durch Umfahren riskanter Passagen. Zum anderen durch vorangehende Sondierung derselben. Versinken Sie schon per pedes bis zur halben Wade, brauchen Sie das Modderloch gar nicht erst anzugehen.

Wasser-Durchquerungen sollten immer abgegangen werden – zumal das meist ja auch mit erfrischendem Badespaß verbunden ist. Ausnahmen: Flüsse im tropischen Norden, wo meist mit Salzwasser-Krododilen zu rechnen ist.

Beim Durchwaten können Steine auf der Furt aufgespürt werden, aber auch tiefe Löcher, die umfahren werden müssen. Last not least ist die Watung ein Strömungs-Test: Wo man zu Fuß nicht mehr gegen Wasserwucht ankommt, hat meist auch der Geländewagen keine Chance mehr.

Tiefe Gewässer bis Hüfthöhe lassen sich mit genügend Erfahrung meistern, wenn die Strömung nicht zu groß und der Geländewagen entsprechend präpariert ist. Der Luftansaugstutzen muß nach oben verlängert sein (schwarze „Schnorchel" neben dem Cockpit). Generell ist Wasser bis zur Trittbrettstufe harmlos, darüber können Wasserschäden eintreten, für die der Mieter verantwortlich ist. Das kann kosten!

Bei älteren Modellen ohne Freilauf-Kühlventilator (Freilauf ist erkennbar, wenn sich das Lüfterrad von Hand leicht drehen läßt) muß der Keilriemen für die Furt-Passage demontiert werden; Folien vor der Motorhaube können zusätzlich schützen.

„Es hätte ja ruhig etwas mehr spritzen können", meinte mal ein Video-Filmer, der uns nach Durchqueren eines Flusses am jenseitigen Ufer in Empfang nahm. Falsch: Je weniger es spritzt, desto fachmännischer war die Passage. Der Motor muß bei mäßigem Fahrzeugtempo auf kraftvollen Touren gehalten werden, die um oder wenig über dem Bereich des maximalen Drehmoments liegen; ein typischer Fall für L4.

Nur kleinere „Pfützen" von fünf bis zehn Meter Länge dürfen schon mal photogen mit Power angegangen werden – wenn zuvor geprüft wurde, daß kein Stein den Weg blokkiert.

Sand birgt in der Regel keine Probleme. Hier ist das Anfahren der heikle Moment: Die Räder müssen nicht nur den Rollwiderstand überwinden, sondern auch das stehende Gefährt in Bewegung setzen. Dazu ist sandiger Untergrund wenig geeignet; das Auto

Eine Spur zu schnell: Der Schlamm-Vorhang aus „Gold-Nuggets“ ist riskant und kostet unnötig hohen Reinigungsaufwand. Im Gelände und auf schwierigen Track-Abschnitten so langsam fahren, daß die Räder immer Bodenkontakt behalten.

neigt eher dazu, sich einzugraben als Vortrieb zu gewinnen.
Faustregel: vor Sandpassagen auf möglichst festem Grund anhalten, wenn machbar am Beginn eines leichten Gefälles. Ideale Weichsand-Fahrstufe für 4WD-Anfänger: Untersetzung L4 + 2. Gang.
Ist das Auto in Fahrt, sollten Sie diesen Bewegungszustand fortsetzen, den Motor auf Touren halten, möglichst wenig schalten, denn Kraftfluß-Unterbrechung beim Kuppeln ist ähnlich riskant wie Anfahren.
Der gängige Trick, um die Traktion auf Weichsand zu verbessern: Luft ablassen, um den „Reifenlatsch“ sprich die Auflagefläche des Reifens zu vergrößern. Bei schlauchlosen Reifen, übrigens auf Pisten von Nachteil, darf die Druckreduzierung nicht zu groß sein, sonst zieht's u.U. den Reifen von der Felge, der Pneu geht völlig in die Knie und läßt sich normalerweise auch mit der Fuß-Luftpumpe nicht mehr auf Vordermann bringen! Bei Schlauchreifen kann allzu zu niedriger Druck zum Abreißen des Ventils führen, wenn sich der Mantel auf der Felge verschiebt.
Nach Ende des Sand-Abschnitts muß wieder Druck gemacht werden: sonst zerstört man den Reifen – und dann ist alles aus. Eine Luftpumpe gehört einfach an Bord eines 4Wheelers.
Im Gegensatz zur Sahara ist der Sand des Australien-Outbacks meist erstaunlich fest und tragfähig. Traktions-Probleme gibt's fast nur in Flußtälern. *Sand Ridges* an Tracks (z.B. am Gunbarrel Highway) lassen sich meist sogar ohne Allrad bewältigen; oft reicht Luftdruckreduzierung und eine gehörige Portion Schwung. Das probiert man am besten zunächst mal dort aus, wo freundliche Helfer in Reichweite sind. Versierte Aussies sind gern mit Rat & Tat dabei.

Betriebsstörungen

Die Treibstofftanks sollten nie ganz leer gefahren werden. Unproblematisch ist da der

Benziner, der nach Einfüllen des Reservekanisters meist sofort wieder anspringt. Wir trafen allerdings mal ein Team, das in solcher Situation die Starterbatterie fast leergeorgelt hatte: Der Fahrer hatte vergessen, durch Pumpen mit dem Gaspedal die Leitungen und den Vergaser wieder aufzufüllen. Drei, vier kräftige Tritte auf den Stempel – der Motor drehte wieder.

Beim Diesel muß das Kraftstoffsystem nach Leerfahren des Tanks manuell entlüftet werden; nur wenige 4WD-Typen machen dies selbständig. Dazu ist die Entlüftungsschraube des Kraftstoffilters zu lösen und die Handpumpe zu betätigen, bis keine Luftblasen mehr austreten. Dann muß eine Schraube an der Einspritzpumpe geöffnet und der Vorgang wiederholt werden. Danach ist der Anlasser zu betätigen, bis keine Luft an der geöffneten Überwurfmutter austritt. Ob das Spaß macht bei Hitze?

Alles nach Anspringen des Triebwerks wieder festziehen. Die Entlüfterei läßt man sich am besten bei Fahrzeug-Übernahme zeigen. In der Betriebsanleitung ist's erläutert unter *Bleeding the fuel system*.

Recht selten leuchtet beim Diesel die Filter-Warnleuchte auf. Dann muß Wasser aus dem Sedimenter abgelassen werden, was jedoch an der nächsten Tankstelle erfolgen kann.

Reifenpannen auf Pisten stellen die häufigste Betriebsstörung dar. Ein zweites Reserverad an Bord ist sehr beruhigend. Keinesfalls mit plattem Reifen weiterfahren, da dies Felge, Reifen und Achs-Differential ruiniert.

Durch vorausschauende Fahrweise lassen sich Reifenpannen vermeiden: Scharfkantigen Steinen auf der Piste weicht man immer aus. Es gibt Fahrer, die ein Dutzend Plattfüße auf ihrer Outback-Tour hatten, während andere auf gleicher Route ohne Panne durchkamen. Das kann nicht nur Zufall sein, sondern ist auch auf umsichtiges Fahren zurückzuführen.

Das Frühstadium einer Reifenpanne ist auf rauhen Pisten schwer festzustellen, da das Fahrzeug ohnehin etwas „schwimmt". Lieber einmal zuviel anhalten und die Räder überprüfen als einen Reifen total ramponieren. Rad-Checks beim Passieren von *Gates*,

Ein Diesel-Triebwerk ist weniger störanfällig als ein Benziner. Häufigste, vermeidbare Panne: Luft in den Treibstoffleitungen nach Leerfahren des Tanks. Die Entlüftung ist mühsam.

wo man ohnehin stoppen muß, sollten zur Routine werden.

Nach einer größeren Panne lohnt es sich meist nicht, den Schlauch zu flicken. Außer in Notfällen ist's besser, bei der nächsten Werkstatt einen neuen montieren zu lassen. Die gängigen Größen der 16-Zoll-Räder sind im Outback recht gut zu bekommen.

Ist ein Mantel ruiniert, dürfen keine runderneuerten Reifen aufgezogen werden. Sie halten extremer Belastung auf Pisten ebensowenig stand wie den hohen Bodentemperaturen.

Beachtung verdient auch die Starterbatterie. Die Befestigungen sollten regelmäßig überprüft werden, denn das Gehäuse eines lokkeren Akkus kann brechen, die Batteriesäure rinnt aus und damit ist der Saft weg. Einmal pro Woche Kontrolle des Säurepegels.

Vorsicht, wenn im Stand Verbraucher eingeschaltet sind. Bord- und Transistorleuchten im Camperbereich verkraftet die Batterie leicht, aber ein Kompressor-Kühlschrank sollte 30 Minuten nach Abstellen des Motors ausgeschaltet werden. Ein Dieselmotor mit leerer Batterie läßt sich kaum durch Anschieben starten, da ist der Benziner mal im Vorteil.

Bisweilen sind die Batteriepole korrodiert. Reinigung mit dem Messer wirkt da Wunder. Ist die Batterie „müde", kann man durch Erwärmung (z.B. im Heißwasserbad) u.U. etwas mehr Energie herauskitzeln. Es soll auch schon geholfen haben, einen kalten Dieselmotor durch Übergießen mit heißem Wasser startfreundlicher zu machen. Aber so weit sollte man's möglichst nicht kommen lassen. Vor längeren Touren ist eine gute Zweitbatterie ebenso beruhigend wie das sechste Rad im Wagen.

Reservesicherungen sollten an Bord sein. Wenn nicht, können Sie im Notfall die Sicherung eines Verbrauchers einsetzen, der voraussichtlich bis zur nächsten Werkstatt nicht benutzt wird (z.B. von den Scheinwerfern). Sicherungen mit Draht zu überbrücken kann ins Auge gehen, denn damit baut man u.U. eine Feuerfalle ein. Brennen Sicherungen häufiger durch, muß die Ursache gefunden und beseitigt werden.

Zündschlüssel verloren? Kein Problem, wenn man sich rechtzeitig einen Zweitschlüssel hat anfertigen lassen, z.B. in Einkaufszentren der Großstädte. Das kostet nur wenige Dollar. Ein Schlüssel findet sich leichter, wenn er mit einem großen Anhänger (z.B. Schweizer-Messer) verkuppelt wird.

Kleine Löcher im Treibstoff- oder Wassertank können provisorisch mit Kaugummi oder einem Gemisch aus Seife und Sand geflickt werden. Zur Sicherheit mit mehreren Streifen Klebeband bandagieren. Eine Rolle Paketklebeband sollte man sich beim ersten Einkauf zulegen, damit läßt sich erfahrungsgemäß einiges reparieren.

Bei Motorüberhitzung muß gewartet werden, bis Triebwerk und Radiator wieder abgekühlt sind, was bei hohen Außentemperaturen recht lange dauern kann. In der Zwischenzeit sucht man die Schlauchverbindungen nach eventuellen Lecks ab und prüft den Motoröl-Stand. Kühlerverschluß nach Abkühlen vorsichtig öffnen: Dampf kann austreten.

Hat sich der Wagen festgefahren (*Bogging*): nur keine Panik! Sorgfältige und mühsame Vorarbeit hilft mehr als blindwütiges Durchdrehenlassen der Räder. Die Achsen versakken nur unnötig. Mit dem Wagenheber wird jedes Rad angehoben, auf (oder besser noch etwas über) das Niveau der Umgebung. Klappt's nicht im ersten Arbeitsgang, werden Steine untergelegt; das Auto bleibt somit auf hohem Niveau. Der Heber wird wieder abgesenkt. Und das Ganze noch einmal. Und eventuell nochmal...

Ideal ist in solchen Situationen ein *HiLift*, der das Auto mit jeder Bewegung des Hebelarms etwa zwei Zentimeter liftet. Binnen einer Minute können Wagen-Heck oder Bug um einen Meter angehoben werden, womit die Bergung zum Kinderspiel wird.

Dem HiLift wurde absichtlich nur eine kleindimensionierte Bodenplatte spendiert: Geschicktes seitliches Wegkippen des hochgebockten Fahrzeugs (was mit großer Platte nicht möglich wäre) läßt die Räder auf festem Grund niederkommen. Dabei drauf achten, die Karosserie nicht zu beschädigen. Soll der Lift nur als Heber benutzt werden: Großes, tragfähiges Brett unterlegen.

Bergung an Steigungen: Den Wagen erst mal rückwärts aus dem *Bogging*-Bereich herausfahren, um von geeigneterer Basis mit Schwung erneut bergauf zu starten.

Das alles mag in geballter Zusammenfassung vielleicht abschreckend klingen. Mit etwas Umsicht und Glück sowie mit einem perfekt gewarteten Auto muß auf vielen tausend Outback-Kilometern überhaupt nichts passieren...

Off-Road-Gefahr: Gefährliches wartet im Gras...

The main fault with city drivers in the country is that they „don't know that they don't know".
(Michael Taylor zum Outback-Fahren)

Sichere Fahrt auf Tracks
Safe travelling!!

Fröhlich pfeifend fuhr er, High-Speed-geübter deutscher gti-Pilot, über die Schotterstraße. Die junge Dame der Vermietstation hatte gewarnt: „Sein Sie bloß vorsichtig auf unseren Sandstraßen" – doch er konnte dem nichts abgewinnen: „Don't worry, bin mein ganzes Leben auf Glatteis gefahren!" Dann die Kurve, ein saudummer Stein im Weg, ein Schleudern, ein Überschlag, ein Armbruch – fünf Stunden nach dem Start mußte er telefonisch melden, wo der Schrott abzuholen sei...

Eigentlich müßte dies Kapitel gar kein Thema sein. Outback-Straßen sind ja meist recht gute Schotterwege und außerhalb der Regenzeit nahezu problemlos zu absolvieren – wenn man das Gefährt immerzu vorausschauend im Griff hat. Ja, wenn...

Die Verhältnisse auf *dirt roads* sind total anders als auf deutschem Straßennetz. Niemand kann garantieren, daß kilometerweit keine heiklen Schlaglöcher und Querrinnen lauern. Gefahrenstellen werden selten ausgeschildert.

Die Entfernungen zum nächsten Krankenhaus, zur nächsten Werkstatt sind gigantisch, Hilfsdienste dafür rar. Vom *Royal Flying Doctor* Service kann man im Zusammenhang mit Pistenunfällen absehen, denn dazu braucht man erst mal jemanden, der Unfallopfer rüberbringt zur nächsten *Station* und ihrer Landepiste.

Vorausschauend fahren ist wörtlich zu nehmen. Sie müssen Risiken rechtzeitig erkennen und vermeiden. Immer hellwach fahren! Unverkrampft, aber konzentriert.

Ein Aussie brettert mit über 100 km/h über die Schotterstraße. Touristen sollten sich lieber an die Hinweise auf der Warntafel halten und die Tour sanft angehen.

Alkohol reduziert die Reaktion, daher sollte man den Aussie-Vorbildern in diesem Punkt mal nicht folgen. Ein *light* während der Siesta ist „drin", mehr oder Stärkeres lieber nicht. Alko-Mißbrauch wird streng geahndet.

Auf Tracks trotz spärlichen Verkehrs unbedingt anschnallen. Gilt auch im Gelände, wo Passagiere bisweilen ebenso gebeutelt werden wie das Gefährt.

Nachts potenzieren sich die Gefahren. Löcher sieht man im flachen Scheinwerferlicht schlechter als tagsüber; hinzu kommt das Risiko der Wild-Kollision. Drum vor Sonnenuntergang runter vom Track – der Sunset erlebt sich ja vom Camp aus weit idyllischer als von der Piste.

Gefahrenpunkte müssen sensibel erspürt werden. Da gibt's eine ganze Menge, aber

Die Bull Bar ist „down under“ kein Schnickschnack, aber auch keine Lebensversicherung. Nach dem Crash waren Armierung und Auto nicht mehr zu gebrauchen. Angefahrene Tiere verenden qualvoll. Typischer *single rollover*: Ein Fahrfehler in der Gefälle-Kurve, Schleudern auf die Böschung und Überschlag. Sowas ist nicht versichert!

die lassen sich allesamt ausschalten. Was nicht heißen soll, daß nicht auch geübte „Piloten“ schon mal ins Schlingern kommen. Aber aus der Piste „knipsen“ lassen sollte man sich nicht...

Angemessenes Tempo

Viele der *improved gravel roads* erlauben Geschwindigkeiten von über hundert Stundenkilometern. Das ist reine Theorie und sollte ortskundigen Fahrern vorbehalten bleiben. Solches Wahnsinnstempo provoziert Crashs geradezu. Denken Sie immer daran, daß die Traktion (der „Griff“ der Reifen auf dem Natur- oder Schotter-Grund) stark reduziert ist gegenüber der Fahrt auf dem Asphalt. Die Auflagefläche der Reifen („Reifenlatsch“) schrumpft auf grobem Material oder auf den Spitzen der Wellblechstruktur (*corrugation*) zu einem Bruchteil der Fläche, die auf Teer genutzt wird.

Ein über Wellblechbuckel oder Hindernisse springendes Fahrzeug läßt sich auch mit Allradantrieb viel mühsamer lenken oder abbremsen als auf Asphaltstraßen.

Angemessenes Tempo heißt auf Tracks: 70 bis 80 km/h und keinen Deut mehr. Zudem läßt sich die Landschaft besser auskosten. Dieser Speed reicht völlig aus, um die für eine Langstreckentour erforderlichen täglichen 300 bis 340 km binnen eines halben Fahrtags zu absolvieren. Es bleibt also noch Zeit genug für andere Aktivitäten.

Wer nicht zu schnell rast, braucht vor unerwarteten Hindernissen auch nicht entsprechend auf die Bremsen zu latschen. Blockierte Räder stellen den größten Risikofaktor dar: Die Kiste wird destabilisiert.

Bleiben Sie auf den zugelassenen Pisten. Das Outback ist kein Terrain für wildes Querbeet-Fahren.

Überholen

Diesen Punkt sollte ein Outback-Tourist von vorneherein abhaken. Überholmanöver sind auf Staubstraßen nicht nur der Sichtbehinderung wegen gefährlich, schädigen auch den Überholten durch unvermeidlichen Steinschlag. Rücksichtslos auf Tracks überholende Touristen sollen schon 'ne Menge Ärger verursacht haben.

Bulldust-Löcher: Zermalmter Lehm, pulverisierter Lößboden. In den tiefen Mulden können sich Steine verbergen, die Schleudergefahr ist sehr hoch.

Normalerweise kann man davon ausgehen, daß vorausfahrende Aussies das richtige Tempo für den jeweiligen Pistenzustand gewählt haben. Einen Kilometer Abstand und gleichen Speed halten. Zum Überholen wirklich langsamer Fahrzeuge ausreichend langen Überholweg einkalkulieren, doppelt umsichtig fahren. Schlaglöcher auf der Gegenspur (so eine solche überhaupt vorhanden ist) können in „verkehrter“ Fahrtrichtung unausgeglichen sein, d.h. die Winkel entsprechen nicht dem normalen Rollablauf der Räder.

Ideal zum Überholen sind sehr breite Pistenstücke. Man fährt dabei extrem weit rechts, der Überholte wird sich entsprechend links halten.

Einspurig geteerte Straßen sind beim Überholen ebenfalls Steinschlag-Fallen. Auf einigen Strecken gibt's ausgeschilderte, zweispurige Überholbereiche.

Road Trains zu überholen ist ein Kunststück für potentielle Selbstmörder. Die Monster donnern mit höchst machbarem Tempo dahin, der Überholweg für einen solchen 50-m-Riesen wäre gigantisch.

Road Trains von hinten kommend? Überholen lassen, ein Päuschen einlegen und dann gemütlich weiterfahren...

Risikofaktor Gegenverkehr: Sie gehen einem Entgegenkommenden, schon um die Steinschlag-Dusche zu vermeiden, möglichst weit nach links aus dem Weg, notfalls bis hinaus auf den holprigen Pistenrand. Ist das Auto vorbei, neigt man dazu, wieder die Pistenmitte anzusteuern, in die nur allmählich abflauende Staubschleppe hinein. Im aufgewirbelten Pulver kann sich durchaus ein weiteres, dem ersten folgendes Auto verbergen. Alles schon vorgekommen!

Querrinnen

Überall dort, wo gelegentlich Wasser den Weg kreuzt, kann's zur Bildung von Querrinnen kommen. Logisch: an den tiefsten Punkten. Das läßt sich vorhersehen, weniger jedoch Auswaschungen im Verlauf eines leichten Gefälles. Grimmig wird's, wenn sich tiefe Rinnen im Schatten eines Baums verbergen und daher bei grellem Licht kaum erkennbar sind.

Wir haben auf ansonsten glatten, gut befahrbaren Tracks schon Rinnen von 50 cm Tiefe registriert. Wer da voll durchdonnert, riskiert Achsenbruch, im schlimmsten Fall einen *Rollover* (Überschlag). Dagegen hilft nur erwähnte „angepaßte Geschwindigkeit“. Es gibt keine Alternative.

Hin und wieder werden extreme Gefahrenstellen durch quergelegte Äste oder Plastikfähnchen markiert. Bei solch unscheinbaren Signalen müssen alle Alarmglocken schrillen. Oft ist nur Schrittempo möglich!

Längsfurchen

Wesentlich leichter zur orten sind Spurrinnen auf dem Track-Belag, die durch Fahrzeuge bei vorangegangenem Regen gebildet wurden. Sie können 30 cm tief sein, in Extremfällen noch mehr.

Eine Piste, Mischung zwischen ausgewaschener Fahrbahn und Gelände pur (Old Road auf der Cape York-Halbinsel). – Rechte Seite: Gibb River Road, etwa eine Woche nach Regen. Solche Längsfurchen sind gefährlich, wenn sie antrocknen und man dann zu schnell in die „Schienen“ donnert.

Im Allradantrieb, vielleicht sogar mit Kriechgang, haben sich „Vorfahren“ schlingernd ihren Weg durch aufgeweichten Belag gebahnt und damit den Track schwer geschädigt. Nicht nur deswegen können Straßen oder Abschnitte nach Regen gesperrt werden.

Wer da Tage später auf angetrockneter Bahn hineinrauscht, wird mit hohem Tempo in die Furchen gepresst. Da kann man sein blaues Wunder erleben! Ein typischer Fall, wo selbst traktionsstarke Allradler schnell im Aus landen können.

Pfützen am Wegrand sind Warnzeichen: Es hat zuvor geregnet, der Track könnte aufgeweicht und beschädigt sein. – Einige Tage später sind die Spurrinnen durch andere Autos wieder halbwegs geglättet.

Kurven.

Im Flachland werden Gravel Roads meist gradlinig trassiert, und auch schmale, nicht allzu hohe Bergketten werden möglichst pfeilgrad überwunden. Wo jedoch Kurven eingebaut wurden, um Hügel zu umgehen oder um Steigung auf Kosten längeren Wegs zu überwinden (Serpentinen-Prinzip bei Bergstraßen) wächst die Gefahr.

Auf dem Weg nach oben mag's noch gut gehen, im Gefälle wird zu hohes Tempo zur Falle. Selbst mit zwei angetriebenen Achsen mag der 4Wheeler die Kurve nicht so nehmen wie der Fahrer will. Die Pneus rutschen auf lockerem Belag; man bremst vielleicht noch – doch damit ist der Ofen aus.

Das Auto gerät aus der Kontrolle, schlingert auf den Hang zu, katapultiert sich drüber hinweg und bleibt unter Umständen mit Verlust von Achsen, Stoßstangen und ähnlichen Accessoires auf dem Dach liegen. Typischer Fall eines *single rollover*, eines Überschlags ohne Unfall-„Partner“ und damit dummerweise auch von der Kasko-Versicherung nicht gedeckt.

Kurven kann man nun mal nicht aus dem Weg gehen. Aber sie lassen sich richtig nehmen. Wie war das doch gleich: „Eile mit Weile“ oder so...

Wenn die Sonne mittags im Norden steht...

Outback-Orientierung

Sich im Outback zurechtzufinden fällt nicht schwer. Anders als in Drittweltländern sind selbst zweitklassige Tracks hinreichend ausgeschildert, Abzweige zu *Stations* u.ä. deutlich mit Namen und meist mit km-Angabe markiert. Ganz selten mal fehlt ein Wegweiser an Gabelungen. U.U. findet man ihn dann umgeknickt neben der Piste – oder er entpuppt sich als unscheinbar an einen Pfosten genagelter, spärlich beschrifteter rostiger Ölfaß-Boden.

Nur auf total sekundären *Beef Roads*, so gut wie nie von Touristen benutzt, kann's schon mal vorkommen, daß Sie an Gabelungen vergeblich nach Hinweisen Ausschau halten. Nur in solch wirklich seltenen Fällen muß dann der Kompaß ran, um am Scheideweg (und auch danach) die Richtung zu kontrollieren und mit der Karte zu vergleichen.

Zum Peilen sollten Sie sich einige Schritte vom Autoblech entfernen, um Fehlmessung auszuschalten.

Ideal ist ein Fernglas mit eingespiegelter Kompaß-Rose (*Steiner*), denn damit schlägt man zwei Fliegen mit einer Klappe, nämlich Ranholen und Orientierung.

Hilfreich ist auch ein kompensierbarer Autokompaß auf dem Armaturenbrett. „Schnapskompass" werden die Dinger genannt wegen ihrer Flüssigkeitsdämpfung im Klarsichtbehälter. Vor allem billigere Modelle neigen auf rauher Piste zum Tänzeln, die Kompaßrose rotiert wie ein Kreisel. Als stabiler erwies sich der *Silva-LB70*.

Wichtig ist natürlich, daß der Hinweis „kompensierbar" befolgt, daß also auch tatsächlich nach Vorschrift kompensiert wird, um störende Magnetfelder des Autos auszugleichen. Ein einfacher Handkompaß hilft zusätzlich. Es gibt Modelle speziell für die magnetischen Gegebenheiten der Südhalbkugel, bei denen die Nadel nicht so leicht verkantet.

Für die ganz grobe Orientierung nutzen viele den Sonnenstand. Das mag in den meisten Fällen reichen, ist jedoch *down under* nicht ganz einfach.

Auf der Südhalbkugel steht die Sonne mittags im Norden, Sonnenauf-und Untergang spielen sich wie bei uns gewohnt im Osten bzw. Westen ab.

Den Verlauf im Norden der scheinbaren Kreisbahn hat man schnell intus, wobei allerdings auch Versierte in den ersten Stunden nach Ankunft schon mal falsch liegen, nach der Auto-Übernahme der Sonne entgegen vermeintlich nach Süden aus einer Großstadt herausfinden wollen und prompt zu ihrer Überraschung im Norden landen.

Die Grundregel stimmt nicht mehr, wenn Sie im Südsommer (also in unserem Winter) nördlich des Steinbock-Wendekreises unterwegs sind, z.B. im nördlichen N.T. oder auf dem *Sandover Highway* (Mount Isa Qld./Alice Springs N.T.).

Zu dieser Zeit und oberhalb des *Tropic of Capricorn* schwingt sich der Sonnenball nämlich wie bei uns *im Süden* über die Weite. Allerdings so steil im Zenit, daß man damit für die Orientierung ohnehin fast nichts anfangen kann.

Die Ausschilderung ist im Outback in der Regel gut oder ausreichend. Oft gibt's *homemade*-Signale, von Einheimischen aufgestellt wie hier bei Mullwarrie in den Goldfields von Western Australia (Mullwarrie gibt's aber nicht mehr).
Bisweilen entdeckten wir (z.B. am Sandover Highway) Schilder im Graben und versuchten, sie wieder auf die Beine zu bringen.
Links: Einzelnen Fahrspuren folgt man am besten nie. Gleiches gilt für pistenähnliche „seismic lines" (z.B. am Gunbarrel Hwy oder in der südlichen Simpson Desert). Das sind nur Meß-Trassen für die Erdöl-Exploration, die im Nichts enden.

Terrain zu Papier gebracht:
Land- und Straßenkarten

Wer auf eigene Faust & auf eigener Achse reist, ist mehr als ein Pauschaltourist auf hervorragendes Kartenmaterial angewiesen. Leider steht's in Australien mäßig bis schlecht um die Exaktheit der Blätter. Anders als in Mitteleuropa hinken die *Maps* der Straßen-Realität gerade im Outback hinterher (in den dicht besiedelten Zonen ist das Problem weniger gravierend).

Da finden sich uralte, längst überholte Track-Verläufe in druckfrischen Blättern, da sind 4WD-Pisten eingezeichnet, wo es gute Gravel Roads oder gar Teer gibt. Einige Alternativrouten fehlen. Andererseits wurden auch mal Asphaltstraßen hingemalt, wo man keinen festen Belag erwarten kann.

Ausweg aus dem Dilemma: Sie benutzen möglichst drei, vier Karten nebeneinander. Die Synopse sagt dann hoffentlich, wie's aussehen wird.

Sehr gut sind Karten der Automobilclubs, ebenso die Shell-Karten der Bundesstaaten, ergänzt um touristische Blätter der Verkehrsämter. Dazu Blätter wie die von *Natmap* oder *Sunmap*. Wenn möglich, legt man sich die aktuellsten Druckauflagen zu (bisweilen findet sich irgendwo eine Jahreszahl). Das entschärft auch das Problem von Ortsnamen-Änderungen.

An Tankstellen wurden uns schon zehn Jahre alte Nostalgiedrucke angedient.

Um den Blätterwald Dutzender Karten zu ergänzen, schaffen Sie sich zusätzlich einen Straßenatlas an, z.B. *Reader's*, ca. 40 $. Brauchbar auch *BP Road Atlas*. Für den Westen: *Travellers Atlas of W.A.*, nur 7 $.

Australische Straßenkarten verzichten meist auf Wiedergabe des *Reliefs* (Berge, Täler). Das Terrain wirkt platt; nur das Kartensignal „Berge" würde drauf hinweisen, daß Tracks und Straßen etwas mühsamer befahrbar sind als in der Ebene. Dem Manko hilft man ab durch Kauf der *Tourist Map Australia*, die auf der einen Seite plastische Relief-Darstellung, auf der anderen eine Straßenübersicht bietet. Auch in der K+F-Karte ist das Relief erkennbar (s. Anhang).

Beste Land-Darstellung findet sich auf Topographischen Karten. Die 1:250.000-Serie entspricht vom Maßstab her etwa unseren Generalkarten; man braucht davon für Outback-Großräume eine ganze Menge. Sinnvoll sind sie weniger im flachen Land als in den Bergzonen.

Topographische Karten sind allerdings im Outback selbst schwer zu bekommen – und in puncto Aktualität oft voller Mängel.

Strip & Mud

Gut für den Routenverlauf: die *Strip Maps* des Automobilclubs. Sie sind zwar meist nicht eingenordet, zeigen aber die wichtigsten Landmarken wie Orte, Stations, Kreuzungen, Flüsse u.ä. am Weg.

Für besonders ausgefallene Pisten, auch für interessante Alternativen gibt's sogenannte *Mud*maps („Dreck-Karten"): handgezeichnete, aktuelle Skizzen mit allen relevanten Details. Solch wertvolle Hilfsmittel kriegt man bei Roadhouses, bei Tourist Offices oder man kupfert sie ab beim Nachbarn auf dem Camp. Man muß nur reden mit den Leuten…

Gut und reichlich in den wenigen Orten:

Versorgung im Outback

Auf eigener Achse im rauhen Outback unterwegs: Das bedeutet, Reserven für viele Tage an Bord haben zu müssen, für weit mehr, als die Route zur nächsten Stadt geboten erscheinen läßt. Schweres Festfahren auf abgelegenen Pisten kann schon mal eine halbe Woche kosten, ebenso die Wartezeit an einer überfluteten und damit unpassierbaren Furt. Von zeitaufwendiger Pannen-Reparatur ganz zu schweigen.

Es bringt daher wenig, nur knapp über den Tellerrand zu schauen und Schränke sowie Kühlschrank halb oder ganz leer zu lassen. *Bogging* in der Finke-Schlucht hat einen zu knapp kalkulierenden Reisenden schon mal drei volle Tage gekostet; totale Fehlanzeige an Speis & Trank vergrößerte unnötig die Bergungs-Mühe. Alice Springs lag zwar recht nah, aber eben Tage entfernt...

Richtschnur: Beim ersten Großeinkauf müssen neben den angebotenen Köstlichkeiten auch Konserven an Bord. In Städten kauft man unterwegs alles Notwendige (Frischfleisch, Obst, Gemüse, Milch und Getränke) überreichlich nach.

In kleineren Orten wird dann gebunkert, was das Sortiment gerade hergibt. Und das ist nicht wenig, denn selbst kleine Busch-Dörfer sind Versorgungszentren für die umliegenden Stations. Stores in Outback-Nestern bieten oft reichlich Tiefgefrorenes, von Fleisch und Gemüse bis hin zu Milch und Brot. Die für frische Lebensmittel aufgedruckten Verfallsdaten gelten bei Tiefgefrorenem nicht. Nebenbei erspart Gefrorenes ein gutes Stück Eis für die Ice Box.

Selbst am Ende der Welt ist das Angebot an Lebensmitteln und eiskalten Getränken noch erstaunlich gut.

Es ist nicht sinnvoll, die Versorgungsmöglichkeiten eines jeden Kaffs aufzuführen. Da Australier in puncto *food* recht anspruchsvoll sind, kriegt man überall genug – es muß nur rechtzeitig gekauft werden. So „überlebt" man ohne große Kalkulation viele Tage.

Tip: Supermärkte in allen größeren Minenorten (z.B. Mt. Isa N.T., Jabiru/Kakadu N.T., Newman, Leinster W.A. usw.) sind erstklassig sortiert. Die Beschäftigten kriegen Spit-

Roadhouses – sichere Versorgungspunkte in einsamer Weite. Oben: *Top Springs* am Buchanan Highway (N.T., am „Big Run“). – Getankt wird bisweilen aus dem Faß. Bei *Rabbit Flat* (Tanami Road) kommt der Segen von oben.

zenlöhne und mögen daher keineswegs darben. Gleiches gilt für touristische Brennpunkte. In frei zugänglichen Aboriginal Communities (z.B. Docker River, Warburton am *Gunbarrel*, Yuendumu am *Tanami*) ist die Grundversorgung ausreichend.

Die Preise liegen etwa so hoch wie in Mitteleuropa abseits der Ballungsgebiete. Alles, was von weit her rangekarrt werden muß (z.B. Obst & Gemüse) ist teurer, Fleisch deutlich billiger als bei uns.

Eis für den *Eski*, die Kühltruhe, gibt's an Tankstellen, Liquor Stores und Roadhouses. Die Portion hält meist einen Tag, für einen Beutel sind etwa zwei Dollar anzusetzen. Im entlegenen Outback bisweilen Fehlanzeige.

Roadhouses

Die in den Karten eingezeichneten *Station*s (Ranchs) sind auf Besucher nicht eingestellt und haben – von ausgeschilderten Ausnahmen mal abgesehen – keine Shops. Sie sollten – wie isolierte Bergwerke ohne angegliederte Ortschaften – nur in echten Notfällen angesteuert werden.

Gegenstück dazu: Die Roadhouses (siehe Pubs). Jedes ist anders, aber in einem sind alle gleich: Sie sichern die Touristen-Versorgung auf langen Strecken ohne Ortschaften. Treibstoff, Bier, Soft Drinks und Nahrung ist tagsüber generell im Angebot. Fürs Tanken nach 17 oder 18 Uhr ist bisweilen ein Zuschlag einzukalkulieren, aber zu der Zeit hat man meist sein Camp angesteuert.

Ganz abgelegene Roadhouses machen schon mal für einige Tage den Laden dicht, so etwa *Rabbit Flat* an der Tanami Road dienstags bis donnerstags; anderswo setzten sich die Besitzer an Feiertagen zur Ruhe. Dann mangelt's auch an Sprit & Diesel – all dies ist einzukalkulieren! Im Fall des Falles muß man das übernächste Roadhouse anlaufen können – oder warten...

Roadhouses liefern aber auch Immaterielles: Ein wenig Relax am Tresen, oft auch am

Arsch der Welt mit Air Condition. Mehr oder weniger gelungenes Outback-Feeling und handfeste Informationen. Hilfestellung bei Notfällen. Dazu Duschen (gratis oder für ein paar Cents) und Toiletten.
Ein Roadhouse läßt man nicht aus, nur weil der Saft im Tank bis zur nächsten Ortschaft reicht – es ist immer ein Erlebnis. Zum Ausprobieren empfohlen...

Wasser – das wichtigste Kapitel

Noch wichtiger als Nahrung sind Wasser-Reserven im trockenen Outback. Hungern kann der Mensch schon mal viele Tage – Flüssigkeitsentzug jedoch verkraftet der Körper nicht lange.
Obwohl Wasser leichter zu bekommen ist als Kulinarisches, wird da oft gesündigt. Gute Verkehrswege gaukeln trügerische Sicherheit vor: „Bis zur nächsten Stadt sind's ja nur ein paar Stunden" – daß was dazwischenkommen kann, verdrängt man schnell.
„Selbst unsere Australier sind da oft leichtsinnig", klagte ein Roadhouse-Besitzer. „Sie starten mit zwei Fläschchen Wasser zur Buschtour wie zum Picnic im Stadtpark. Jedes Jahr verdursten im Outback einige Leute."
Bei der Kalkulation der Wasservorräte geht man normalerweise von drei Litern Trinkwasser pro Tag und Person aus; dazu Reserve-Kühlwasser. Bei starker Belastung (Fahrzeug-Bergung, Streß) und hoher Temperatur erhöht sich Ration auf fünf, acht oder gar mehr Liter! Fazit: Eine eiserne Reserve von 10 Litern pro Nase muß während der kühlen Monate an Bord sein – im Sommer 15 Liter. – Im Leinen-Wassersack, außen am Gefährt angebunden, bleibt der Inhalt kühl durch Verdunstungskälte.
Den „Not-Kanister" entkeimt man (z.B. mit *Micropur*-Tabletten); der Inhalt sollte nach Möglichkeit nicht verbraucht, jedoch von Zeit zu Zeit erneuert werden. Behälter gelegentlich auf ein Leck hin kontrollieren.
Als Standard-Vorrat zum Trinken, Kochen und Waschen empfehlen sich zwei Kanister. Eingebaute Tanks in Campingfahrzeugen

Mal gibt's unterwegs Wasser, mal nicht. Zuwenig Wasser an Bord ist in ariden Zonen der gößte Fehler. Reserve-Berechnung: einmal zusätzliche Kühlerfüllung und 15 Liter pro Person.

verdienen gesunde Skepsis. Zum einen läßt sich der Inhalt nicht so leicht hygienisch einwandfrei halten – wer weiß, aus welch dubiosen Quellen der Mieter vor Ihnen gezapft hat... Zum anderen halten die Tanks das stete Rütteln auf Pisten oft nicht aus. Wir haben erlebt, daß sich eingenietete Schwallbleche lösten, die das Schwappen im Behälter reduzieren sollen: Aus den Nietlöchern sickerte das wertvolle Naß langsam aber sicher auf die Straße.
Kanister mit Ablaßhähnen sind praktisch, da sich die Wasserentnahme besser dosieren läßt. Allerdings neigen die Zapfventile zu Undichtigkeiten. Fällt der Behälter mal um, kann der Hahn abbrechen.
Wo füllt man die Vorräte auf? Kein Problem bei Tankstellen, an Roadhouses oder natürlich auf Campingplätzen. In Städten ist Wasser immer hygienisch einwandfrei, auf dem Land, wo oft Tiefenwasser aus *Bores* aus dem Hahn sprudelt, ist es schon mal hart und mineralhaltig. Selbst erstklassiges Wasser

kann bei großer Hitze im Laufe der Zeit „nachverkeimen“, d.h. es sollte gelegentlich ausgetauscht werden.
Wasser aus unkontrollierten Quellen unterwegs? Aus Windrad-Bassins oder Tanks am Straßenrand? Zum Trinken nie verwenden, aber als „Brauchwasser“ zum Waschen und Erfrischen in besonders gekennzeichnete Behälter füllen. Das streckt die Vorräte.
Da sich trübes Wasser mit Micropur nicht entkeimen läßt, lohnt sich die Mitnahme eines Taschenfilters. Damit wird im Notfall sogar Wasser aus Pfützen trinkbar. Aber so weit sollte man es lieber doch nicht kommen lassen...

Camping

Zur rechten Outback-Tour gehört nun mal das Campen – was nicht heißen soll, daß man nicht auch mal ein stilvolles Hotel ansteuern könnte, wenn es sich gerade bietet. Aber die Übernachtung am Busen der Natur (*Bushcamping*) ist eins der starken Erlebnisse des Hinterlands, garniert mit allabendlichem Farbenspiel, Grillengezirp, Vogelzwitschern. Bisweilen bellt in der Ferne auch ein Dingo, ansonsten liegt Ruhe über Ihrem ganz privaten Camp-Areal.
Campingplätze heißen in Australien meist *Caravan Parks*. In nahezu jeder Stadt, die auf sich hält, findet man einen solchen Platz. Mit guter Infrastruktur, mit Duschen und oft sogar mit Aufpreis-freiem Stromanschluß. Lediglich in abgelegenen Tropenzonen wird die teuer per Generator erzeugte Energie auf den Preis für den *Site* auf der *powered area* umgelegt. Generell ist ein Stellplatz billiger als in Mitteleuropa: ca. 10 bis 20 DM für gute bis überdurchschnittliche Anlagen.

Fast jedes Outback-Dorf hat zumindest einen einfachen Campground. In Städten oder an Roadhouses (links oben *Timber Creek* am Victoria Highway) gibt's komfortable *Caravan Parks* mit Duschen und Stromanschluß.
Bei Bush Camps trifft man oft auf zünftige Outdoor-Fans, die mit tollen Stories und aktuellen Infos aufwarten.

Viele kommerzielle Plätze liegen allerdings wenig idyllisch irgendwo in Orten oder gar unmittelbar neben lauten Straßen.
Naturnäher sind Campgrounds in *Nature Reserves* oder *National Parks.* Beispiele: Palm Valley in den westlichen Macdonnell Ranges bei Alice Springs, im *Kakadu* oder *Hamersely N.P.* Solche Plätze sind kostenlos oder ungemein preiswert.
Auf einigen vielbesuchten staatlichen Campgounds hat man getrennte Bereiche für Leute ohne bzw. mit Generator. Wer Ruhe haben will, sollte sein Lager möglicht weit weg von letzteren entfernt aufschlagen.
Stellt man sich unterwegs darauf ein, bis zu einer Woche ohne organisiertes Camp auszukommen, dann wird man überall die Kurve kriegen: Drei- oder viermal nach Gusto unterwegs im Busch, dann auf dem Komfort-Campground, wo es grade paßt. Spezielle Ortsangaben sind da wenig zielführend.
Einige Karten und Atlanten weisen per Symbol oder mit der Abkürzung *C.P.* auf Caravan Parks hin.

In den heißen Monaten schläft es sich im Tropen-Zelt aus Moskitonetz-Stoff (z.B. von Salewa) besser als im Campmobil, das Stunden braucht, bis es halbwegs abgekühlt ist. – Zwischen April und September kann die Wüste nachts ihre eiskalte Seite zeigen.

Regeln fürs *Bushcamp*

- Kein freies Campen in National Parks oder in Nature Reserves.
- Nicht in trockenen Bachbetten campieren, auch wenn weicher Sand noch so sehr dazu verlockt. Sollte in weiter Ferne Regen fallen, dann könnten jäh heranrauschende *flash floods* Mann und Maus fortspülen.
- Brunnen und Wasserstellen meiden. Das scheue Vieh könnte vergrämt werden und traut sich nicht ran ans lebenswichtige Naß. Außerdem sind Fliegen oder Moskitos in Wassernähe häufiger als weiter im Hinterland.
- Nach Möglichkeit Campsites von Vorgängern benutzen und die Natur nicht unnötig schädigen: Reifenspuren z.B. können zu Erosionsschäden führen.
- Abfall sehr tief vergraben. Oberflächliches Einbuddeln oder Bedecken mit Sand bringt nichts. Tiere oder der nächste Regen fördern alles wieder zutage.
- Dosen etc. vorher ausbrennen. Besser noch: Das, was man hinausträgt in den Busch auch wieder mit zurücknehmen.
- Nach heftigem Regen oder Überflutungen ist am ehesten mit Schlangen zu rechnen. Das tangiert nicht nur Zeltler, sondern auch Wohnmobilfahrer! Geräusche und Vibrationen (z.B. lautes Aufstampfen mit dem Fuß) vertreibt die Schlangen ziemlich sicher. Normalerweise meiden sie die Nähe von Menschen.
- Feuergefahr in ariden Zonen ist enorm groß. 3 bis 5 m Abstand halten zu allem Brennbaren (Gras, Büsche). Kein Campfire bei starkem Wind und natürlich überall dort, wo es ausdrücklich verboten ist. Nach Möglichkeit Gas-Brenner benutzen.
- Sicherstellen, daß das Feuer beim Start völlig aus ist. Glut und glimmendes Astwerk mit Sand abdecken oder mit Wasser löschen.
- Camp vorm Verlassen gründlich auf Liegengebliebenes absuchen. Zwischen dem Gras können sich sich die tollsten Sachen verstecken – die man hernach dringend braucht...
- Das Outback ist kein total freies Land, meist gehört es zu irgendwelchen Stations. Wenn möglich, um Erlaubnis fragen.
- Ansonsten: zivilisiert benehmen, kein Dieselöl von den Wasserpumpen klauen, keine Kälber fürs Nachtmahl killen usw. Das soll alles schon vorgekommen sein und stimmt die Rancher natürlich nicht gerade freundlich ein auf Camp-Touristen.

Im Prinzip ist vieles erlaubt, aber:

Besser mit Permit!

Australien ist ein freies Land. Im Prinzip ist fast alles erlaubt, was machbar ist. „Im Prinzip“ heißt aber auch, daß es ein paar Einschränkungen gibt, die der *common sense* oder Vorschriften festlegen.

Sie dürfen nahezu jede ausgeschilderte Piste benutzen. Nur ganz ganz wenige sind des Gefahrenpotentials wegen verboten, z. B. die Nordschleife des *Gunbarrel Highway* bei der Wetterstation Giles. „Seht bloß zu, daß Ihr auch heil drüben ankommt“, meinte mal ein Ranger vor Befahrung eines riskanten Tracks. Für die geistige/materielle Planung, Durchführung und vor allem für Wasser-Vorrat ist jeder selbst verantwortlich. Das wird nie überprüft.

Ab- und Rückmeldung bei der Polizei ist nur in ganz seltenen Fällen nötig (z.B. Canning Stock Route oder Simpson Desert), aber im Zweifel immer sicherer. Das erfahren Sie bei den Polizeiposten vor Ort. Vergessen Sie aber die Rückmeldung auf keinen Fall!!

Bei der technischen Ausstattung gibt's keine Restriktionen. Funkgeräte, auf die ein arabischer Grenzer u.U. hysterisch reagiert, sind völlig frei benutzbar. Ob's nun starke CB-Funkgeräte sind (für kurze bis mittlere Reichweiten) oder potente Profi-Sets für Kontakt mit dem *Royal Flying Doctor Service* – alles legal! Niemand, kein Militär oder Polizist würde annehmen, daß der Staat dadurch Schaden nehmen könnte.

Der fünfte Kontinent ist grenzenlos. Die *Borders* der Bundesstaaten und Territorien sind offen. Lediglich der Transport von diversem Obst, Gemüse und ähnlichem, was der Landwirtschaft schaden könnte, ist reglementiert, um Schädlings-Einfuhr zu begrenzen. Australien hat in diesem Punkt viel Lehrgeld zahlen müssen. Oft werden fast alle Vorräte konfisziert, daher beim Einkauf vor der Überschreitung von State-Grenzen möglichst nicht in die Vollen gehen.

De jure ist für den Besuch der meteorologischen Station Giles am Gunbarrel Highway (W.A.) ein Permit notwendig, das zuvor per Post besorgt werden müßte. De facto sieht's jedoch so aus, daß ein Schild *Visitors Welcome!* zum Besuch lädt. Der Passierschein wandert ungelesen in den Mülleimer – „nicht nötig“, meinte der Wetterfrosch und lud zum eiskalten Bier an den Tresen.

Gewisse Beschränkungen kann's beim freien Campen geben. Das Outback ist ja meist kein herrenloser Freiraum. Wenn möglich, sollte der Besitzer um Erlaubnis gebeten werden. Um das Vieh nicht zu vergrämen, darf nicht an Windrädern und Wasserstellen campiert, das Wasser nicht mit Seife und Waschmitteln verunreinigt werden. Auch offenes Feuer ist oft nicht erwünscht oder gar verboten (siehe Campen).

Aboriginal Land

Restriktionen gibt's nur bei den *Aboriginal Reserves*, die sich zum Leidwesen vieler weißer Australier, aber zum Glück für die Ureinwohner zusehends vergrößern.

Permits für *Aboriginal Land* sollte man auf jeden Fall beantragen, auch wenn sie nicht unbedingt nötig sind. Es ist Zeichen der Höflichkeit gegenüber den Landbesitzern.

APPLICATION FOR PERMIT TO ENTER ABORIGINAL LAND

ABORIGINAL LAND ACT 1978

TO: CENTRAL LAND COUNCIL
31-33 STUART HIGHWAY
ALICE SPRINGS N.T. 5750
PO BOX 3321 ALICE SPRINGS

I apply for permission to enter and remain on Aboriginal Land or Seas adjoining Aboriginal Land. I request that the following details be considered to support my application and if approved request a permit to be issued.

---

1. Name of all Persons to enter (Principal applicant to be entered in A)

(A) ______________________ (D) ______________________

(B) ______________________ (E) ______________________

(C) ______________________ (F) ______________________

2. Address in Full of Principal Applicant. ______________________

____

______________________ TELEPHONE: ______________________

3. Date of Entry; ______________ 4.Date of Departure;______________

5. Purpose of Entry;

TRANSIT	Travel across area only
ENTRY	Visit, Stay, Consultation, Etc
BUSINESS	To carry out Business in Area

6. Reason for entry (Provide Full Details) ______________________

____

____

7. Area to be Entered (Provide Exact Details)______________________

____

____

8. Vehicle Details ; Make ______________ Model____________ Year____

Registration No; ______________ State_________

(Point 9&10 to be completed if company apply for permit)

9. Postion of Principal Applicant; ______________________

10. Organisation / Company; ______________________

11. Permit to be ; Held for collection in Alice Springs Central Land Council 31-33 Stuart Highway.

Forwarded to ______________________

____

____

A stamped self addressed envelope must be attached to this application if application si to be forwarded.

Zum Besuch der Communities in den Reserves sind *Permits* notwendig (Adressen der *Land Councils* im Anhang). Wenn nicht wirklich profundes Interesse am Leben der Aborigines vorliegt, sollte man auf solche Besuche verzichten. Die Ureinwohner haben kein Interesse an oberflächlicher Touristen-Neugier.

Für die Benutzung von Hauptstraßen und wichtigen Tracks durch Aboriginal Land sind in der Regel keine Permits notwendig. Wobei zu den Straßen auch die 50-Meter-Streifen zu beiden Seiten der Fahrbahn gehören, auf denen man campieren könnte, wenn Not am Mann (oder am Fahrzeug) ist.

Planen Sie jedoch Ihre Etappen am besten so, daß Sie die Reserve vor der Dämmerung verlassen können. Aboriginals sind in der Regel sanft bis betont gleichgültig gegenüber den Weißen – es könnte jedoch sein, daß es mit selbstbewußten Ureinwohnern Probleme gibt.

Es ist ein Gebot der Höflichkeit gegenüber den Ureinwohnern und beseitigt alle Unsicherheiten, sich die erforderlichen Permits vor der Reise zu besorgen. An Ort und Stelle klappt das im Normaltouristen-Fall wegen der 14-Tage-Bearbeitungsdauer nicht.

Die Aufenthaltsdaten sollten wegen der Reisezeit-Kalkulationsprobleme länger als geplant angegeben werden. Ein Brief mit den 11 Punkten des Permit-Reprints auf der vorhergehenden Seite dieses Manuals müsste ausreichen.

Liquor Act

„Grog is killing us“, lautet eine Parole zum Selbstschutz der Aboriginals. Mit Grog ist Alkohol gemeint, vor allem Hochprozentiges, seltener auch Bier. Vor vielen Reserve-Grenzen warnt ein *Liquor Act*-Schild vor der Mitnahme von Alkohol. Oft wurde *Bullshit* o.ä. auf die Tafeln geschmiert. Drakonische Strafen sind angedroht für Übertretungen, bis hin zu Knast und zur Fahrzeug-Beschlagnahmung.

Haufen leerer Flaschen und Bierdosen im Dunstkreis dieser Schilder deuten drauf hin, daß viele Reisende ihre Vorräte offenbar an den Reserve-Grenzen auf Null bringen.

Alkohol auf Aboriginal Land? Das Verbot bedeutet Selbstschutz der Communities. Bierdosen (die man in einigen Orten der Ureinwohner sogar kaufen darf) muß der Transit-Tourist daher nicht wegwerfen, darf sie aber nicht an Aboriginals abgeben. Hochprozentiges sollten Sie nicht an Bord haben.

Dabei wird wohl niemand etwas dagegen haben, wenn Touristen im reinen Transit ein paar Bierdosen zum Eigenverbrauch in der Ice Box kühl halten.

Es kann bisweilen vorkommen, daß Aboriginals Touristen darum bitten, ihnen im Liquor Store ein Six-Pack Bier zu besorgen, weil sie selbst keins (mehr) bekommen.

Auch wenn's schwerfällt: Lassen Sie sich darauf lieber nicht ein. Es würde den weit verbreiteten Alkoholismus der Ureinwohner nur fördern.

Nur wenige Straßen sind in Australien gesperrt.

Rund um die Gesundheit

Arides (trockenes) Klima bereitet Touristen auf der Reise kaum Gesundheits-Probleme. Wüsten und Halbwüsten sind relativ keimfrei, sagt man – da muß was dran sein. Höchstens die starken Temperaturschwankungen zwischen Tag und Nacht könnten zu einer leichten Erkältung führen – ebenso exzessive Benutzung der Klimaanlage.

Bei sehr großer Hitze fährt's sich gut gekühlt mit leicht angefeuchtetem Hemd, doch das darf man nicht übertreiben, um den Körper nicht zu unterkühlen. Also nicht unentwegt Wasser nachkippen!

Empfehlungen für Präventiv-Impfungen sind Sache Ihres Hausarztes; für Australien ist derzeit nichts amtlich vorgeschrieben.

Wie bei allen Reisen wird Tetanus-Impfung absolut empfohlen. Nach drei Spritzen (zwei binnen vier Wochen, die letzte ein Jahr drauf) sind Sie für zehn Jahre geschützt.

Malaria-Prophylaxe ist in den meisten tropischen Regionen Australiens nicht notwendig. Vorsichtshalber informiert man sich vor Ort und nimmt ggf. rechtzeitig die lokal erhältlichen Mittel.

Zur Prävention gehört ferner: Abschluß einer Reise-Krankenversicherung, denn die Gesetzliche übernimmt Kosten auf Reisen außerhalb der EG nicht mehr. Auch ein Routine-Check beim Haus- und Zahnarzt sollte vorm Start stehen.

Medikamente gibt es beim *Chemist* (Rezeptpflichtiges am besten in der Reiseapotheke mitbringen).

Die ärztliche Versorgung ist gut down under, aber die Entfernungen zwischen den Krankenhäusern sind im Outback oft ziemlich groß. Um den Royal Flying Doctor Service zu alarmieren, muß man erst mal eine Station mit Funkgerät erreichen.

Sie werden selten das Gefühl haben zu schwitzen. Trotzdem verliert der Körper Flüssigkeit und Mineralien. Der Schweiß verdampft umgehend (und kühlt dabei). Entwichener „Saft" will ersetzt sein, also Wasser „über den Durst" trinken! Möglichst wenig Alkohol.

Ist der Urin auffällig dunkel, also zu stark konzentriert, braucht der Körper unbedingt mehr Flüssigkeit!

Den mit dem Transpirieren verbundenen Mineral-Verlust gleichen Sie durch kräftiges Salzen der Nahrung aus, ggf. mal eine Prise Salz separat konsumieren. Salzmangel führt zu Schwäche und Apathie.

Vitamine müssen auch im Outback nicht zu kurz kommen, das Angebot an Obst und Gemüse ist in größeren Orten gut bis reichlich (doch nicht grade billig, der Transportkosten wegen).

Wesentlich riskanter ist die feuchtigkeitsgeladene Hochsommerhitze im tropischen Norden (in unserem Winter, ohnehin nicht die optimale Reisezeit für die Nord-Zonen). Da können schwüle 35 Grad, die man im trockenen Inland locker wegsteckt, höchst belastend wirken. Besonders für Leute mit labilem Kreislauf.

Grelles Licht macht müde. Auf Europa-Verhältnisse dosierte Sonnenbrillen reichen fürs intensive Outback-Sonnenlicht oft nicht aus. In Drogerien oder Fotogeschäften gibt's

down under Gläser mit der richtigen Stärke und Strahlenfilterung. Sie werden die Entspannung der Augen sofort merken, wenn von Normalgläsern auf richtig angepaßte Optik „umgestiegen“ wird.
Sonnenschutz: Öl oder Milch mit möglichst hohem Schutzfaktor benutzen. In Australien ist das Ozonloch recht nah. Folge: Selbst an den Renommierstränden der Ostküste ist Anziehen derzeit mehr „in“ als dezente Nacktheit. Das gilt mehr noch fürs Outback. Halbschatten von Mulgabüschen oder Eukalypten ausnutzen, steil stehende Mittagssonne vermeiden (siehe *Reiseplanung*). Wanderungen am besten morgens und nachmittags unternehmen. Und gegen Sonnenstich möglichst immer eine Kopfbedeckung tragen.
Schlangen, auch hochgiftige, gibt's zwar auch in Wüstenzonen, doch haben wir auf bislang sechs Reisen noch nie das „Vergnügen“ näheren Kontakts gehabt. Beim Bushcamp erst mal einen Riesenwirbel abziehen, Aufstampfen und Geräusche produzieren. Das vertreibt die Vipern. Nicht auf dem Sand schlafen: Schlangen suchen Wärme, notfalls in Ihrem Schlafsack. Anti-Schlangen-Tips: Festes Schuhwerk tragen. Zelte nachts gut verschlossen halten.
Moskitos schwirren im Inland kaum herum, eher an Wasserläufen und im tropischen Norden. Man hält sie, ebenso wie die kleinen *Sand Flies* auf Distanz mit starken Repellents (z.B. Djungel Olja, in Sportgeschäften oder bei Reiseausrüstern zu bekommen). Sprays sind – derzeit noch – wenig umweltfreundlich, aber leichter aufzutragen. Sonstige Anti-Mozzies-Geheimtips helfen – oder nicht. Einer von vielen: täglich 'ne Flasche Whisky trinken. Hoffentlich überleben Sie das...
Stiche werden mit kühlendem Gel behandelt (Tavegil oder Soventol); lieber 'ne Tube zuviel als zuwenig einpacken. Diese „Schmierstoffe“ waren die einzigen Medikamente, die wir je im Outback gebraucht haben.
Die Reiseapotheke muß so sortiert sein wie auf jeder Fernreise; in diesem Punkt berät Sie der Hausarzt.

„Ich kann Ihnen leider
keinen Film schicken,
da meine Kamera
den Rüttel- oder Staub-Tod erlitt..."
(Outback-Tourist A. von Götz, 1990)

Erfolg programmiert?

Fotografie im „Busch"

Das Outback ist ein Traum-Revier für Fotografen: Weite, apokalyptische Landschaften, schroffe Berg- und Schluchtszenerie sowie Strände wie Sand am Meer. All dies unter meist knackig-blauem Himmel. Roter Sand, grüngelbes Gras leuchtet, das Licht ist meist ungetrübt von Smog und Dunst. Highlights: fantastische Sonnenuntergänge, gefundenes Fressen für Profis wie Amateure.

An der Ausrüstung sollten Sie nicht sparen: am besten eine vollautomatische Sucherkamera stets griffbereit im Cockpit. Es gibt staub- und spritzwassergeschützte Modelle, die fast alles mitmachen. *HD*-Versionen, *heavy duty* genannt wie die hochbelastbaren Motoröle, stecken Staub, Wasser und Stöße locker weg. Die Schärfezeichnung moderner Autofocus-Objektive ist meist sehr gut, was man von billigen Kunststoff-Fixfocus nicht gerade behaupten kann. Leider sind Modelle wie Nikon L35 AW AF oder Fuji HD-M nur noch gebraucht zu bekommen.

Dazu zwei Spiegelreflex-Gehäuse gleichen Typs (wegen der Objektiv-Austauschbarkeit). Vollelektronische Kameras mit vielen Programmen eignen sich bei Hitze und Vibrationen weniger als die guten alten mechanischen Geräte, die zwar viel wegstecken, aber leider nicht alles. Deswegen lieber eine Kamera mehr mitnehmen.

Objektive: 28mm-Weitwinkel, Standard-50mm, leichtes Tele (135) und schwereres Geschütz (um 200 mm) für Tier-Aufnahmen und dynamische Effekte. Zoom-Objektive mit ihrer Vielzahl von Linsengruppen büßen bei harten Vibrationen sehr schnell ihre Abbildungsqualität ein, sind jedoch bequemer im Handling.

Die meisten Objektive und viele Kameras kommen in edlem Schwarz daher. Unter steil stehender Tropensonne absorbieren sie die Strahlung, heizen sich unnötig auf, was verkitteten Linsengruppen und eingelegten Filmen nicht gut bekommt.

Da die Geräte auf Pisten enorm strapaziert werden, lohnt es sich einen stabilen Fotokoffer mit Schaumstoffpolsterung mitzunehmen. Der Koffer sollte einerseits in greifbarer Nähe, andererseits an schattigem Plätzchen im Wagen transportiert werden. Vor Staub schützt ein auf Deckelkante und Rahmen geklebter Tesamollstreifen; ganz Vorsichtige packen die Kameras zusätzlich in Plastiktüten, so wie man ja auch Kleidung u.ä. auf Pisten schützt.

Staub ist größter Feind der Fotoausrüstung. Objektive müssen mit Schutzfilter versehen sein, wobei sich farblose UV-Filter besser eignen als die vielgelobten Skylight R1,5, da letztere zwangsläufig zu leichten Rosa-Farbstich führen. Auf den Filter gehören immer Deckel bzw. Sonnenblende.

Sollte sich, was gerade in „Bulldust"-Gebieten unvermeidlich ist, Staub auf dem Filter niedergelassen haben, entfernt man ihn mit einem sauberen (!) Puste-Pinsel, möglichst nicht mit Tüchern jeglicher Art. Letztere nur, wenn Schmuddel wie Spritzwasser oder Fingerabdrücke runter müssen; dazu gibt's feuchte Reinigungstücher. – Kleiner Trost: Ein paar Mikrokratzer auf dem Filter haben kaum Einfluß auf die Bildqualität.

Staub ist neben den Vibrationen auf Pisten größter Feind von Kamera und Objektiv. Zur Sicherheit in Plastikbeutel verpacken.

Filme sind in allen größeren Outback-Orten zu bekommen (z.B. in Drogerien und Spezial-Abteilungen von Supermärkten), kosten aber mehr als in Deutschland. Daher reichlich einpacken.

Negative lassen sich im Schnellservice ausarbeiten. So läßt sich nebenbei prüfen, ob die Kamera(s) noch funktionieren.

Eine Routine-Kontrolle: Erste Leeraufnahmen bei Filmeinlegen zum Blenden- und Zeiten-Check nutzen: Schließt die Blende oder hängt sie in Offen-Position? Ist die Viertelsekunde auch so lang wie eingestellt oder schaltet der Verschluß auf die kürzeste Zeit? Kommt alles vor...

Dia-Filme nimmt man mit heim und schickt sie dort umgehend zum Labor. Das „latente", unentwickelte Bild ist recht empfindlich. Sicher verpackt sind die Filme in Spezial-Schutzbeuteln (z.B. von Hama, Fotohandel), belichtete und unbelichtete am besten getrennt in markierten Behältern.

Moderne Flughafen-Durchleuchtungsgeräte schaden normalempfindlichen Filmen zwar nicht mehr, bitten Sie aber bei der Security vorsichtshalber um *Hand Check*.

Filme vertragen mehr Hitze als man annimmt, Feuchtigkeit hingegen weniger. Trotzdem sollten sie an möglichst kühlem Ort gelagert werden. Oft eignen sich dafür Stauräume in der Nähe des Wagenbodens. Im sommerlichen Outback heizt die Straßenoberfläche diese Bereiche jedoch unglaublich auf (vor allem in Campmobilen). Ein Platz im Koffer oder Kleiderschrank ist besser für belichtetes wie unbelichtetes Material.

Wegen des Überangebots an Lichts reichen in der Regel Filmempfindlichkeiten zwischen 50 und 100 ISO/ASA: normalerweise sind sie feinkörnig und „schnell" genug (z.B. Kodachrome 64 oder Fujichrome 100).

In düsteren Schluchten, bei Dämmerung und wenn das Tele eingesetzt wird, sollte ein Stativ ran, wenn Sie nicht auf 200 oder 400 ASA wechseln wollen oder können. Cullmanns *Magic* z.B. läßt sich flach und platzsparend zusammenlegen. Selbst ein Einbeinstativ hilft oft schon, Verwacklungen zu vermeiden. Im übrigen: Blende auf, wenn das Licht knapp wird; aufs Hautmotiv einstellen und lieber auf Tiefenschärfe verzichten.

Ein *Polarisationsfilter* beseitigt Reflexionen, läßt die Farben enorm rausknallen! Sein Einsatz ist allerdings etwas problematisch. Er erfordert richtige Filter-Drehung und Stellung quer zum einfallenden Licht, leicht dosierte Überbelichtung und viel vorhergehende Übung, um Mißerfolge zu erkennen und später zu vermeiden. Am besten schießen Sie damit dreimal: erst mit der Angabe des Belichtungsmessers, dann halbe Blende und später ganze Blende plus. Beispiel: Blende 8, dann 5,6 bis 8 und zuletzt 5,6.

Immer dran denken: Der Pol-Filter macht im Gegensatz zum UV-Standardfilter den Film „langsamer", die Zeiten werden bei gleicher Blende länger. Leuchtendere Farben, die leicht verwackelt sind, bedeuten schlechteres Ergebnis. Also runter mit dem Pol bei schwachem Licht ohne Stativeinsatz!

Pol ist im Gegensatz zum UV kein Standardfilter, der immer draufbleibt. Und zaubern kann er auch nicht: bedeckter Himmel wird damit nicht blau, verschattete Berge leuchten nicht knallrot.

Mittagslicht ist doppelt ungünstig. Zum einen gibt's wenig Schatten, die Bilder wirken flau. Zum andern glüht die Luft: Hitzeflimmern führt zu Unschärfe bei Landschaftsfotos, besonders mit dem Tele.

Bei Dämmerung sollten Sie ein Blitzgerät nur unterstützend einsetzen. Lagerfeuer-Atmosphäre wird mit dem Flash gründlich totgeblitzt! Auch hier verhelfen nur Stativ und entsprechend lange Belichtung zum Festhalten der Stimmung.

„Bitte verlassen Sie diesen Planeten so, wie Sie ihn vorzufinden wünschen“
(Greenpeace)

Pro Umwelt!
Travellitter („Reisemüll“)

Was in großen Maßstäben gilt, sollte auch im Kleinen gelten. Die Halbwüste ist keine gigantische Müll-Deponie, sondern ein empfindliches Öko-System.
Schwer gesündigt haben da die Goldsucher früherer Tage, die mit ihren Schrott-Relikten als größte Umweltsünder in die Austral-Geschichte eingegangen sind. Aber auch die Siedler richteten mit importierten Viechern und Pflanzen ziemliches Unheil an. Beispiel: Die Kaninchenplage.
Zurück zu den Goldminen und ihren Siedlungen rundum. Schauen Sie mal genau hin, was da an Uraltem noch rumliegt. Leicht angerostet zwar, aber nicht verrottet. Arides Klima verlangsamt den Verfall ebenso wie eisig-arktische Witterung. Eine Blechdose, die in Mitteleuropa binnen zehn Jahren weg vom Fenster wäre, überlebt hier gut und gerne zehnmal so lange. Vom Plastikmüll ganz zu schweigen...

Konsequenz für uns Individual-Touristen?

Abfall hat möglichst nur in geordneten Deponien zu landen. Also raus damit aus dem Outback und Entsorgung in den Orten. *Travellitter* nennt man das: Nimm, was Du rausgeschleppt hast, auch wieder mit zurück.
Vergraben scheint auch eine Lösung zu sein, ist es aber nicht. Wild buddelt alles wieder aus. Auch Regenfluten gehen lockeres Erdreich viel intensiver an als die verhärtete Umgebung und legen Abfall wieder frei.

In einigen Nationalparks gibt es keine Mülltonnen. Was man reinbringt, transportiert man auch wieder mit auf die Reise zum nächsten Ort. Das gilt besonders für „freie“ Busch-Camps.

Ein weiterer Aspekt: Müll-Vermeidung. Man kann einen regelrechten Sport draus machen, mit möglichst wenig *Rubbish* über die Runden zu kommen. Werbung hin – Wer-

Ein Campfire macht Spaß und ist romantisch. Sie sollten jedoch nicht übertreiben, denn das rare Holz gehört in der Wüste zum Lebenskreislauf. Am besten totes Holz in Bachläufen aufsammeln. Keine abgestorbenen Bäume fällen: Sie dienen als Wohnstätten und den Vögeln als Auslug.

bung her: Frisches mundet besser als Konserven, die man nur als Notration mitführen sollte.

Australier schienen viele Jahre lang Gefallen dran gefunden zu haben, leere Flaschen im Straßengraben landen zu lassen. Das glitzerte dann wie Juwelen im abendlichen Gegenlicht. Mit dieser „Pracht" ist's wohl vorbei, auch die Aussies sind bewußter geworden.

Cross country?

Umweltschutz: Alle Maßnahmen, die dazu dienen, natürliche Lebensgrundlagen von Pflanzen, Tieren und Menschen zu erhalten bzw. ein gestörtes ökologisches Gleichgewicht wieder auszugleichen.

Auch hierzu können Touristen beitragen. Ist gar nicht schwierig.

Selbst wenn forsches *cross country*-Fahren Spaß machen sollte: Bleiben Sie immer auf Pisten. Reifen walzen Busch stärker nieder, als oberflächlich außer der Spur zu sehen ist. Dünen leiden schwer unter Autoreifen!

Wenn ein Camp gesucht wird: Nicht unnötig weit ins Hinterland fahren. Zwanzig, fünfzig Meter sind genug, und dann, wenn irgend möglich, auf Spuren von Vorfahrern.

Das Campsite selbst am besten auf einem schon mal benutztem Platz einrichten. Ist oft auch bequemer, besonders, wenn das Terrain steinig ist. Und Steinringe fürs Feuer sind auch schon da.

Learn not to burn: Feuer und Wasser

Zugegeben: Das *Campfire* ist eine feine Sache, quasi Attribut des *outdoor life*. Aber man muß dazu ja nicht gerade kubikmeterweise Holz verheizen. Zum Wärmen reicht auch kleine Flamme, zum Kochen hat der Autotourist seinen Gaskocher dabei.

Herumliegendes „totes" Holz ist Teil des Natur-Kreislaufs; am besten sammeln sie Brennmaterial in trockenen Bachbetten. Von lebenden Büschen und Bäumen sollte man Finger und Axt lassen.

Learn not to burn! – ein griffiger Aussie-Slogan: Lerne Feuer zu machen, ohne alles zu verbrennen! Durchs Campfire darf kein Buschbrand entstehen, also besondere Vorsicht bei Wind. Feuer am besten mit Wasser löschen. Abdecken mit Sand oder Gras-Soden ist nicht sicher genug. Jeglicher *Fire Ban* (Feuerverbot) ist strikt zu befolgen.

Buschfeuer werden übrigens von Rangern zu bestimmten Zeiten gezielt und kontrolliert gelegt. Mit solchem *Clearing* nach Ende der Regenzeit wird gefährlicheren Bränden vorgebeugt, die das Monate später total ausgedörrte Land verheeren können.

Im Outback finden sich mehr Bademöglichkeiten, als man sich träumen läßt, auch wenn die *Billabongs* (nach Regen zurückbleibende Wasserlöcher) nicht immer im blauen Glitzergewand mitteleuropäischer Freibäder auftreten. Schwimmen und Abkühlen ist o.k., Seife und Shampoo sollten tabu sein.

Wo Wasser so rar ist, verträgt es keinerlei Denaturierung. Die Tiere werden's Ihnen danken. Ebenso, wenn Sie – s. Campen – zur Übernachtung Pools und Tränken meiden.

Umweltbewußt reisen: In der Natur nichts hinterlassen außer einigen Fußstapfen...

Outback-Datenblätter: Adressen, Aktuelles & Informationen

WER? WAS? WO?

Aboriginal Land, Permits: – Permits

Adressen: Ein Worldwide Travel Info Contact Book von Burkhard Herbote listet mehr als 25.000 Adressen aller Staaten & Regionen ab (Tourismus-Verwaltung, Info, Einreise/Zoll, Business, Auslandsvertretungen, Fluggesellschaften usw.).
Verlag: Gale Research, Penobscot Building, Detroit, MI 48226, USA. Bestell-Adresse: Gale, P.O.Box 699, Endover, Hampshire SP10 5VE, GB. (Tel 0044-264-334446). – Das Buch ist mit ca. 170 US-$ plus Versandkosten für den Normalverbraucher recht teuer, es müßte auch in Bibliotheken einsehbar sein.

ATC – *Australian Tourist Commission.* Info-Anlaufstelle für alle Fragen, die mit der Reise nach Australien zu tun haben. Hervorragender Service.
Neue Mainzer Str. 22, 60311Frankfurt 1. Tel. 069-2740060. – Direktversand von Info-Material: Australia-Versanddienst, Sporthallenstr. 7G, 64850 Schaafheim.

Ausrüster für Reisen: z.B. *Därr,* Theresienstr. 66, 80333 München, *Woick,* Gutenbergstr. 14, 73760 Ostfildern oder *Globetrotter,* Denart & Lechardt, Wiesendamm 1, 22305 Hamburg.

Auto-Kauf in Australien: Volker Kauw, der das mehrmals mit gutem Erfolg praktiziert hat, versendet gegen 20 DM-Scheck ca. 25 Seiten mit detaillierten Infos. Adresse: Schurtzelter Str. 552, 52074 Aachen.

Automobil-Club (RAA, RAC u.a. Kürzel je nach Bundesstaat). Persönliche Information für Outbacktouren unumgänglich. Ideal ist dafür der Tag nach der Ankunft, möglichst noch vor Übernahme des Mietfahrzeugs. Lassen Sie sich der Parkprobleme wegen am besten vom Taxi hinfahren. Mitglieder deutscher Automobilclubs erhalten dieselben Leistungen wie Australier. Kostenpflichtige Karten, Broschüren, Bücher etc. gibt's mit z.T. erheblichem Discount (50 bis 66 %). Die Beratung über Outbackrouten ist hervorragend, wenn man an den richtigen Berater gerät.

Automobilclub-Zentralen der einzelnen Staaten (jeweils eigenständige Clubs mit eigenem Namen):

Northern Territory: *AANT*, 79 Smith Street, Darwin, NT. 5790, Tel. 813837.
New South Wales: NRMA, 151 Clarence St., Sydney, NSW. 2000. Tel. 260 9222
Queensland: RACQ, 300 St.Pauls Tce, Fortitude Valley, Brisbane, 4001
South Australia: RAASA, 41 Hindemarsh Square, Adelaide, 5000. Tel 2234555
Victoria: RACV, 422 Little Collins Street, Melbourne, 3000. Tel 6072000
Western Australia: RACWA, 228 Adelaide Terrace, Perth, 6000. Tel. 325 0551.
Filialen der Clubs in nahezu jeder größeren Stadt.
Anfragen aus Übersee werden leider fast nie beantwortet.

Auto-Verfrachtung: Info/Buchung z.B. bei *Deugro*, Deichstraße 11, 20459 Hamburg. Reisezeit ca. 4 bis 5 Wochen, Kostenpunkt für Standard-Bus 1500 kg und incl. der für Einfuhr nötigen Dampfreinigung: über 5.000 DM. – Containerverladung kommt bei Deugro auf knapp 5.000 DM, doch was man daheim einspart, kommt bei Entladung down under wieder „drauf", so daß sich Totalkosten von ca. 6.000 DM ergeben. Kostenbasis: 1993, Veränderungen möglich. Unterm Strich dürfte sich die Verfrachtung kaum lohnen. Vgl. auch Stichwort Auto-Kauf.

Margis (Stahltwiete 11, 22761 Hamburg) vermittelt auch Frachter, die Autos plus Passagiere mitnehmen.

Benzin: siehe Treibstoff

Billigflüge: Bei Flügen (s.u.) gibt's einen „grauen Markt" mit besonders günstigen Angeboten. Fragen Sie in Ihrem Reisebüro. Ein Spezialist: Travel Overland, München (Tel. 272 760).

Brits Rentals Europe, Info-Stelle z.B. für Allrad-Bushcamper und Wohnmobile (keine Buchung): Brits, Postfach 11, 82263 Inning. Tel 08143-8873

Campingplätze: Fast jeder Outback-Ort hat einen „Caravan Park" mit Minimal-Ausstattung oder einfachen Campground. Preise niedrig (5 bis 15 $, bisweilen incl. Stromanschluß). – Großartige, naturnahe Camps in National Parks (z.B. im N.T.) oft gratis.

Diesel: siehe Treibstoff.

Diplomatische Vertretungen (Visa-Abteilungen): Friedrichstr. 200, 10117 Berlin – Mattiellistr. 2, A-1040 Wien. Schweiz: Alpenstr. 29, CH-3006 Bern.

Flüge nach Australien: 1993/94 lagen die Flugpreise niedrig (Mittelsaison 2.728 DM, Nebensaison April 94 z.B. 2.222 DM, Qantas-Beispiele). Informieren Sie sich nach den aktuellen Sondertarifen in Ihrem Reisebüro; siehe Billigflüge. – Lufthansa fliegt nach Melbourne und Sydney (Ankunft nachmittags oder abends). Qantas startet außer nach MEL und SYD auch nach Darwin, Townsville, Perth u.a. Outback-nahen Zielen. – Tip: Auf solchen Langstrecken lohnt sich, wenn's die Reisekasse zuläßt, der Flug in der komfortableren Business Class.

Flüge, inneraustralische: Unter Ausnutzung von Discounts wie See Australia Fare (25 %) relativ preiswert. Deregulierung und neue Inner-Australien-Airlines sorgen für Preiskämpfe, so daß sich manche Strecken (z.B. Ostküste) billig überspringen lassen.
Wir konnten 1993 an einem Airline-Schalter den Preis regelrecht aushandeln.

Frachter – Auto-Verfrachtung.

Führerschein: Bei normaler Reisedauer reicht der Nationale Führerschein, trotzdem ist der Internationale ratsam, zumal er für wenige Mark bei den Führerscheinstellen erhältlich ist (gilt drei Jahre).

Funkgeräte für Royal Flying Doctor Service, Miete: z.B. in W.A. bei Rodger Williams Communications, Unit 2, 2-14 Sheffield Road, Welshpool 6106, Tel (09) 4517588. Vorwahl ex Deutschland: 0061-9. Solche HF-Geräte lassen sich über den Vermieter *Brits* (s.o.) nicht mehr mieten und sind für normale Outback-Touren außer Routen 3 und 9 auch nicht notwendig (vgl. Kasten in Route 9).

Geld: Der Australische Dollar (A$ oder AUD) pendelte 1993 um den Sortenkurs 1,20 DM, womit er recht niedrig und touristengünstig bewertet ist. Wechsel in Australien war etwas ungünstiger als in Deutschland. – Beobachten Sie lange vor der Reise die Kurs-Entwicklung und kaufen Sie ggf. rechtzeitig. Im Outback sollte man mehr cash-Dollar dabei haben als in den dicht besiedelten Zonen, da Kreditkarteneinsatz reduziert ist und auch Anlaufpunkte zum Einlösen bzw. Cashen von Traveller-Schecks geringer sind.

Giles Weather Station. Es entstand dort ein neues Roadhouse mit Camp.

Info, touristische: In Deutschland siehe ATC sowie N.T., Qld und W.A.
In Australien: Info-Stellen in vielen Orten, teilweise sehr hoher Standard. Weitere Auskunft bei den jeweiligen Büros des Automobilclubs und bei Roadhouses. Gute Tips auch auf Campgrounds, bei anderen Touristen.

Jetlag: Zusammenspiel aus Zeitverschiebung, Klimawechsel und Reisedauer. Am besten zu verkraften: möglichst wenig Alkohol an Bord, am Ankunftstag nicht zu früh ins Bett, sonst wird Jetlag zementiert. An den ersten beiden Tagen nicht sofort „volles Programm". Der Jetlag kann je nach Konstitution zwei bis fünf Tage andauern.

Karten: Zur Vorbereitung reichen die von K+F, Nelles-Verlag (s.u.) oder die bei ATC erhältliche Planungskarte.
Detailkarten: Am besten sind die auf Outback-Touren zugeschnittenen *Westprint*-Karten mit rückseitigem Kurz-Führer (Übersicht folgende Seite).

1. Oodnadatta (Route 1)
2. Birdsville & Strzelecki Track (Rte. 2, 4)
3. Desert Parks in Süd-Australien
4. Dalhousie Springs (Route 3)
5. Alice Springs – Ayers Rock (Rte 6, 15)
6. MacDonnell Range (Routen 14, 15).
7. Plenty Highway (Route 20).
8. Tanami Desert (Route 13)

9. Flinders Ranges, Süd-Australien.
10. Sturt Natl. Park (neue Route 25)
11. Alice-Oodnadatta (Rte. 16, zurRte 1).
12. Innamincka & Coongie Lakes (Route 4 und Anschluß neue Route 25).

Diese Karten können Sie incl. hohen Bestell- und Versandaufwands gegen je 20 DM(Schein oder Scheck) bestellen bei *tours,* Postfach 710769, 81457 München. Ab 3 Karten je 15 DM.

Übersicht über die Westprint-Karten.

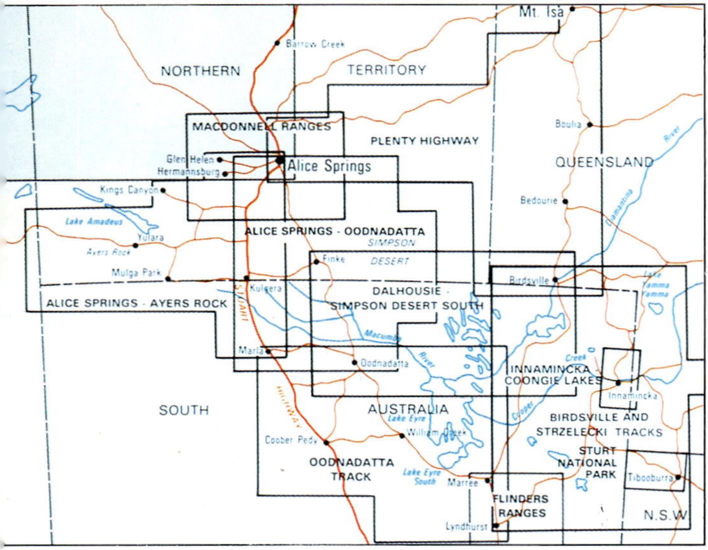

Karten-Beispiele, Kauf in deutschen Reisebuchhandlungen: 1:2,5 Mio, 4teilig, mit Schummerung 56 DM. – 1:8 Mio K+F, politisch mit Relieftönung 14,80 DM. – 1:4 Mio Nelles-Map 12,80 DM. – 1:5 Mio Amtl. Tourist Map mit rückseitiger Reliefkarte (sehr gut) 19,80 DM.

In Australien: detaillierte Karten bei Info-Stellen, Automobilclubs (s.o.) und in Buchläden (4 bis 12 $), allerdings nicht immer und in reicher Auswahl.

Kleidung: Sommerlich-leicht. Wegen Ozonloch dünne Kleidung, die möglichst viel Haut bedeckt (um die Mittagsstunden bei langem Aufenthalt im Freien).
Im Frühling und Herbst dazu Pullover und dünne Jacke, im Winter eine warme Garnitur zusätzlich. Ein paar feste Schuhe für Wanderungen. – Kleidung für den Rückflug möglichst im Koffer beim Vermieter lassen (wenn keine Einwegmiete) oder staubdicht in Plastiktüte verpacken; andernfalls ist die Garderobe nach der Outback-Tour reif für die Reinigung.

Kosten: Die Preise im Outback liegen der Transportkosten wegen eher etwas über deutschem Niveau. Fleisch z.B. ist weit billiger, Bier, Fotomaterial, hochwertige Importprodukte weit teurer. Derzeit kostet Sprit zwischen 80 Cents nahe der Ballungsgebiete bis 1 $ im Outback. Genaue Kosten-Angaben lassen sich nicht machen. Dazu kommt die Entwicklung des Aussie-Dollar. Mit Sortenkurs (=Bargeld-Wechselkurs) um 1,20 DM ist Australien generell nicht teuer. Allerdings kommen wegen Fahrzeugmiete, Preis für den langen Flug und die langen Strecken im Land etwa 18.000 DM für 2 Personen und 4 Wochen zusammen.

Kreditkarten: Visa und Eurocard sind hervorragend einzusetzen in größeren Orten des Outback. An Tankstellen im Inland jedoch seltener. Bisweilen Ablehnung der Karte, weil keine Verbindung zur Kartenzentrale zustande kam.

Landkarten: siehe Karten.

Literatur: Reiseführer über Gesamt-Australien gibt's inzwischen in großer Zahl. Gut für Individualtouristen: Reihe „Reise Know-How", C. Stein-Verlag (Handbuch, auch Wander-Führer), Vistapoint (roter Routen-Faden), Schettler Travel Publikation. APA Guide, DuMont und Goldstadt. Stark in puncto Background: Mundo und VSA.
Speziell fürs Outback: Time-Life, *Australischer Busch*, Reihe„Wildnisse der Welt".

Nationalparks: Oft eher Schutzgebiete für bedrohte Natur als spektakuläre Touristen-Attraktion. Bisweilen auch schwer zugänglich. Gute Übersicht & Beschreibung im „Reiseführer Natur", BLV-Verlag.

Northern Territory-Info in Deutschland: Northern Territory Tourist Commission, Bockenheimer Landstr. 45, 60325 Frankfurt

Öffnungszeiten: Im Outback wird bisweilen etwas früher geschlossen als im übrigen Australien, u.U. schon um 17 Uhr, Samstag 12 Uhr bzw. total z.B. in den Communities einiger Aboriginal Reserves. Daher isolierte Orte rechtzeitig ansteuern und alle Uhren auch an Zeitzonengrenzen in Remote Areas vorsichtshalber anpassen, so absurd das in der *timeless*-Halbwüste scheinen mag. – Nach Dienstschluß und an Sonntagen ist Service bisweilen gegen eine Gebühr möglich (um die 10 $).

Ozonloch: Tangiert eher Bade- als Outback-Touristen. Gefährliche UV-Strahlung nur um die Mittagszeit. Schutz mit Kleidung (s. dort), starkem Sonnenöl und guten Sonnenbrillen.
Kein Problem im Schatten von Bäumen etc. Möglichst um die Mittagszeit nicht unnötig im Freien aufhalten, aber das Risiko auch nicht überschätzen. Kurzer Aufenthalt draußen schadet nicht.

Permits für Aboriginal Reserves sind auch bei reinem Transit nach Möglichkeit zu beantragen. Bearbeitungszeit mit Anforderung der Formulare ca. 6 bis 8 Wochen incl. Postweg.
Permits für W.A. bei: Aboriginal Affairs Planning Authority, 17 Emerald Terrace, West Perth 6005.
Permits fürs N.T.: Central Land Council, 33 Stuart Highway, P.O.Box 3321, Alice 5750

Queensland-Info in Deutschland: Queensland Tourist Corporation, Neuhauser Str. 27/4, 80331 München

Reiseführer siehe Literatur.

Reiseveranstalter mit Outback-Programm: detaillierte Auflistung im Australienführer von *ATC,* s.o.
Einige Adressen, z.B.: *Australia Plus*, Am Brombeerschlag 29, 81375 München.
Campertours Worldwide, Pf 1549, 47405 Moers.
DER, buchbar in Reisebüros
Inter Air Voss Reisen, Triftstraße 28, 60528 Frankfurt
Karawane, Pf. 909, 71609 Ludwigsburg.
Steiner Reisen, Seidlstraße 30, 80335 München

Sprechführer fürs *Aussie-Strine, das Englisch von down under*: Reihe "Kauderwelsch", Bd. 48, Rump-Verlag, 12,80 DM.

Telefonieren vom Outback aus nach Europa: Funktioniert oft sogar von Telefonzellen „am Arsch der Welt" per *IDD*-Selbstwahl unglaublich gut. Bei Problemen: Telefon 0100 anrufen.
Niedriger Tarif: 3 Minuten ca. 8 Dollar. Genügend Münzen besorgen (am besten Rolle von der Bank). Erst wenige einwerfen, bis Verbindung steht, dann 5 bis 8 $ einwerfen (dafür ist u.U. ein Helfer gut). Internationale Vorwahl 0011. Dann 49 für D, 43 für A, 41 für CH. Stadt-Code ohne die Null, dann Teilnehmer. Beim Gespräch leichtes Echo, aber sehr klare Verbindung.

Treibstoff: In jedem mittleren bis größeren Outback-Ort und an Roadhouses, ca. 20 bis 40 cents teurer als an der Küste. Achtung: einigeTankstellen in Aboriginal Reserves sind am Wochenende geschlossen, ebenso Roadhouse *Rabbit Flats* in der Tanami Desert. Reserven mitnehmen und rechtzeitig nachtanken.

Touristen-Info s. Info, N.T., Qld. W.A.

Visum: wird nach wie vor benötigt. Anträge bei Australiens diplomatischen Vertretungen (s.o.), bei ATC oder beim Reiseveranstalter. Das Touristenvisum (bis 6 Monate) ist problemlos zu bekommen und kostenlos. Es empfiehlt sich, die Visa vor Buchung der Reise einzuholen.

West-Australien-Info (neu): W.A., Schloßstr. 60, 51424 Bergisch-Gladbach.

Zeitverschiebung: Ost-Australien Eastern Standard Time = MEZ + 9 Stunden. N.T. und S.A. 8,5 Stunden früher als MEZ. W.A. plus 7 Stunden.
Daylight Saving Time (Sommerzeit von Oktober bis März), jeweils eine Stunde plus. West-Australien hat wie Queensland die Sommerzeit nicht eingeführt.

Tourismusorganisationen

www.australia.com
Verbraucher-Website der „Australian Tourist Commision" ATC

www.nttc.com.au
Northern Territory Tourist Commission

www.tourism.nsw.gov.au
Tourism New South Wales

www.qttc.com.au
Tourism Queensland

www.visit-southaustralia.com.au
South Australian Tourism Commission

www.tourism.tas.gov.au
Tourism Tasmania

www.tourism.vic.gov.au
Tourism Victoria

www.tourism.wa.gov.au
Western Australian Tourism Commission, ferner

www.westernaustralia.net

www.canberratourism.com.au
Canberra Tourism Commission

Weitere nützliche Websites

www.australien-info.de
Ebenfalls sehr gute deutschsprachige Website für Verbraucher!

www.australian-embassy.de
Australische Botschaft in Deutschland

www.customs.gov.au
Australian Customs Service, Zoll (Einfuhr usw.)

www.qantas.com.au
Qantas Airways, austral. Fluggesellschaft

www.malaysia-airlines.com
malays. Fluggesellschaft, ebenfalls gute Verbindungen nach AUS

www.oneworldalliance.com
Airline Alliance, inkl. Qantas

Auto, 4WD- und Campervermietungen

www.apollohomes.com.au

www.britz.com

www.budgetcampers.com.au

www.deltacars.com.au

www.hertz.com

www.hertz-nt-nq.com.au
(Hertz im Northern Territory)

www.koalacampervans.com

www.maui-rentals.com

www.rentacar.com.au (Thrifty 4WD im *Northern Territory und in South Australia)*

Automobilverbände

www.aaa.asn.au
Australian Automobile Association, = Dachorganisation

Automobilclubs

www.nrma.com.au = New South Wales

www.racv.com.au = Victoria

www.raa.com.au= South Australia

www.rac.com.au = Western Australia

www.racq.com.au = Queensland

www.ract.com.au = Tasmania

Nationalparks

www.gbrmpa.gov.au
Great Barrier Reef Marine Park Authority

www.envqld.gov.au
Queensland Department of Environment and Heritage

www.npws.nsw.gov.au
National Parks in New South Wales

www.nt.gov.au/paw/
National Parks im Northern Territory

www.dehaa.sa.gov.au

South Australian Department für Environment, Heritage and Aboriginal Affairs

www.delm.tas.gov.au
Tasmanian Department of Environment and Land Management

www.calm.wa.gov.au
Western Australian Department of Conservation and Land Management

Meteorologie

www.bom.gov.au
Bureau of Meterology, rund um Klima & Wetter

Folgende 18 Websites wurden von Outback-Fan Markus Buchser gesucht, gefunden & gecheckt. Vielen Dank!

Speziell zum Thema Aboriginal

www.aboriginalaustralia.com.au

www.tobwabba.com.au

www.tjapukai.com.au

www.aboriginalart.com

Zum Didgerido

www.mills.edu/LIFE/CCM/DIDJERIDU/index.html

www.davidhudson.com.au/

http://rdrop.com/~mulara/links/other.html

www.yothuyindi.com/

www.indig.com/body_home.html

Sonstig Hochinteressantes

www.tonyoconnor.com.au/

www.outbackmag.com.au/

www.rmwilliams.com.au/

www.akubra.com.au/

www.bushtrucker.com.au/

www.esl.com.au//

www.vegemite.com.au

www.strandhatters.com.au

www.thomascookclothing.com.au

f = S.+ folgende Seite
ff= S.+ folgende Seiten

ZUSATZ-ROUTE

Ganz starker Outback-Zufahrtsweg

25. Melbourne – Sturt National Park

(Victoria – New South Wales, 1.600 km)

Diese Strecke ist wie der Oodnadatta Track (Route 1) sehr stark historisch geprägt, passiert die Goldrausch-Orte von Victoria (Ballarat, Bendigo u.a.) samt dem Murray River, der einst Transportweg und Lebensader der Region war und das halbwüste Hinterland begrenzte. Westlich von Tibooburra ist der Sturt National Park erreicht, mit einer der Stationen des Forschers Sturt von 1845 (siehe Kasten S. 62).

Im Nationalpark und bei Innamincka finden sich Spuren dieses Forschers und auch der Nachfolger Burke & Wills (1860/61). Deren Rückweg zum Cooper Creek endete mit einer Tragödie.

Landschaftlich ist das Dreiländereck New South Wales, Queensland und South Australia wegen seiner unproblematisch befahrbaren Dünen interessanter als z.B. die flache Tanami Desert.

Verbindung zwischen Melbourne (Victoria), Mildura, Broken Hill (N.S.W.) und Tiboburra mit leichter bis mäßig schwieriger Verlängerung zum Strzelecki Track (siehe Route 4).

Länge: Melbourne-Ballarat 115 km. Bendigo 125 km. Swan Hill 190 km. Murray River bis Mildura via Hattah Natl. Park ca. 300 km. Broken Hill 310 km. Tibooburra via Sturt's "Depot Glen" 360 km. Zum Sturt Nationalpark (Fort Grey) 100 km. Dreiländereck "Cameron Corner" 32 km (gesamt 1.530 bis 1.600 km). Die unbedingt lohnende Verlängerung via Old Strzelecki Track bringt mit kleinen Abstechern 260 km auf den Zähler.

Zeitbedarf: 5 bis 7 Tage.

Karten: Westprint Maps "Sturt National Park", "Innamicka" und "Birdsville & Strelecki Tracks" (siehe Anhang). Für die Anfahrt die üblichen Straßenkarten von Victoria und New South Wales.

Info: Ranger-Büro in Tibooburra mit sehr gutem, kleinem Museum.

Versorgung: In Victoria bis Mildura/Murray River reichlich gedeckte Tafeln. Danach Broken Hill, Tibooburra, Innamincka. Unterwegs Roadhouses wie Packsaddle und Milparinka (mit historischem Hotel).

Tankstellen: Broken Hill, Packsaddle, Tibooburra, Corner House am Dreiländereck und Innamincka.

Hotels: In Victoria sehr dicht gesät. Outback: Broken Hill, Milparinka, Tibooburra, Innamincka.

Campgrounds: Broken Hill (an einem See!), Tibooburra, Fort Grey im Nationalpark, Innamincka (mehrere einfache Campsites, z.T. schön am Cooper Creek gelegen). Freies Campen außerhalb der Parks kein Problem.

Anschluß-Strecken: Strzelecki Track (Route 4). Oder via Cordillo Downs nach Birdsville (S. 69). Von dort auf dem Birdsville Track zurück nach South Australia. Richtung Alice Springs: Einfache Route 20 (Channel Country und Plenty Highway). Oder zwei schwierige bis sehr schwierige Pisten-Varianten durch die Simpson Desert (Route 3).

Start- oder Schlußpunkt Melbourne: Skyline überm Yarra River. – Zeugen des Goldrauschs: Fassaden in Bendigo. Hart am Outback-Rand: Murray-Raddampfer in Swan Hill.

Am Anfang stand das Gold

Melbourne – Bendigo (240 km)

Idyllisch wirkt die Landschaft in Victoria, sie hat jedoch noch keinen Schimmer vom Outback, das Sie zwei Tagesreisen später weiter im Norden erreichen werden.

Jetzt steht erst mal *Gold* auf dem Programm, bzw. das, was in Victoria davon übrig blieb. Und das ist eine ganze Menge. Von der Victoria-Metropole MELBOURNE folgt die "Goldroute" dem Weg, die der Goldrausch von 1851 mit der ersten Gold-Entdeckung genommen hatte. Auf dem *Western Freeway* geht's erst mal 115 km nach BALLARAT, das für die Goldsucher der alten Zeit synonym war mit Gold. In drei Monaten waren 8.000 eingetroffen und binnen vier Jahren stieg die Zahl der Gold- und Glücksritter auf 100.000!

Sovereign Hill, ein Freilicht-Museum, gibt Ihnen den Eindruck einer typischen Stadt während des Goldrauschs: Banken, Hotels, Bars, Läden und vieles mehr. Museums-Mitarbeiter präsentieren sich in der Kleidung der damaligen Zeit.

Im Grubenmuseum (eine ehemalige Goldmine) läßt sich nachvollziehen, welch mühsame Arbeit es war, das Gold aus dem Gestein zu fördern. Die Ausnutzung der Goldsucher durch die Regierung, die stete Erneuerung der Lizenzen verlangte, führte anno 1854 zur *Eureka Stockade,* einem Arbeiteraufstand.

In einer Light & Sound Show können Sie das Aufeinanderstoßen von Regierungstruppen und Goldsuchern erleben: das Galoppieren der Pferde, Geruch brennender Häuser, Gewehrschüsse, Gemurmel der Goldsucher – Goldrausch hautnah...

Wer will, kann auf dem Sovereign Hill übernachten, ansonsten in Ballarat (z.B. *B&B Establishment Ballarat Terrace).*

Nächster sehenswerter Ort ist DAYLESFORD, gelegen in der drittgrößten vulkanischen Ebene der Welt. Hier fand man nach dem Gold eine weitere Reichtums-Quelle: Mineralquellen. Im verträumten Dorf das einzige Heilbad Australiens, allerdings ohne den europäischen Kur-Rummel. Man sollte die Gelegenheit nutzen, vor dem trockenen Outback noch mal Bad und Massage auszukosten.

CASTLEMAINE ist heute ein Kleinstädtchen mit 2.000 Einwohnern (zur Goldrauschzeit waren's 60.000). Bald wird Ihnen der Name bekannt sein: durch das berühmte Bier: *XXXX*. Wie man das bestellt? Ganz einfach: "Four X".

In ganz Australien wurde BENDIGO berühmt wegen seiner beeindruckenden Architektur. Hierher kamen im letzten

Jahrhundert viele chinesische Einwanderer (Sammlung chinesischer Staatskleider im Golden Dragon Museum. Andere Attraktionen sind die Weingüter, Australiens älteste Töpferei und die Talking Tram, die Ihnen die Stadt und ihre Geschichte während einer 30minütigen Rundfahrt nahebringt.

Lebensader und Grenzlinie

Am Murray River (ca.500km)

Von Bendigo sind's nur knapp 100 km bis ECHUCA, wo wir den Murray River erreichen. Der Murray ist für Australien, was der Mississippi für die USA ist: ein wichtiger Transportweg für Wolle und Holz, vor dem Bau der Eisenbahnen. Später wurde er Lebensquell für die vielen Obstplantagen, die ab 1893 am Murray aus dem Walbwüsten-Boden wuchsen.

Der längste Fluß Australiens wird immer noch als Wasserweg benutzt: 1.240 Meilen sind befahrbar. Sie können ihn entweder per Hausboot selbst erforschen oder sich auf einem Raddampfer langsam an den dicht mit Eukalypten bewachenen Ufern vorbeischippern lassen.

Der Murray bildet entlang der Strecke großteils die natürliche Grenze zwischen den Bundesstaaten Victoria und New South Wales, eine gewisse Besonderheit angesichts der vielen "Linealgrenzen" des Kontinents.

Von Echuca geht's längs des Flusses, vorbei an Obstplantagen, zum hübsch gelegenen Swan Hill und mit Abstecher durch den *Hattah National Park* (siehe Kasten) nach MILDURA, wo wir New South Wales erreichen. Mildura ist "The Town on two Rivers": Hier mündet der Darling in den Murray River.

Abrupt wird ein dramatischer Unterschied in der Vegetation sichtbar: Südlich noch viel Grün und Üppigkeit in der Fluß-Oase, weiter nördlich der karge Busch: Das Outback beginnt!

Victorias Outback

Hattah National Park

Der Park ist ein Schutzgebiet für Graue und Rote Känguruhs sowie für andere Outback-Fauna und schon des ursprünglich gebliebenen Eindrucks am Murray River einen Abstecher wert (Camps im Park). Das Witzige ist nämlich, daß sich hier mehr Beuteltiere sehen lassen als im "echten" Outback!

Am Park-Eingang (ca. 4 km vom Örtchen Hattah entfernt) ein Info-Zentrum, wo Sie sich über das Besondere am Park schlau machen können.

Es gibt ein Netz problemloser Pisten (Zustands-Info im Office) und auch einen Wanderweg durch die *Mallee,* wie die Wälder aus dünnstämmigen Eukalypten heißen (siehe Abbildung). Mit ihren kleinen Blättern sind sie besonders gut an das semi-aride Klima in Nordwest-Victoria angepaßt.

Etwas ziemlich Rares: Emus und Känguruhs, Australiens Wappentiere, dicht nebeneinander im Hattah National Park.

"Last Petrol for 90 Miles!"

Silver City Highway

Neben dem Trockental "Ana Branch" (die sich sogar in einer Karte des Forschers Sturt verzeichnet findet) geht's nach Norden. Eine Tankstelle warnt: "Letzter Sprit auf 90 Meilen", ein Schild aus der vor-metrischen Zeit. Dann eine Fruchtfliegen-Kontrollstation: Aus dem Outback darf kein Obst zum Tal des Murray mitgebracht werden.

Wir rollen durch eine aride Zone mit niedrigen, kaum fünf Meter hohen und mit Gras bewachsenen *Sand Ridges.* Durchaus möglich, daß auf Ihrer Tour über Mildura Wolken hängen, die sich weiter nördlich schnell verflüchtigen.

In der leeren Weite nur wenige Farm-*Stations*, dafür eine Menge *Flats,* Salzpfannen, ohne Busch und Baum. Fast interessiert's nicht im "timeless Land": Wir sind nun in einer anderen Zeitzone: der Central Time Zone, d.h. es ist 30 Minuten früher als im Osten oder in Victoria.

250 km nördlich von Mildura tauchen die Bergwerkstürme VON BROKEN HILL auf, der Silberstadt, die der Straße den Namen *Silver City Highway* gegeben hat. Asphalt bis etwa 15 km nördlich von Broken Hill. Danach gibt's bis hinauf nach Alice Springs keinen Teerbelag mehr, also sollte man's auskosten...

Broken Hill ist eine angenehme Stadt, das letzte relativ urbane Zentrum auf lange Zeit für den, der sich aufmacht auf den Weg nach Norden. Es gibt alle Versorgungsmöglichkeiten, dazu Outfitter-Läden, wo man bis hin zu Spezialkarten alles für eine Outback-Tour bekommt.

Broken Hill wurde erst vor etwas mehr als hundert Jahren gegründet, als Erzvorkommen entdeckt wurden. Da mit Blei und Silber heute kein großes Geschäft mehr zu machen ist, wendet man sich dem Outback-Tourismus zu. Lohnend ist ein Besuch in der *Mint,* wo man bei der Prägung von Silbermünzen zuschauen kann; sie lassen sich für wenig Geld samt Silberschmuck gleich kaufen lassen

Füllen Sie hier auch Ihre Wasserkanister auf. Ein Tankwart meinte: "Das Wasser droben in Tibooburra würde ich nicht trinken wollen..."

Abstecher zum Opal-Ort White Cliffs

Viel uriger als das touristifiziert Coober Pedy am Stuart Highway in Süd-Australien wirkt WHITE CLIFFS in New South Wales. Die Straße dorthin zweigt 150 km ndl. Broken Hill nach Osten ab und ist relativ rauh. Die Opal Mining Area wirkt wie eine Mondlandschaft mit den Auswurfshaufen der Stollen. Der Bergbau in Australiens erstem Opal-Ort läßt sich gut beobachten, die Leute dort sind sehr nett. Zweitage-Abstecher. Uriges Hotel!

360 km auf Forscher-Spuren

Broken Hill – Tibooburra

Beim unscheinbaren Stephen's Creek (auch in Sturts "antiker" Karte verzeichnet) verabschiedet sich der Asphalt, das durchwegs gute, wenngleich staubige Schottersträßchen behält den Namen "Highway": eine bei Bedarf auf Dämmen hochgelegte Allwetterstraße. Sie fügt sich besser in die Landschaft ein als ein Teerband.

Zur Linken ragt die *Barrier Range* auf, eine trotz des stolzen Namens eher unscheinbare Bergkette. Sturt hatte 1844 diesen Weg gewählt, um die großen Salzseen im Westen zu vermeiden, die einen früheren Vorstoß seines Kollegen Eyre ins Zentrum Australiens blockiert hatten

Wie Ironie wirkt ein Wegweiser ins Nichts: *Sturt's Meadows*, "Sturts Wiesen". Das Land ist und bleibt karg und trocken. Trotz der Dürre halten sich hie und da einige Rinderfarmen. Was wäre das Outback ohne sie? Sicher unerschlossen und

Typische Outback-Station südlich von Tibooburra. Im Vordergrund die kugeligen Mulga-Büsche.

Unten: Lagekarte des Sturt Nationalparks (aus der sehr guten Westprint Map).

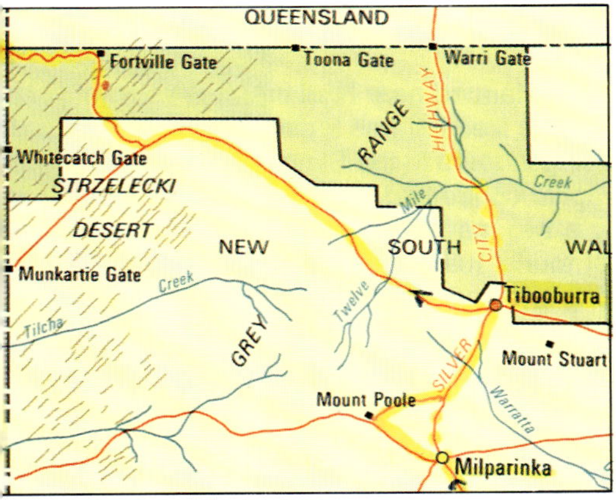

fast weglos. Andererseits aber auch ursprünglicher: Rindvieh zerstört beim Weiden – anders als die heimischen Känguruhs – den empfindlichen Steppenboden. Eine Forschungsstation bei *Fowlers Gap* beschäftigt sich mit den Problemen des trockenen Landes.

Gewaltige, bis 50 m lange *Road Trains* versorgen die Rinder-"Stations" und transportieren das Vieh zum Schlachthof. Ansonsten begegnet uns kaum ein Auto bis MILPARINKA (knapp 300 km nördlich von Broken Hill und 1,5 km westlich der Schotterstraße auf dem Westufer des Evelyn Creek). Der Aboriginal-Name Milparinka bedeutet: "Wo Wasser zu finden ist".

Von diesem während eines kurzen Goldrauschs boomenden Städtchen blieb lediglich das Outback-typische Hotel. Unbedingt einkehren und dabei über die Wege zum Depot Glen informieren.

Nebenwege führen 12,5 km zum Abzweig zur *Mount Poole Homestead* und noch 2 km weiter zum *Depot Glen.* In dieser baumreichen Schlucht mußte Forscher Sturt vom 20.1. bis 17. Juli 1845 wegen extremer Trockenheit bleiben: Die Wasserstelle war die einzige weit und breit!

Östlich des Weidezauns liegt einen Kilometer entfernt das Grab von Sturts Kameraden Poole, der 1845 an Erschöpfung gestorben war.

Sechs Kilometer sind's nach Norden zum *Mount Poole* mit einem aus Steinen aufgeschichteten Denkmal. Die Wanderung auf den Hügel lohnt sich wegen des weiten Rundblicks.

Das nach Osten weiterführende Sträßchen führt Sie zurück zum Silver City Highway. Weiter im Osten erhebt sich der *Mount Stuart* wenig ausgeprägt über der Pampa.; Stuart war Teilnehmer an Sturts Expedition, wurde später berühmter als Sturt wegen seiner erfolgreichen Australiendurchquerung (siehe Route 1).

TIBOOBURRA (Bedeutung: "Haufen Steine") war 1881 auch mal ein Goldrausch-Ort und ist heute nur ein Dorf mit etwa 150 Einwohnern: "Da haben Sie gleich alle auf einmal", meinte Frau Wirtin vom *Family Hotel* (mit Kunst-Sammlung), als sich ein paar Leute auf der Straße tummelten.

Oben: Ein Hotel und Hauptstraße von Tibooburra.
Unten: Catch the Feeling! Richtiges "Red Centre" auch an dieser Outback-Route

Die meisten Bewohner im kleinen Hauptort des *Corner Country* werden vom Staat besoldet, arbeiten z.B. beim *Wild Dog Board*, der die Dingo-Zäune kontrolliert. Oder bei der Nationalpark-Verwaltung, die ein liebevoll präsentiertes Museum unterhält. Vorab-Info: Tel. 080-913308.

Sie sollten unbedingt in Tibooburra auftanken, wenn's durch den Nationalpark weitergehen soll Richtung Innamincka.

Der Sturt National Park ist 500.000 Hektar groß verhältnismäßig kontrastreich: Es finden sich *Jump-Ups*: Steilabbrüche von Plateaus, die abrupt in wüste Stein-Ebenen übergehen, *Gibber Plains* genannt. Daneben Grasland. Im Westen beginnen die schönen Sanddünen der *Strzelecki Desert:* Kein wirres Durcheinander von Sterndünen, sondern wie so oft in Australien lange, parallel verlaufende zehn bis 20 m hohe Sandrippen (s.u.).

Wieder kreuzen wir Sturts Expeditions-Route, in der Westprint-Karte deutlich als lila Band eingezeichnet. Nahe der heutigen Queensland-Grenze hatte er sein letzte Camp errichtet: *Fort Grey*. Es handelte sich um ein einfaches Palisaden-Fort, von dem nichts übrigblieb.

Ergiebiger Regen, der Sturt das Verlassen seines "Trockenpostens" *Depot Glen* ermöglicht hatte, verwandelte damals die Region am *Lake Pinaroo* in eine Parklandschaft. Doch schon während seiner zwei Vorstöße ins *Red Center* verdunstete der gefüllte See, die Vegetation verschwand.

Ein 12 km langer Wanderweg führt vom Camp über die staubige, sonnendurchglühte Sand-Ton-Pfanne des Seebodens zum Ostufer, zu *Sturt's Tree*. Markante Bäume waren Signalmasten aller Forscher. Sie ritzten ihre Initialen in die Rinde, in der Nähe wurden Botschaften oder Lebensmittelvorräte vergraben.

Sturts Baum überlebte von 1845 bis 1969, als ihn eine Flut umbrachte. Heute wird die Baumruine von Trägern gestützt. Wie Trümmer der Antike weckt dieser Baum-Rest Respekt: Sturt gelangte in der Wüste noch 500 km nach Nordwesten, übers heutige Birdsville hinaus! Dort stoppten ihn die Sandwälle der SIMPSON DESERT (siehe Route 3).

Es ist nur noch ein Katzensprung bis zum Dreiländereck *Cameron Corner*, wo auf 141 Grad Ost und 29 Süd die Grenze zwischen New South Wales und Queensland an die von South Australia stößt. Dieser Punkt wurde erst 1880 vom Cameron-Vermessungs-Team exakt definiert und markiert.

1991 entstand nahe dem Corner ein kleines Roadhouse mit Tankstelle, geführt von Sandy & Catherine Nall, echten Outback-Freaks. (Tel. 086-425 555).

Das große Tor durch den *Dingo Proof Fence* kann für die Passage geöffnet und muß dann wieder geschlossen werden. Viele tausend Kilometer lang ist der Schutzzaun, der sich sowohl gegen die Kaninchenplage, als auch gegen die Wildhunde als wenig effektiv erwies (siehe Seite 25). Hie und da gibt es an Zauntoren *Gate Houses*, wo oft noch Arbeiter wohnen, die den *Fence* instand halten sollen.

Cameron Corner und Stück vom längsten Zaun der Welt. Unten: Die Wege sind gut, aber nach Regen geht's auch für Erfahrene bisweilen nicht mehr weiter!

Über die Dünen

Outlook nach Innamincka

Die Route durch die sandige *Strzelecki Desert* zwischen dem Dreiländereck und dem Cooper Creek ist entschärft: Wo's weichsandig wird, hat man Kies oder Lehm rangekarrt und festgewalzt. So läßt sich eine der reizvollsten und dabei am wenigsten bekannten Zonen des Outback fast risikolos erfahren. Vorsicht ist jedoch vor den Dünenkuppen angesagt, wo sich die Spur verengt und (rarer) Gegenverkehr bis zuletzt unsichtbar bleibt!

Der Track folgt anfangs dem 29. Breitengrad nach Westen und knickt vor dem Strzelecki Creek nach Norden ab. Bei der Station MERTY MERTY stoßen wir auf den *Old Strzelecki Track*, der derzeit wegen einiger Ölfelder in der Umgebung gut "gepflegt" wird und wohl nur nach Regen Probleme bereitet. Unterwegs einige Waterholes, die nach langer Dürre jedoch ausgetrocknet sind.

In INNAMINCKA stoßen wir auf unsere Route 4, die sich entweder nach Norden fortsetzen läßt: via Cordillo Downs nach Birdsville. Oder nach Südwesten zur Teerstraße bei Lyndhurst. Zuvor jedoch auf neuer Touristenroute über die Berge via Nappa Merrie zum Dig Tree (siehe Seite 69). Beschreibung im Führer zum *South Australia Desert Pass,* der "Eintrittskarte" zu den Parks und Reserves. Erhältlich im Büro-Wohncontainer der Park-Ranger im "Zentrum" des 3-Häuser-Orts Innamincka.

Übersicht über die Innamincka Regional Reserve (aus Westprint Map "Innamincka"). Unsere Route nähert sich Innamincka von Südosten, vom Cameron Corner an der Grenze.

Gutes befestigtes Sträßchen durch die Dünen der Strzelecki Desert. Unten: Das ist fast alles von Innamincka!